U0487609

北京第二外国语学院国际日本研究中心主办

International Japanese Studies

国际日本研究

杨　玲◎主编

第2辑

社会科学文献出版社
SOCIAL SCIENCES ACADEMIC PRESS (CHINA)

《国际日本研究》编委会

目录

“知识共同体”特稿

认知语言学视阈下基于用法模型的研究动态

〔日〕山梨正明 著　段静宜 译*

[摘　要] 基于用法模型与固化、抽象、比较、合成等人的基本认知能力密切相关，强调日常交际中语言使用的具体经验对语法形成的重要作用，尤其关注语言使用的频率效应。本文以认知语言学的基于用法模型为中心，通过指出以生成语法为中心的形式语法研究中存在的问题，考察认知语言学理论研究和语料库语言学研究的相关性，以及作为实证性语言科学研究的二者相互之间的亲和性，探索语言学研究的新方向。

[关键词] 基于用法模型　频率效应　认知语言学　语料库语言学

引　言

在理论语言学研究中，由于受到以生成语法为中心的形式语法研究影响，语料库语言学和理论语言学二者之间的互动并不活跃。然而，近年来，随着认知语言学研究的发展，学者们开始以积极的态度重新审视语料库语言学与基于理论视角的语言分析的关系。在认知语言学研究的诸多课题中，依托基于用法模型（Usage-Based Model，简称“UBM”）的语言分析不断深化，其研究也呈现出如下特征：①重视将词汇、语句及话语层面的自然话语作为分析对象。②不仅采用定性分析的方法，也逐渐采用量化分析方法，如通过类例频率（Token Frequency）和类型频率（Type Fre-

* 山梨正明，京都大学名誉教授，关西外国语大学教授，研究领域为理论语言学、认知语言学。段静宜，语言文化学博士，北京第二外国语学院日语学院讲师，研究领域为认知语言学、汉日对比语言学、汉日漫画动画语言文化对比研究。

quency）开展研究等。③从语言使用者的个体差异、波动等方面对比分析典型事例（Prototype）和边缘事例。④强调基于语言使用的自下而上的方式而非形式语法自上而下的方式。⑤从经验基础主义的观点出发，将语言知识创造性地定义为动态运用能力的表现。

人所具有的一般认知能力［例如与固化（Entrenchment）、抽象（Abstraction）、比较（Comparison）、合成（Composition）、联想（Association）等有关的能力，范畴化的能力，图式化（Schematization）的能力］是在日常语言的惯用化和创造性扩展机制的基础上形成的。在本文的第一部分，我们将讨论作为认知语言学核心模型之一的 UBM 与人的一般认知能力这二者之间的关联。第二部分主要考察以语言使用的频率效应（如类例频率、类型频率）为基础的语言现象分析，语言使用的频率效应在 UBM 中具有十分重要的作用。第三部分从科学哲学的角度对生成语法和认知语言学范式的假设和方法进行了比较与探讨，阐明了以生成语法为中心的形式语法研究中存在的本质问题（如规则/列表谬误、以描述和解释进行分类的二分法的谬误）。第四部分则以上述考察为背景，讨论以认知语言学为主的理论语言学研究与语料库语言学研究之间的相关性，以及作为实证性语言科学研究的二者相互之间的亲和性，探索语言学研究的新方向。

一　认知语言学和基于用法模型

生成语法将日常语言中的语法视为一个封闭的规则系统，与此不同，认知语言学则认为语音、形态及句法的语言单位是由格式塔式单位构成的动态网络。这种观点不认为存在自上而下的规则，也不认为这些规则能够派生性地规定与其有关的案例，而是强调自下而上的方法，关注认知主体的语言使用和语言习得的过程。这种认知语言学的方法通常被称为 UBM 方法。[①] UBM 方法在分析语言现象时，首先关注的是具体语言事例的图式

① 关于认知语言学中的 UBM 方法，参见 Barlow，M. and Kemmer，S.（eds.），*Usage Based Models of Language*，Stanford：CSLI Publications，2000。Bybee，J.，*Phonology and Language Use*，Cambridge：Cambridge University Press，2001。Gries，S. T. and Stefanowitsch，A.，*Corpora in Cognitive Linguistics*，Berlin/New York：De Gruyter Mouton，2007。早瀬尚子、堀田優子：『認知文法の新展開：カテゴリー化と用法基盤モデル』．東京：研 （转下页注）

化的过程，这一过程与该事例在语言环境中的固定程度和惯用程度密切相关。其次，UBM 方法尝试通过提取出来的图式（Schema）概括其他具体事例，如果出现了不符合这一图式的事例，可以从语言使用的视角，结合图式的动态扩展过程来定义新事例的适用性。

在以规则为导向的传统语言学研究中，短语和句子层面的意义间接地被规定为组成它们的词汇的词典义和短语、句子结构中涉及的语法规则的函数。根据这一规则，构成语法或句法的知识虽然与意义间接相关，但其本身却被视为一种纯粹的形式。相反，认知语言学的 UBM 方法认为，各个层次的语言单位——词汇、短语、句子等都在反映认知主体在语言使用和语言理解中的认知过程方面发挥意义。换句话说，这些层次中的任何一个语言单位都不是根据派生或构成性原则间接规定的，而是直接承载认知意义的单位。这种意义下的语言单位，无论是微观的还是宏观的，都作为一种格式塔式的单位发挥作用。也就是说，无论是微观层面还是宏观层面的语言单位，都作为一个统一体发挥作用，而这个统一体并非各部分简单相加得到的总和。UBM 和生成语法模型的特征分别如图 1 和图 2 所示。

1. UBM 和基本认知能力

在认知语言学的 UBM 方法中，语言现象被认为是一般认知能力创造性表达的结果。能够创造性地表达语言现象的认知能力包括固化、抽象、比较、合成和联想等。①

（接上页注①）究社、2005 年。Kemmer，S. and Israel，M.，"Variation and Usage-Based Model，" In Papers from the 30th Regional Meeting of the Chicago Linguistic Society，Chicago：Chicago Linguistic Society，1994。児玉一宏、野澤元：『言語習得と用法基盤モデル：認知言語習得論のアプローチ』. 東京：研究社、2009 年。黒田航：「徹底した用法基盤主義の下での文法獲得：『極端に豊かな事例記憶』の仮説で描く新しい筋書き」.『言語』第 36 巻第 11 号：第 26—34 頁。Langacker，R. W.，*Investigations in Cognitive Grammar*，Berlin/New York：De Gruyter Mouton，2009。中本敬子、李在鎬　編：『認知言語学研究の方法—内省・コーパス・実験』. 東京：ひつじ書房、2011 年。Tomasello，M.，*Constructing a Language: A Usage-Based Theory of Language Acquisition*，Cambridge：Harvard University Press，2003。山梨正明：『認知言語学原理』. 東京：くろしお出版、2000 年。

① Langacker，R. W.，*Cognitive Grammar: A Basic Introduction*，Oxford：Oxford University Press，2008（ロナルド・W.ラネカー　著、山梨正明　監訳『認知文法論序説』. 東京：研究社、2011 年）。

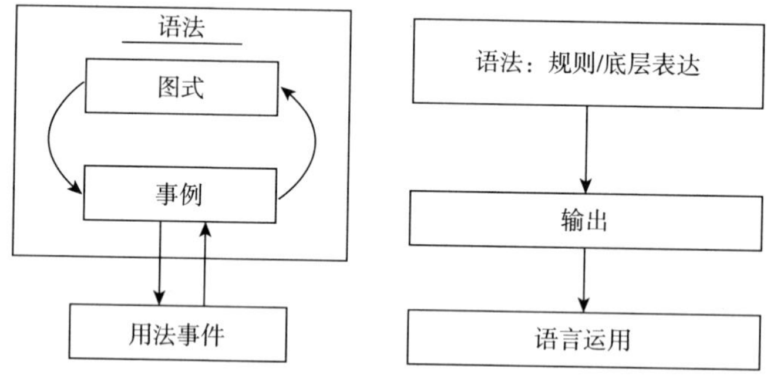

图 1　UBM 的特征　　**图 2　生成语法模型的特征**

资料来源：Kemmer，S. and Israel，M.，"Variation and Usage-Based Model，" In Papers from the 30th Regional Meeting of the Chicago Linguistic Society，Chicago：Chicago Linguistic Society，1994，pp. 165—179.

认知过程被称为初始固定，也被称为常规化（Routinization）、自动化（Automatization）、习惯形成（Habit Formation）。基本上，固化的认知过程是以这样的形式实现的：通过不断重复，一个具有复杂内部结构的对象变得可以作为一个整体单位来进行操作，在这个过程中其内部结构中各成分的排列逐渐被忽略。在下文中，为方便起见，使用方括号表示通过这种固化的认知过程形成的常规化单位（或单元），如［A］；用圆括号表示不属于这类单位的对象，如（A）。

抽象的认知过程基本上是提取多个具体事例中内在的共同点的过程。图式化是一种抽象认知过程，通过摒弃不同类型的具体事例之间的差异提取共同点，从中提取出来的共同结构被称为图式。在下文中，图式与实例化（Instantiate）或者具体化（Elaborate）的事例之间的关系用实线箭头表示为 A→B。这种关系表明，作为具体事例的 B 满足图式 A 的所有条件，B 比作为图式的 A 更加具体化。

比较的认知过程的基本特点是，通过对两种结构进行比较，认识到二者之间的差异或偏差。二者之间的关系并不是对称的，其中一方作为比较的基准（Standard），另一方则作为比较的对象（Target）。范畴化是一种比较的认知过程，具体来说，范畴化是以确定单位为标准、以新事例为对象的一种关系，这种关系本质上是不对称的。这种情况下，如果范畴化的基准和对象之间没有差异（对象满足基准的全部条件），则二者为实例化或具体化的关系，用［A］→（B）来表示。相反，如果范畴化的基准和对象之间存在差异（或者偏差），则将二者定义为扩展（Extension）的关系，用虚线箭头表示为［A］⋯→（B）。

合成的认知过程是将多个结构组合起来，形成一个更复杂的结构的过程。这个过程将两个及以上的组件结构（Component Structure）统合（Integrate）在一起，形成合成结构（Composite Structure）。这种情况下，如果两个既定单位［A］和［B］被整合成一个新的合成结构（C），则将其标记为（［A］［B］）C。这个合成结构的（C）并不仅仅是［A］和［B］的子结构之和。总体上看，合成结构具有自身独有的格式塔属性，不能简单地根据各部分相加的总和来判断。根据这一点，合成的认知过程具有部分合成性（Partial Compositionality）的性质。

联想的认知过程是一种经验唤起另一种经验的过程。符号化（Symbolization）的过程是这一类认知过程的典型代表。在这一过程中，概念或意义与具体的声音、动作等符号相结合。如果将既定的概念或意义单位设为［A］、与它相对应的声音符号设为［a］的话，两者之间的符号关系可用［A］［/a］的符号单位（Symbolic Unit）来表示。这里的［A］相当于语义极（Semantic Pole），［a］相当于语音极（Phonological Pole），这种语义和语音结合而成的符号结构（Symbolic Structure）具有两极（Bipolar）关系。

2. 范畴化、图式化和典型事例的扩展

上一部分讨论的各种认知过程构成了我们一般认知能力的基础，在这些认知过程中，范畴化能力在创造性地描述和解释日常语言现象方面起着重要作用。正如前面所讨论的，范畴化能力是一种广义的比较能力。

我们具有将某一事物归纳到某一范畴的能力，这是基于图式进行归纳的能力的一种体现。在典型事例的基础上将新事例作为扩展事例纳入其中，这也是范畴化的能力。这种能力是以典型事例为基础的归纳能力的体现。范畴化的能力还远远不止这些，通过识别多个事例之间的相似性提取出具有普遍特征的图式，也是范畴化能力的重要体现。

上述图式、典型事例和扩展事例的关系如图 3 所示。

图 3 中，图式到典型事例和扩展事例的实线箭头表示实例化的认知过程。按照这一规则，图式是上层范畴，典型事例和扩展事例均是图式的具

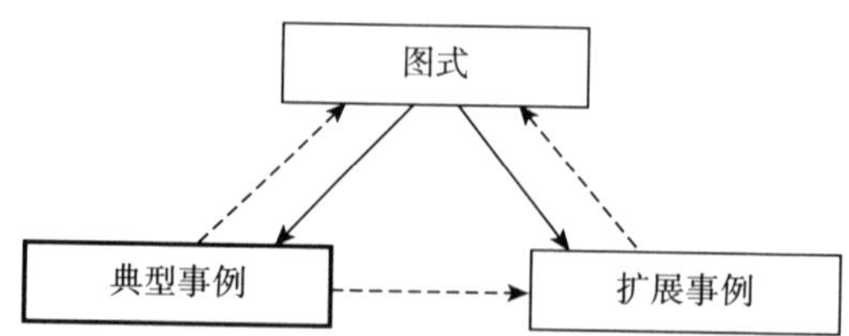

图 3　图式、典型事例和扩展事例的关系

资料来源：Langacker，R. W.，“Reference-Point Constructions，” *Cognitive Linguistics*，vol. 4，no. 1，1993：2。

体表现。相反，从典型事例到扩展事例的虚线箭头则表示扩展的过程。另外，从典型事例和扩展事例到图式的虚线箭头则表示基于相似性、共通性提取图式的抽象认知过程。其中，用粗线框表示的典型事例与图式和扩展事例相比，具有相对较高的认知凸显性（Cognitive Salience）。从常规化、自动化、习惯化的角度来看，认知凸显性高的语言单位通常被认为是更加固定的语言单位。认知语言学研究中，与图式的实例化、典型事例的扩展化等相关的认知能力被规定为如图 4 所示的动态复合网络。

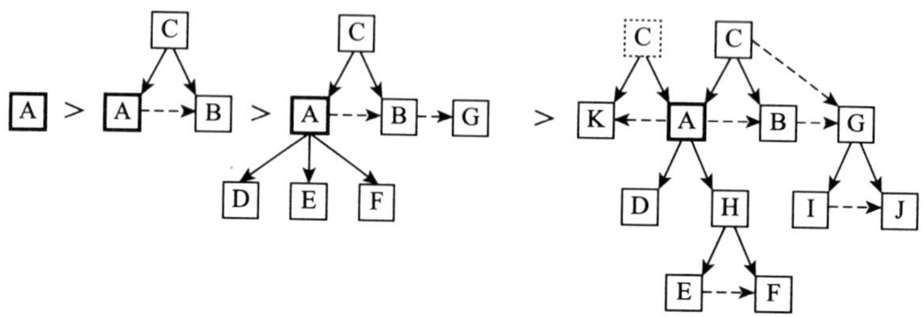

图 4　与图式相关的认知能力构成的动态复合网络

资料来源：Langacker，R. W.，*Concept, Image and Symbol: the Cognitive Basis of Grammar*，Berlin/New York：De Gruyter Mouton，1990。Langacker，R. W.，“Reference-Point Constructions，” *Cognitive Linguistics*，vol. 4，no. 1，1993：1—38。

图 4 中方框内的字母对应构成动态复合网络的语言单位。粗线框中的 A 是该网络的基本单位。由基本单位形成的动态复合网络展开方向至少有两种。其一是该基本单位作为典型事例，向作为扩展事例的 B 的方向展开。其二是该基本单位作为图式，向 D、E、F 等具体事例的方向展开。

3. 语言的创造性扩展和范畴化过程

某一表达是否恰当通常取决于它是否符合所在的语言共同体的接受标

准。认知语言学认为，对于是否符合标准的判断与范畴化能力相关。范畴化能力可分为三类：基于图式的实例化、基于典型事例的扩展化、基于具体事例的图式化。其中，前两类能力与语言表达恰当性的判断密切相关。

认知语言学认为，这种对语言表达的判断与语言系统（在该语言共同体中被接受并确定的语言单位的总和）和实际语用环境之间的范畴化过程密切相关。图 5 中（a）和（b）的范畴化过程是这种范畴化机制的基础。

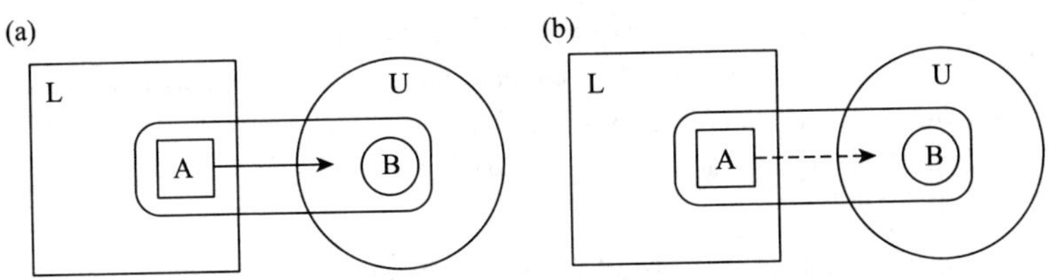

图 5　范畴化过程

资料来源：Langacker，R. W.，*Cognitive Grammar: A Basic Introduction*，Oxford：Oxford University Press，2008（ロナルド・W.ラネカー　著、山梨正明　監訳『認知文法論序説』. 東京：研究社、2011 年）。

图 5 中的 L 框和 U 圈分别表示既定的语言系统 L 和实际语用环境（U，Usage Event）。A 表示语言系统中既定的语言单位，而 B 表示实际语用环境中的语言单位。图 5 中的（a）和（b）表示，对于在实际语用环境中使用的语言单位 B 的恰当性的判断存在相对差异，这种差异被认为是 A 和 B 之间范畴化的差异（这里 A 为判断是否恰当的标准，B 为判断的对象或目标）。

如果实际语用环境中的语言表达属于语言系统规定的表达范畴，则认定其使用恰当。图 5（a）的范畴化过程说明了这一点，从 A 到 B 的实线箭头表示作为目标的实际表达 B 符合判断的标准 A。

然而，语言的实际使用状况并不总是符合上述情况。在实际语用环境中存在各种各样的表达方式，它们符合语言系统规定的一部分标准，但又由此扩展延伸开来。图 5（b）即表示这种扩展关系，从 A 到 B 的虚线箭头表示作为目标的实际表达 B 是基于标准 A 延伸出来的表达。这里的 B 在部分符合 A 的标准的同时扩展产生新的事例。我们也会根据情况，灵活地将日常话语中的这类扩展事例导入现有的语言系统。

图 5（b）中 B 的扩展表达并不局限于具体语境，扩展事例同样能够被语言共同体所认可，并最终在语言系统中得以确立。兰盖克将扩展事例

在语言系统中的确立过程定义为图 6 中（a）到（b）的变化。

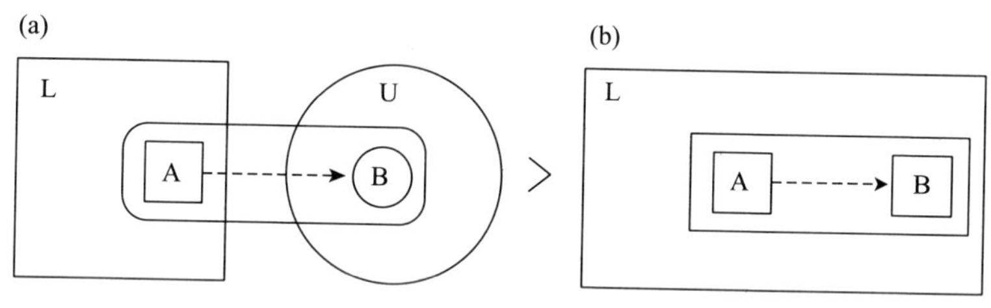

图 6　扩展事例在语言系统中的确立过程

资料来源：Langacker，R. W.，*Cognitive Grammar: A Basic Introduction*，Oxford：Oxford University Press，2008（ロナルド・W. ラネカー　著、山梨正明　監訳『認知文法論序説』. 東京：研究社、2011 年）。

图 6（a）［与图 5（b）相同］表示，在实际语用环境中，B 在符合 A 的一部分标准的同时扩展产生了新事例，但它们尚未固定下来［用图 6（a）中 B 外围的圆圈表示］。但是这些扩展事例最终会在重复使用中成为习惯性的语言表达，并被灵活地导入语言系统 L［用图 6（b）中 B 外围的矩形框表示］。此外，图 6（b）中 A、B 以及从 A 到 B 的虚线箭头（表示扩展关系）外部的矩形框都表示扩展事例在语言系统 L 中的固化。

在生活交际环境中，人们通常通过其所在的语言共同体所认可的表达或者尚未在该语言共同体中固定下来的、新的表达方式进行交际。

以日语中基于复合动词（V1+V2）模式的“V—倒す”表达为例，“殴り—倒す”“蹴り—倒す”“張り—倒す”都是这类复合动词的典型例子。如图 7 所示，实际语用环境中，基于定义这种典型事例的基本图式，“引き—倒す”这样的说法也逐渐成为惯用表达。

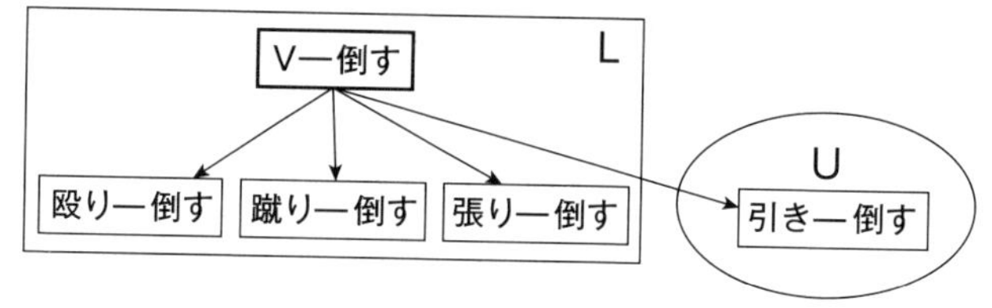

图 7　日语复合动词“V—倒す”的图式和范畴化

资料来源：山梨正明：『認知言語学原理』. 東京：くろしお出版、2000 年。

图 7 中，从图式“V—倒す”指向“殴り—倒す”“蹴り—倒す”“張

り—倒す”“引き—倒す”的实线箭头表示范畴化（这里具体为实例化）的过程。这一过程也反映出，基于作为图式的“V—倒す”，“殴り—倒す”“蹴り—倒す”“張り—倒す”“引き—倒す”等表达也在语言共同体中逐渐惯用化。

但是，如图8所示，在实际语用环境中，对于具体事例是否符合图式“V—倒す”的表达要求，其判断存在争议。

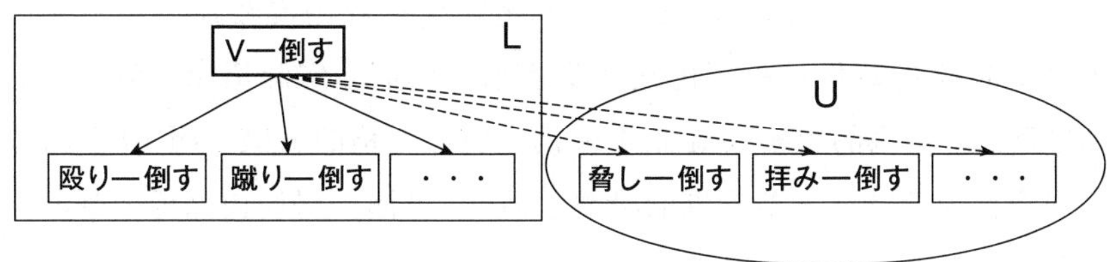

图8　日语复合动词“V—倒す”存在争议的表达（1）

资料来源：山梨正明：『認知言語学原理』. 東京：くろしお出版、2000年。

在图7所示的例子中，复合动词的前项动词基本都是与物理行为相关的动词。而在图8的语境下，前项动词不是表示物理行为的动词，而是“脅す”“拝む”这样表示语言行为、祈祷行为的动词。在使用这类动词时，对于其恰当性的判断就会存在争议。这类动词部分违反了“V—倒す”的使用要求，可以被看作一种扩展表达。图8中，从图式“V—倒す”指向实际语用环境下“脅し—倒す”“拝み—倒す”的虚线箭头表示基于扩展关系的范畴化过程。

此外，从图9中可以看出，当“V—倒す”的前项动词是表示自主行为的自动词（如“泣く”或“眠る”）时，对于其恰当性的判断更见争议。

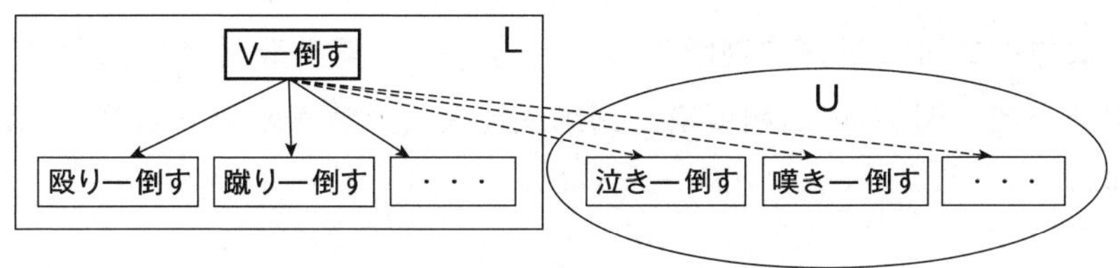

图9　日语复合动词“V—倒す”存在争议的表达（2）

资料来源：山梨正明：『認知言語学原理』. 東京：くろしお出版、2000年。

但是，这种争议的存在并不意味着这类表达是不可行的。在实际语言

使用当中，有的说话人会将这类表达作为一种语言的扩展形式，并选择积极地接受。虽然“泣く”“嘆く”这样的动词看上去缺乏他动性、意图性，但在具体语境下与“V—倒す”一起使用则可以产生“泣いて相手を参らせる”“嘆いて相手を参らせる”这样的意思。

也就是说在具体语境下，“泣き—倒す”“嘆き—倒す”这样的表达作为由典型事例扩展而来的表达是可以被允许的。在当前的讨论中，在语言表达作为语言系统中的适当表达时，其范畴化过程用实线箭头表示，作为扩展事例时的范畴化过程用虚线箭头表示。然而在实际语用环境中，对于具体事例是否适当的判断，则如图 10 所示有着严格的分级。图 10 中的“标准”对应作为范畴化判断标准的典型事例，“目标”对应由该标准判断的具体事例。

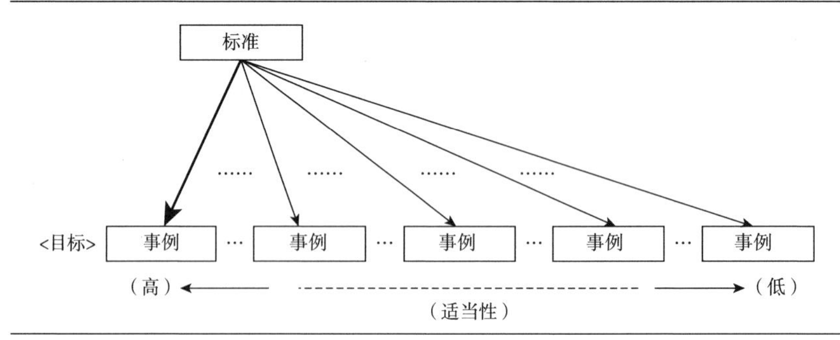

图 10　具体事例的适当性判断标准

资料来源：Yamanashi，M.，“Cognitive Perspectives on Language Acquisition，” *Studies in Language Science*，no. 2，2002：106—116。

如图 10 所示，实际的具体事例（从在该语言系统中确定的表达到经过扩展事例的阶段最终被判断为不适当的表达）是沿着适当性的判断尺度相对分布的。图 10 中的粗线箭头到细线箭头的过渡表示对其适当性判断的过渡。

二　基于用法模型和频率效应

UBM 强调日常交际中语言使用的具体经验对语法形成起着重要作用，尤其关注语法形成过程中语言使用的两类频率效应：类例频率和类型频率。[①]

类例频率指的是语言单位单独出现的频率，通过计算每一个具体类例出现的次数得出相应数据（如果一个语言单位多次出现则表明其类例频率较高）。类型频率不像类例频率那样计算个别语言单位的出现次数，而是计算不同类型语言单位的出现次数（因此，即使同一类型的语言单位重复出现多次，其类型频率仍然是 1）。

从下面的例子中可以看出这两种频率的差异。图 11 和图 12 中的单词都是复数形式的名词，其中类例频率最高、出现次数最多的是 dogs。dogs 的类例频率为 8，cats 和 children 为 5，birds 为 3，oxen 为 l。类型频率是与单词的类型相关的频率，因此图中的类型频率为 5（dogs、cats、children、birds、oxen 这 5 种）。

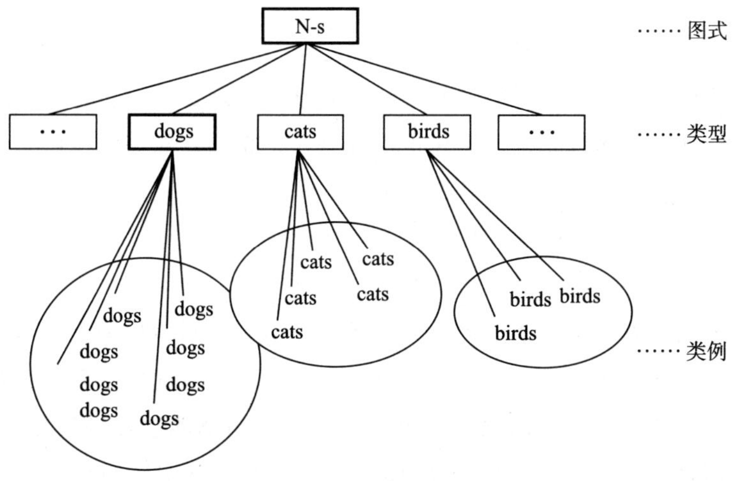

图 11　类型频率与类例频率（1）

资料来源：Bybee，J.，*Phonology and Language Use*，Cambridge：Cambridge University Press，2001。早瀬尚子、堀田優子：『認知文法の新展開：カテゴリー化と用法基盤モデル』. 東京：研究社、2005 年。

上述关于频率的说明中，每个单词从图式到类例的网络结构都是相同的。对于单词来说，作为下层范畴的具体类例出现次数越多，作为上层范畴的图式的固化程度（Degree of Entrenchment）越高。在上面的例子中，

① Bybee，J.，*Phonology and Language Use*，Cambridge：Cambridge University Press，2001.

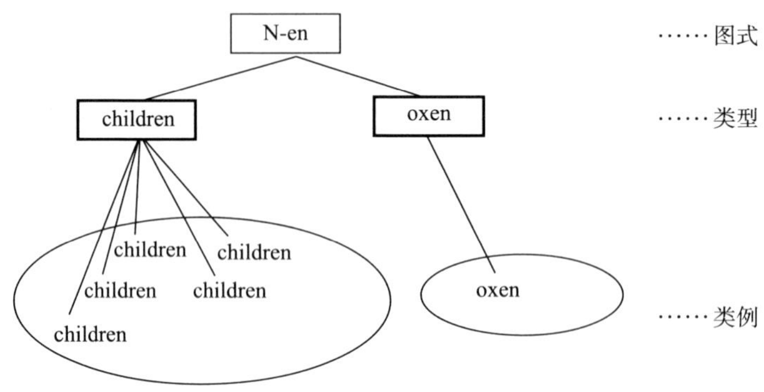

图 12　类型频率与类例频率（2）

资料来源：Bybee，J.，*Phonology and Language Use*，Cambridge：Cambridge University Press，2001。早瀬尚子、堀田優子：『認知文法の新展開：カテゴリー化と用法基盤モデル』．東京：研究社、2005 年。

dogs 的类例频率最高，因此，dogs 的固化程度也就最高。

作为语言单元的单词的频率高低，会影响信息处理过程中对该单词的识别和激活。频率越高越容易被识别和激活，相反，随着频率降低，对单词的识别和激活也会变得困难。从历时的角度看，在具体的交际场景中语言使用频率的差异使语言系统自身也随之产生变化。

类例频率和类型频率在本质上发挥着不同作用。类例频率与一个表达被确定为固定表达的程度（固化）有关。类型频率则与作为上层范畴的图式的适用程度（生产性）有关。通常情况下语言表达的固化程度会随着其不断被重复使用而得到加强，这也意味着类例频率能够促进表达的固化，对于该语言表达（作为一个完整的语言单位）的认知处理也随之发展。①

三　从科学哲学的角度对理论语言学进行的批判性探讨

语言学研究中使用的元术语是相关研究对象的假定范式的概念化。也就是说，用于描述语言学研究对象的元术语（或语言词汇），其先行条件

① 当类例频率高时，其在认知处理上就会被自动认定为一个单位，即使其内部存在差异也倾向于保持原有结构。

是以研究对象为前提的语法观念。以生成语法为前提的范畴二分法（Categorical Dichotomy）的用语划分就是一个典型的例子。

此外，生成语法的范式以心智器官（Mental Organ）的隐喻为前提，将语言划分为“内在语言”（I-Language、Internalized Language）和“外在语言”（E-Language、Externalized Language）。这种划分与上文提到的语言能力和运用能力的二分法相同，都是生成语法研究中基于“概念上的必然性”（Conceptual Necessity）的区分，而不是基于作为研究对象的日常语言特征的“经验上的必然性”（Empirical Necessity）的区分。①

生成语法范式以“模块法”为依据，先行将与语言能力相关的知识和与认知、运用能力相关的知识划分开来，并主张前者的自主性。生成语法侧重对语法形式和结构（语言知识）的研究，而没有从与语言的感性、具身体验有关的认知能力、语境知识和与语言（或语用）之外的知识有关的运用能力的角度来重新审视语言能力。

语言能力的自主性和模块化问题与以生成语法为前提的语法性和可接受性之间的区别这一问题密切相关。语法性和可接受性之间的区别被先行划分，而不是被实证结果划分。生成语法的观点认为，语法性与语言能力有关，而可接受性则与运用能力有关。这种划分先行将语言能力和运用能力一分为二，而没有依据实证进行划分。

与上述生成语法相比，认知语言学对先行划分语言能力和运用能力以及以此为前提先行划分语法性和可接受性的方式提出了异议。生成语法认为知识与自发性和模块化的语言能力有关，而认知语言学则从本质上重新审视知识与语言主体的认知能力、运用能力的关系。认知语言学从与语言的感性和具身体验相关的认知能力、语境知识和与语言（或语用）之外的知识有关的运用能力的发现过程中探究语言能力。从认知语言学的角度来看，判断与语法性相关的问题，都应以语言表象背后的认知能力和运用能力为基础，从本质上重新审视其恰当性。②

---

① 山梨正明:『認知言語学原理』. 東京：くろしお出版、2000 年。关于生成语法中语言能力和运用能力的二分法的划分问题参见山梨正明:「言語能力と言語運用を問いなおす」.『言語』第 20 巻第 10 号：第 70—77 頁。Yamanashi, M., “Cognitive Perspectives on Language Acquisition,” *Studies in Language Science*, no. 2, 2002: 106—116。

② 山梨正明:『認知言語学原理』. 東京：くろしお出版、2000 年。

认知语言学也对生成语法预先规定的词汇和语法之间的划分提出了异议。生成语法认为，短语和句子层面的句法结构一般由句法部门的语法规则来规定，而与词汇层面的形式和意义有关的内容则记录在词典当中。此外，所有关于语法的例外情况并非由句法部门管理，而是由词典部门单独记录。惯用语等也被视为常规语法的例外表达，作为特殊的语言现象被单独列出。相反，认知语言学将词汇（包括惯用语）、短语和句子等各个层面的语言单位看作由常规关系下的形式和意义组成的格式塔“结构”（Construction）。认知语言学认为，日常语言中的语法是一个复合网络，是依据词汇、短语、句子等各语言单位的形式和意义的习惯性对应关系构成的格式塔式集合。①

依据这种方法，惯用语也被认为是一种由形式和意义的习惯性对应关系构成的格式塔式集合，这就不会产生规则和列表的二分法划分问题。从认知语言学的语法观来看，生成语法陷入了规则/列表谬误。② 以这种二分法划分为前提的生成语法将惯用语视为特殊的语言现象，而不以这种二分法划分为前提的认知语言学则认为惯用语和词汇、短语、句子一样，也是一种由形式和意义的习惯性对应关系构成的格式塔式集合。③

四　认知语言学与语料库语言学的亲和性和频率效应的制约

由于受到形式语法，尤其是生成语法的影响，语料库语言学和理论语

---

① （i）一种语言包含大量的常规语言单位，它们都是从用法事件中抽象出来的。参见 Langacker，R. W.，*Cognitive Grammar: A Basic Introduction*，Oxford：Oxford University Press，2008（ロナルド・W.ラネカー　著、山梨正明　監訳『認知文法論序説』. 東京：研究社、2011 年）。

（ii）……我们可以将语言描述为常规语言单位的结构化清单。参见 Langacker，R. W.，*Cognitive Grammar: A Basic Introduction*，Oxford：Oxford University Press，2008（ロナルド・W.ラネカー　著、山梨正明　監訳『認知文法論序説』. 東京：研究社、2011 年）。

② 规则/列表谬误：……一种基于简单性的假设，即如果特定语句（即列表）可以被包含在一般语句（即规则）中，就必须从语法中删除特定语句。参见 Langacker，R. W.，*Foundations of Cognitive Grammar: Volume I: Theoretical Prerequisites*，Stanford：Stanford University Press，1987。

③ 规则和列表的二分法划分先验性地将列表排除在规则之外，这也可以说是接受了排他性的谬误。参见 Langacker，R. W.，*Foundations of Cognitive Grammar: Volume I: Theoretical Prerequisites*，Stanford：Stanford University Press，1987。

言学之间的互动并不活跃。随着认知语言学研究的发展，学者们开始重新审视语料库语言学与认知语言学语言分析的关系。从上一部分的考察可以看出，认知语言学正在全面开展基于 UBM 的语言分析研究。UBM 的基本特征可总结为以下几点。

A. 不仅采用定性分析的方法，也逐渐采用量化分析方法，如通过类例频率和类型频率开展研究等。

B. 从语言使用者的个体差异、波动等方面对比分析典型事例和边缘事例。

C. 强调基于语言使用的自下而上的方式而非形式语法自上而下的方式。

D. 从经验基础主义的观点出发，将语言知识创造性地定义为动态运用能力的表现。

上述几点与语料库语言学的以下基本特征是一致的：①不仅关注定性研究，定量的语言模型同样是研究的中心；②关注具体的语言描述而不是对语言普遍属性的阐释；③关注运用能力而不是语言能力；④站在语言研究中的经验主义立场而非理性主义立场。①

认知语言学的 UBM 和语料库语言学同样关注语法知识的定位。认知语言学将日常语言中的语法规定为由语音和语义之间的直接对应关系构成的符号系统。这个符号系统是由词汇、短语、句子等各层面的惯用语言单位构成的网络。图 13 即为其中一例。

其中，动词和句法都被规定为构成语法知识体系的惯用语言单位。图 13 的左侧椭圆表示双宾语的语法结构网络，右侧椭圆表示动词 send 的网络。这一规定意味着不论是句法层面还是词汇层面的语言单位都作为表达惯用意义的“结构”成为语法知识体系的一部分。由于动词 send 在双宾语结构中被频繁地重复使用，send 的句法模式（即［send 1 NP NP］）

---

① 参见 Leech, G., “Corpora and Theories of Linguistic Performance,” In Svartvik, J.（ed.）, *Directions in Corpus Linguistics*, Berlin/New York: De Gruyter Mouton, 1992, pp. 105—122。齊藤俊雄、中村純作、赤野一郎　編：『英語コーパス言語学：基礎と実践』. 東京：研究社、1998 年。认知语言学研究不仅强调基于语言主体和环境相互作用产生的经验，还重视人所具有的一般认知能力（如图式化的能力、范畴化的能力、形象形成的能力等）的作用。由此来看，需要注意的是认知语言学与单纯的经验主义研究不同。

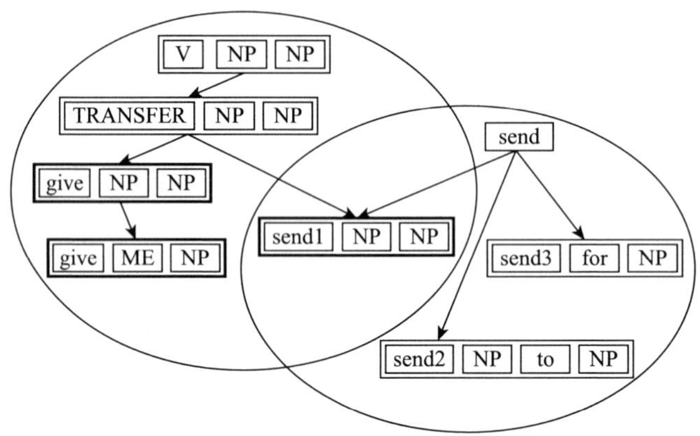

图 13 语法的符号系统

资料来源：Langacker，R. W.，*Grammar and Conceptualization*，Berlin/New York：De Gruyter Mouton，1999。

具有词汇层面的图式意义，同时也具有作为双宾语结构的图式意义。换句话说，这一规定表明，涉及双宾语的动词、句法等各语言单位都具有建构的功能，这些语言单位在具体语境中相互作用，成为惯用语法知识的一部分。①

认知语言学提倡以使用为基础的语法观念，而并非依存语法，这与语料库语言学的语法观点也是一致的："不是根据语法规则从词库中选出合适的词，放在合适的位置上组合成句子，而是选择整个半定型化的短语（Semi-Preconstructed Phrase），组合成句子并生成文本。"②

这种语法观点与认知语言学将短语（包括惯用语）、句子等各类语言单位视为基于形式和意义的习惯性对应关系形成的复合网络的观点是一致的。上述"选择整个半定型化的短语，组合成句子并生成文本"的主张，

① 关于图 13，需要注意以下几点。首先，在该网络中，抽象的图式层面的单位与具体的词汇层面的单位之间形成架构。在这些语言单位中，粗线框中的单位（与普通线框中的单位相比）在语言使用中的固化程度更高。其次，固定的语言单位在频率效应方面能够反映出心理现实。最后，在该网络中，抽象的图式层面的单位与具体的词汇层面的单位同时被表示出来。这也表明，母语者从词汇到句法的语言知识习得是具有富余性的。

② 习语的原理是，语言使用者可以使用大量半定型化的短语，这些短语构成了单一的选项，即使它们看起来可以被分析成多个片段。Sinclair，J.，*Corpus, Concordance, Collocation*，Oxford：Oxford University Press，1991. 赤野一郎：「コーパス言語学」. 今井邦彦　編：『言語学の領域（II）』. 東京：朝倉書店、2009 年：第 125—148 頁。

虽然是从语言产出的观点来论述的，但这里的“半定型化的短语”也可以被看作认知语言学当中基于语法知识体系的惯用语式的结构。①

语料库语言学不仅在语法观念方面显示出与认知语言学的亲和性，从语料库语言学的角度开展的语言数据统计、量化分析，在论证认知语言学对以下语言现象的解释、说明时也发挥着重要作用。②

---

① 英语中言语行为的基本句法基本上可以总结为以下五种类型，参见山梨正明：『発話行為』. 東京：大修館書店、1986 年。

(i)（陈述表达型）[NP V that S]

a. I state that it is raining.

b. I predict that he will come tomorrow.

(ii)（命令行为型）[NP V NP to VP]

a. I order you to come on Monday.

b. I request you to pass me the salt.

(iii)（限定行为型）[NP V to VP]

a. I promise to pay you the money.

b. I vow to get revenge.

(iv)（表明态度型）[NP V NP PP]

a. I congratulate you on winning the race.

b. I thank you for giving me the money.

(v)（宣告命名型）[NP V NP NP]

a. I appoint you chairman.

b. I now pronounce you man and wife.

一见之下，这些言语行为的基本句法似乎是可以通过语法规则预测的。然而，实际使用当中言语行为 (i)—(v) 对应的句法类型不同，(i)—(v) 的句法模式分别为 (i) [NP V that S]、(ii) [NP V NP to VP]、(iii) [NP V to VP]、(iv) [NP V NP PP]、(v) [NP V NP NP]。这一事实表明，不仅是所谓的惯用语，在句法层面上的句法模式也依据各自的语言功能形成惯用形式。关于上述句法和言语行为的问题，参见山梨正明：『認知言語学原理』. 東京：くろしお出版、2000 年。Yamanashi, M., "Speech-Act Constructions, Illocutionary Forces, and Conventionality," In Vanderveken, D., et al. (eds.), *Essays in Speech Act Theory*, Amsterdam: John Benjamins, 2001, pp. 225—238。山梨正明：『認知構文論：文法のゲシュタルト性』. 東京：大修館書店、2009 年。

② 关于典型事例和扩展事例、字面义和比喻义的生成关系，以及比喻中映射的非对称性问题，参见山梨正明：『比喩と理解』. 東京：東京大学出版会、1988 年。山梨正明：『認知構文論：文法のゲシュタルト性』. 東京：大修館書店、2009 年。山梨正明：「認知語用論からみた文法・論理・レトリック」.『語用論研究』第 11 号：第 61—97 頁。Yamanashi, M., "Some Issues in the Treatment of Irony and Related Tropes," In Carston, R., et al. (eds.), *Relevance Theory: Applications and Implications*, Amsterdam: John Benjamins, 1998, pp. 271—281。Yamanashi, M., "Metaphorical Modes of Perception and Scanning," In Burkhardt, A. and Nerlich, B. (eds.), *Tropical Truth(s): The Epistemology of Metaphor and Other Tropes*, Berlin/New York: De Gruyter, 2010, pp. 157—175。

A. 典型事例和扩展事例之间的生成关系。

B. 字面义和比喻义之间的生成关系。

C. 比喻中映射的非对称性。

D. 同义词在语法使用中的可预测性。

E. 习惯用法在语境中的限制。

F. 相同意义表达的比喻映射的限制。

例如，一个具有典型字面义（或基本义）的语言表达，从发生频率来看，其使用频率似乎比扩展语言表达更高。但是，在实际语用环境中，语言表达的字面义的使用频率并不一定高于其扩展义。例如，以下例句中的 A—C 表示由具体层面到抽象层面的变化。A 是其字面义，一见之下，似乎比 B、C 的比喻义更为基本，使用频率也更高。但是，实际上，A、B、C 哪一种表达更为惯用化，使用频度更高，如果不进行实际统计的话是无法知道的。这一点也与语言表达的基本义和比喻义的习得顺序相关。虽然从语言习得的观点来看，通常会认为前者的习得早于后者，但实际习得顺序仍需要统计来验证。

A. 鷹が獲物を襲った。

B. 台風が本州を襲った。

C. 不況がその国を襲った。

尽管认知语言学以典型事例理论为基础，对典型事例和扩展事例进行了分析研究，但对于作为典型事例的标准也只进行了部分描述。从理论角度来看，作为典型事例的标准包括：①习得顺序的优先性；②历史发生顺序的优先性；③信息处理的效率性；④记忆、再现的效率性等。为了对典型事例标准的心理真实性进行检验，有必要进一步明确发生频率的限制。

认知语言学虽然对语言表达的惯用性和修辞性进行了大量研究，但上文指出的比喻中映射的非对称性、习惯用法在语境中的限制、相同意义表达的比喻映射的限制等问题与语言事例的频率效应之间的关系尚缺乏深入研究。从理论视角来看，根据比喻的映射关系，如果存在多个字面义相同的表达，可以预想这些相同意义的表达也适用于相同的比喻映射，如图 14 所示。

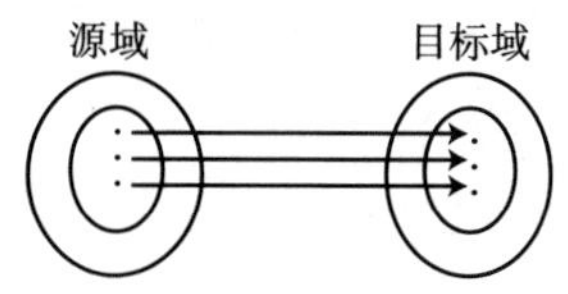

图 14　比喻映射

资料来源：笔者根据比喻的映射关系自制。

图 14 中的目标域是本体，源域是喻体。以比喻“君の瞳は宝石だ”（你的眼睛是宝石）为例，“君の瞳”（你的眼睛）对应作为本体的目标域，“宝石”（宝石）对应作为喻体的源域。图 14 中两个椭圆之间的对应关系表示源域中物体的部分属性被映射到目标域中的物体上，两个领域之中物体的属性并非完全映射。图 14 的比喻映射即表明这种部分映射关系。但是，根据对实际用法的统计，这种映射存在非对称性。例如，英语中的 blossom 和 flower，作为动词都表示“开花”的意思，但当这些表达用于比喻时，其映射的意义领域却是不同的（blossom 的比喻映射领域为人际关系，尤其是爱情、事业、商业等；flower 的比喻映射领域为创造性的事物等）。[①]

从理论上看，如果存在字面义相反的几种表达，可以预想这些反义表达都是比喻性的扩展。但是，如以下例句所示（“?”表示存疑，“*”表示无法进行比喻映射），在实际使用当中，成对的反义词存在部分无法进行比喻映射的情况，即使能够进行映射，根据事例不同，作为映射结果的比喻义也会产生偏差。

A. 在成对的反义词中二者均具有比喻义，且比喻义为反义的表达

頭がかたい/やわらかい

目があらい/こまかい

耳がいい/わるい

口がうまい/（?)まずい

頭がいい/わるい

腕がいい/わるい

① Deignan, A., *Metaphor and Corpus Linguistics*, Amsterdam: John Benjamins, 2005. Gries, S. T. and Stefanowitsch, A., *Corpora in Cognitive Linguistics*, Berlin/New York: De Gruyter Mouton, 2006.

B. 在成对的反义词中只有一方具有比喻义的表达

顔が大きい/＊ちいさい

頭がふるい/＊あたらしい

顔がひろい/＊せまい

鼻がたかい/＊ひくい

口がかたい/＊やわらかい

目がたかい/＊ひくい

C. 在成对的反义词中二者均具有比喻义，但比喻义不为反义的表达

口がおもい/かるい

尻がおもい/かるい

足がおもい/かるい

腰がおもい/かるい

对字面义和比喻义进行比较，通常认为前者比后者的使用频率要高。然而，也存在不符合这一预想的事例。例如，back 这个词由表达身体部位“后背”的字面义产生出多种比喻义，但在考察其使用频率时，有研究指出该词的比喻义比字面义的使用频率更高。[①]

字面义和比喻义之间的差异在设想相关语言表达的句法行为方面也起着重要作用。例如，在动词 move 的用法中，存在与物理移动相关的字面义和表示感动的比喻义。从理论上看（无论在哪种意义的情况下），可以设想 move 在主动句和被动句中都能够使用。但实际上，move 的字面义可以用于主动句和被动句，但其比喻义则更多地用于被动句而不是主动句。[②]

字面义和比喻义的不同，对同一单词作为动词和作为名词来使用的频率也有影响。例如，与动物名称相关的词汇（如 dog、fox、lion 等）不仅有字面义也有比喻义，例如“That politician is a sly old fox”“He is a lion/gorilla”等表达。一见之下，与动物名称相关的词汇在呈现比喻义的时候

① Sinclair, J., *Corpus, Concordance, Collocation*, Oxford: Oxford University Press, 1991.

② Deignan, A., *Metaphor and Corpus Linguistics*, Amsterdam: John Benjamins, 2005. Gries, S. T. and Stefanowitsch, A., *Corpora in Cognitive Linguistics*, Berlin/New York: De Gruyter Mouton, 2006.

基本上都是作为名词来使用的。然而，实际的统计数据表明，比起名词用法，动物名称作为动词［如“to dog”（尾随）、“to horse”（横冲直撞）、“to hound”（追捕）、“to weasel”（欺骗）等］使用的频率更高。[①]

迄今为止的认知语言学研究，将研究的范围扩大到日常语言的修辞性分析，发掘出了在以往语言学研究和语法研究中没有明确的新事实。同时，根据 UBM，认知语言学研究也在不断推动纳入频率效应的语言数据统计分析。但是对于语言表达的字面义和比喻义的共生关系在统计上应如何被规定、受到怎样的限制的问题，相关研究尚有较大的发展空间。为了阐明这种限制，有必要将语料库语言学的实证研究进一步导入认知语言学的研究当中。

五　结论和展望

本文从认知语言学研究的核心内容——UBM 的角度，考察了认知语言学理论研究和语料库语言学研究在语言学领域中的相关性，作为实证类型的语言科学，二者的相互研究存在潜力。以形式语法为中心的理论语言学研究，忽视了语料库语言学中统计和定量研究的重要性。相比之下，认知语言学的研究（尤其是基于 UBM 的研究）强调统计和定量分析的作用，重新审视语料库语言学和认知语言学语言分析的关系，可以发现二者在以下几个方面显示出亲和性。

首先，认知语言学不像生成语法那样依据规则自上而下进行分析，而是以用法为基础，从自下而上的视角，根据具体事例的类例频率、类型频率来探索语言使用的普遍化。其次，综合考虑语言使用者的个体差异、波

① Deignan, A., *Metaphor and Corpus Linguistics*, Amsterdam: John Benjamins, 2005. Gries, S. T. and Stefanowitsch, A., *Corpora in Cognitive Linguistics*, Berlin/New York: De Gruyter Mouton, 2006. 此外，在形态论方面，同一单词是以单数形式使用还是以复数形式使用，其使用频率的差异也与比喻义的区别相关。例如，rock 一词在以单数形式使用的情况下通常表示肯定的意义（如：The rock on which our society is built is...），而在以复数形式使用的情况下，则倾向于表示否定的意义（如：The marriage has been on the rocks for a while）。

动等因素，对典型事例和边缘事例进行对比分析。[①] 最后，否定语言能力和运用能力的二分法，从经验基础主义的观点出发，创造性地将语言知识定义为动态运用能力的表现。

上述认知语言学的探索方向能够从理论和实证两个角度为语料库语言学的研究提供参考。同时，作为语料库语言学研究核心的统计和定量分析，也将为今后的认知语言学研究作出实证性的贡献。

以生成语法为中心的语言学研究，忽视了日常语言使用主体的存在，以及与语言的实际运用和使用相关的因素。为使语言学发展为一门更健全的科学，其应该向着什么样的方向发展（如何促进其向着更为健全的方向发展）是这一时期我们应当思考的重要课题。对于这一问题，语料库语言学和认知语言学研究能够为今后的语言学研究指明方向。

---

① 在第四部分中，笔者指出，作为典型事例需要具备以下条件。

(i) 习得顺序的优先性

(ii) 历史发生顺序的优先性

(iii) 信息处理的效率性

(iv) 记忆、再现的效率性

为了判断典型事例所具有的性质，有必要将频率效应作为判断的条件之一。这些条件如何互相作用并最终决定典型事例的性质则是今后的研究课题。

学术职业中的教学与研究：联系与冲突*

〔日〕福留东土 著　孟硕洋 译**

［摘　要］在始于20世纪90年代的强调本科教育的有效性的高等教育改革之下，日本的学术职业在教学与研究方面，尤其是在这两者的相互关系方面发生了怎样的变化？这一问题是本文的主题。我们可以按照冲突论或融合论的假设来看待教学与研究之间的关系，这两种假设对于从理论与实证的角度来描述学术职业都是重要的。基于这两种假设，笔者比较并分析了在两个不同的时间点（1992年与2007年）进行的对于大学教员的调查。笔者分析了大学教员在教学与研究之间的偏好、他们的工作状况（时间分配与教学工作量）、对组织的归属感以及他们所经历的学术职业的培养过程（特指研究生教育）。笔者发现日本的学术职业在15年间发生了一些重要的变化，这些变化可以同时从积极与消极的角度进行解读。教学与研究构成学术职业的核心工作。基于本文的分析，笔者认为更加深入地探讨应当由哪些要素构成我们的学术职业是非常重要的。

［关键词］学术职业　教学　日本

---

* 本文译自：Fukudome, H., "Teaching and Research in the Academic Profession: Nexus and Conflict." In Arimoto, A., Cummings, W., Huang, F., Shin, J. (eds.), *The Changing Academic Profession in Japan*, New York: Springer Cham, 2015, pp. 169—183。

** 福留东土，东京大学教育学研究科教授，研究领域为高等教育学、比较教育学、高等教育史、美国高等教育等。孟硕洋，东京大学教育学研究科博士生，研究领域为高等教育学、比较教育学、教育史。

一 研究背景

自20 世纪 90 年代以来，日本的高等教育经历了重大变化，尤其强调提高本科教育的质量。日本的高等教育从 20 世纪 90 年代初期开始扩大规模。尽管 18 岁人口的数量快速下滑，但是有更多的人被大学录取。实际上，大学的录取率从 1992 年的 26.4%上升到了 2007 年的 47.2%。随着学生规模的扩大，本科层面的教学已经成为 20 世纪 90 年代以来的日本高等教育政策中最为重要的课题。文部省下属审议会曾针对本科教育发表了数篇重要报告。①

尽管教学被认为对于日本高等教育改革至关重要，强化大学活动的其他方面也非常关键。在这一点上，大学教员的学术工作质量被认为对于大学活动的重大改变具有重要意义。日本的大学教员被认为应当承担多种角色以发挥大学的核心功能。尤其是在近几年，大学教员被要求参加大学评价、教员评价、教员发展等活动，提高他们的核心技能。但是，大学教员愈加忙于行政、委员会以及其他服务等非学术工作。因此，专注于学术工作，也就是专注于教学与研究工作，对于大学教员而言变得日益困难，这一现状给他们带来了严重的困扰。在这些趋势之中，大学教员的活动在发生怎样的变化？本文将关注日本学术职业中教学与研究之间的关系。

在理想情况下，大学中的教学与研究应该是相融合的，而这是大学教员的学术职责的核心。欧内斯特·博耶（Ernest Boyer）对教学与研究的融合进行了概念化，并定义了作为关键要素构成学术职业的四种学术工作：探索、融合、应用以及教学（见表 1）。② 在我们身处的快速变化的环境之中，像博耶一样对学术职业的核心价值观进行概念化是极其重要且发人深思的。

---

① Fukudome, H., "Senmon Kyōiku no Siten Kara Mita Gakushikatei Kyōiku no Kōchuku" ("Construction of College Education: Focusing on Major Studies to Enhance Integration with General Education"), *Daigaku Ronshū* (*Research in Higher Education*), vol. 41, 2010, pp. 109—127.

② Boyer, E., *Scholarship reconsidered: Priorities of the professoriate*, Princeton: Carnegie Foundation for the Advancement of Teaching, 1990.

表 1　欧内斯特·博耶定义的四种学术工作

探索	为了知识本身而投身于知识；研究的自由；遵循严谨的研究方法；为人类的知识以及学术风气作出贡献。
融合	正确地看待孤立的事实，并赋予它们意义；建立学科之间的联系；将专业置于更广阔的背景之下；教育非专业人士。
应用	使人们可以胜任与其所属领域的知识直接相关的工作；将其工作与产生于专业活动的生活领域联系起来；提出新的学术见解。
教学	基于刻苦的工作与严肃的研究；付出努力以建立教师的见解与学生的学习之间的桥梁；不仅传播知识，也要转换并延伸知识。

资料来源：Boyer，E.，*Scholarship reconsidered: Priorities of the professoriate*，Princeton：Carnegie Foundation for the Advancement of Teaching，1990。

但是，当我们考察大学教员的日常工作时，我们发现教学与研究之间存在一些冲突。大学教员被期望在每个活动之中都投入大量的时间，从而有效地完成它们。教学与研究要求他们具有能力、资源以及方法论。约瑟夫·本-戴维（Joseph Ben-David）写道：教学可能会因此妨碍研究，反之亦然。不仅因为它们互相争夺时间，也因为它们具有不同的目的并需要不同的方法、不同的才能以及不同的设备，即便教学与研究关系紧密。教学与研究只有在一些特定的条件之下才能被组织在同一个框架之下，远谈不上能达成自然的结合。①

伯顿·克拉克（Burton Clark）研究了融合研究、教学以及学习的条件，发现一个重要的条件是将一个国家的高等教育系统中的研究部门和每所高等教育机构中的研究生教育进行区分。②

上述观点表明教学与研究的融合是大学固有的问题，而实现这样的融合通常非常困难，存在各种前提条件。一方面，如何将融合教学与研究的理论应用于现实世界是一个问题；另一方面，明确教学与研究之间所存在的差异与冲突的实际情况也非常重要。尤其是在日本高等教育改革的近 20 年中，作为学术工作的两个至关重要的维度，教学与研究之间的关系已经成为一个重要的问题。

---

① Ben-David，J.，*Centers of learning: Britain, France, Germany, United States*，New York：McGraw-Hill，1977（Prepared for the Carnegie Commission on Higher Education）.

② Clark，B. R.，*Places of Inquiry: Research and Advanced Education in Modern Universities*，Berkeley：University of California Press，1995.

为了探讨教学与研究之间如此复杂的关系，笔者将在本文分析日本学术职业的偏好、活动以及培养过程。笔者将在本文考察两个在不同的时间点（1992 年与 2007 年）进行的针对日本大学教员的调查的结果。第二部分将探索大学教员的偏好在教学与研究之间发生了怎样的变化，并聚焦对日本学术职业中的教学与研究的理解。第三部分将聚焦大学教员投入在各种活动之上的时间以及他们所承担的课程数量，从而了解他们的学术工作的实际情况。第四部分将探究大学教员对于专业领域、大学以及院系等的归属感，以及归属感如何影响他们的教学与研究。最后，第五部分将讨论在研究生院中开展的针对学术职业的培养的过程。

二　大学教员在教学与研究之间的倾向

1. 日本大学教员的研究倾向特征

在 1992 年进行的卡内基学术职业调查中，最为重要的结论是，日本大学教员呈现出非常强烈的研究倾向。卡内基学术职业调查询问受访者："基于你自己的偏好，你的志趣主要在于教学还是研究?" 在 14 个国家和地区之中，46. 5%的受访者倾向教学，53. 5%则倾向研究。"教学倾向" 的占比为表示自己的志趣 "主要在于教学" 与 "两者兼顾，但更多在于教学" 的受访者的占比之和。类似地，"研究倾向" 则包含表示自己的志趣 "主要在于研究" 以及 "两者兼顾，但更多在于研究" 的受访者。在日本，只有 27. 5%的受访者倾向教学，这个数字在参与调查的 14 个国家和地区中位列倒数第二（见表 2）。这一结果似乎成了推动日本高等教育政策强调教学活动的一大因素。

表 2　教学倾向大学教员的占比（1992 年卡内基学术职业调查）

单位：%

俄罗斯	67. 6
智利	66. 6
墨西哥	64. 9
巴西	61. 9
美国	49. 2
澳大利亚	48. 2

续表

中国香港	45.9
韩国	44.4
英国	44.3
以色列	38.6
德国	34.3
瑞典	33.1
日本	27.5
荷兰	24.8
平均	46.5

资料来源：Ehara，T.，"Jūisshō：Kyōiku to Kenkyū no Dilemma"（"Dilemma Between Teaching and Research"），In Arimoto，A. and Ehara，T.（eds.），*Daigaku Kyōjushoku no Kokusai Hikaku (International Comparison of the Academic Profession)*，Tokyo：Tamagawa Daigaku Shuppanbu（Tamagawa University Press），1996，pp. 147—165。

随着日本于 1991 年修订的《大学设置基准》在本科课程方面放权，高等教育政策发生了重大改变，推动大学开展特别强调本科层面教学活动的"教育改革"。在这一趋势之下，与 1992 年的卡内基学术职业调查相比，在 2007 年获得的关于日本大学教员的倾向与活动的调查数据应当是非常丰富的。

在 15 年后，日本大学教员的特征发生了哪些变化？在 2007 年被询问相同的问题后，有 32.3%的受访者表示倾向教学，而 67.7%则倾向研究（见表 3）。这并没有发生太大变化，但与 1992 年相比，还是反映出对于教学的志趣出现了统计学意义上显著的增长。

表 3　日本大学教员的教学与研究倾向（1992 年与 2007 年）

单位：%

	主要在于教学	两者兼顾，但更多在于教学	两者兼顾，但更多在于研究	主要在于研究
1992 年	3.5	24.0	55.2	17.3
2007 年	5.0	27.3	53.6	14.1

资料来源：笔者根据卡内基学术职业调查数据自制。

各项措施被用于强化并丰富大学的教学活动，体现出这 15 年间高等教育的"大众化"进程。其中一项措施是要求每所高等教育机构厘清教学的目的与目标。高等教育改革更加强调大学的教学功能。考虑到这些趋势，似乎可以说日本大学教员在 15 年间产生的偏好转变反映出高等教育中一个真实的趋势，但这一转变并不显著。截至 2007 年，2/3 的大学教员仍然表示他们的志趣在于研究。世界范围内的高等教育日益强调教学，一些大学教员实际上也在相应地调整他们的倾向。但是，我们依然可以看到，绝大部分大学教员的主要志趣仍然在于研究。

2. 不同学科领域的大学教员的教学与研究倾向

为了更加具体地理解大学教员偏好的整体转变，笔者将更加详细地分析这一问题。笔者聚焦对于承担教学责任的大学教员而言的教学与研究的关系。本部分的分析不包括那些通常不直接参与教学工作的研究助理（日语为“助手”或“助教”）以及其他职员。本研究仅将教授、副教授以及助理教授视作分析目标。

笔者首先探讨不同学科的教学与研究倾向（见表 4），发现存在显著差异。人文科学与自然科学领域的大学教员的倾向都几乎没有出现变化。在 1992 年，相比其他学科，教学倾向在人文科学之中更为显著。但时至 2007 年，人文科学之中的教学倾向已经低于社会科学，大致等同于工科以及医、齿、药科。在 1992 年，自然科学、农科以及医、齿、药科之中的研究倾向高于其他学科，而这一倾向在 2007 年保持不变。或许整体的趋势可以表明教学倾向在工科与农科领域之中得到了一定程度的发展。尽管社会科学和医、齿、药科领域之中的教学倾向在 1992 年并不强烈，但自那以后也实现了显著的发展。

表 4　不同学科领域的大学教员的教学与研究倾向

单位：%

	人文科学	社会科学	自然科学	工科	农科	医、齿、药科
1992 年教学倾向	32.0	24.2	18.2	26.6	17.2	16.4
2007 年教学倾向	32.8	38.4	18.6	31.1	21.6	29.0
	n. s.	**	n. s.	n. s.	n. s.	**

注：** $p<0.01$。

资料来源：笔者根据卡内基学术职业调查数据自制。

3. 不同年龄与职称的大学教员的教学与研究倾向

笔者接着分析了不同年龄与职称的大学教员的倾向的差异性及相似性。根据1992年的调查，日本的一大特征是教授比其他职称的大学教员更加具有教学倾向，而其他国家的情况则是副教授与助理教授具有比教授更加强烈的教学倾向。这意味着相当数量的高龄大学教员是更加倾向于教学的。相反，年轻的大学教员（通常为副教授与助理教授）的研究倾向强于教学。

根据1992年与2007年不同年龄组的调查结果（见表5），40~49岁的大学教员的教学意愿出现了显著提高。至于其他的年龄组，60岁及以上的大学教员的教学倾向出现了一定的提高，但在统计学意义上并不显著，而50~59岁以及未满40岁的大学教员的教学倾向几乎都没有发生改变。

表5 不同年龄组的大学教员的教学与研究倾向

单位：%

	未满40岁	40~49岁	50~59岁	60岁及以上
1992年 教学倾向	17.8	17.9	31.6	40.0
2007年 教学倾向	16.7	28.4	32.4	43.6
	n. s.	***	n. s.	n. s.

注：*** $p<0.001$。

资料来源：笔者根据卡内基学术职业调查数据自制。

通过对不同学术职称（教授、副教授、助理教授，见表6）的大学教员的分析，我们发现副教授与助理教授在2007年形成了更加强烈的教学倾向，几乎达到了与教授相同的水平，而后者的教学倾向一直以来都是比较强的。但是，这一变化在统计学意义上并不显著。

表6 不同学术职称的大学教员的教学与研究倾向

单位：%

	助理教授	副教授	教授
1992年 教学倾向	23.1	22.9	31.2

续表

	助理教授	副教授	教授
2007 年 教学倾向	31.3	28.7	34.4
	n. s.	*	n. s.

注：* $p<0.05$。
资料来源：笔者根据卡内基学术职业调查数据自制。

根据上述信息，我们可以推断出相对年轻的大学教员的教学倾向的强化，推动了日本大学教员教学倾向的整体强化。

4. 不同类型机构的大学教员的教学与研究倾向

最后，笔者基于两个因素分析了不同类型机构的大学教员的教学与研究倾向差异，即制度约束（国立大学与私立大学）与研究强度（研究型大学与非研究型大学）。制度约束视角的数据表明，国立大学与私立大学存在显著差异（见表 7）。根据 1992 年的调查，国立大学与私立大学在教学倾向上的差异超过 20 个百分点；在 2007 年的调查中，尽管国立大学的教学倾向出现了明显提高，这一差异稍有缩小，但是国立大学仍然无法达到私立大学的水平。当聚焦日本高等教育的结构时，我们不可以忽视制度约束所导致的长久以来在教学倾向方面存在的巨大差异。

表 7　不同制度约束下的大学教员的教学与研究倾向

单位：%

	国立大学	私立大学
1992 年教学倾向	15.3	38.5
2007 年教学倾向	24.7	43.4
	***	n. s.

注：*** $p<0.001$。
资料来源：笔者根据卡内基学术职业调查数据自制。

在研究强度视角的数据中，我们再次在 1992 年的调查中发现了明显差异（见表 8）。不超过 10%的研究型大学的教员表达了教学倾向，而这一数字在非研究型大学超过了 30%。但是，在 2007 年的调查中，这一差异几乎完全消失。在 15 年间，非研究型大学原本就比较强烈的教学倾向几乎没有发生变化，研究型大学中的教学倾向出现了显著提高。

表 8　不同研究强度下的大学教员的教学与研究倾向

单位：%

	研究型大学	非研究型大学
1992 年教学倾向	9. 4	32. 6
2007 年教学倾向	31. 4	32. 9
	***	n. s.

注：*** $p<0.001$。

资料来源：笔者根据卡内基学术职业调查数据自制。

总体而言，尽管日本大学教员出现了更加强调教学的明显转变，但是研究倾向仍然占据主导地位。但是，当我们分析这一转变的细节时，我们发现某些特定的细分群体的转变尤为明显，尤其是社会科学与医、齿、药科领域、40~49 岁、职称为助理教授或副教授、国立大学与研究型大学中的大学教员。上述所有群体共有的一个特点是，他们在高等教育改革时期之前，都未曾展现出强烈的教学倾向。这意味着这场聚焦教学活动的改革虽然对于在此以前已经展现出较强教学倾向的群体没有产生很大影响，但改变了在此以前没有这一倾向的群体。而在学术职业的不同的细分组别之中，教学倾向与研究倾向的程度具有更明显的同质化现象。

三　日本大学教员的活动

1. 时间分配

笔者在本部分首先探讨了日本大学教员针对教学、研究以及其他活动的时间分配情况。1992 年与 2007 年的调查问卷均要求受访者估算每周投入在不同类型的职业活动之上的平均时间，包括教学、研究、服务、行政以及其他活动。问卷分别询问了学期中与假期中的时间投入情况，笔者仅选取学期中的时间投入数据进行分析。结果表明，在 15 年间，投入在教学之上的平均时间几乎没有发生变化（见表 9），而投入在研究之上的平均时间从 21. 7 小时明显减少至 16. 7 小时。与此同时，投入在行政与服务之上的平均时间增幅较大，尤其是投入到行政之上的平均时间的增加是非常明显的。

表 9　大学教员每周投入在不同类型的职业活动之上的平均时间（学期中）

单位：小时

		教学	研究	服务	行政	其他
1992 年	平均时间	19.7	21.7	3.3	6.0	2.8
	标准差	11.3	12.8	6.1	5.9	3.8
2007 年	平均时间	20.4	16.7	4.0	7.6	3.1
	标准差	11.9	11.5	6.7	6.9	4.2

资料来源：笔者根据卡内基学术职业调查数据自制。

显然，日本大学教员在不仅需要分配教学与研究的时间，还需要分配学术与非学术工作的时间这一问题上陷入了两难的困境。大学教员可以用于研究的时间毫无疑问是被用于行政和各类服务的时间的增长压缩了。考虑到最近的改革日益强调教学的趋势，我们往往会认为，因为试图平衡教学与研究，所以才产生了冲突。然而，实际上是学术工作与其他活动之间产生了更加严重的冲突。实际上，通过服务向社会作出贡献是学术职业的三大职责之一。而且，大学教员积极地参与所属机构的行政事务也是非常重要的。但是，如果学术工作被坚定地认为是学术职业存在的理由，那么实际状况所引发的冲突加剧了大学教员所处的困境。如同统计数据所呈现的，研究时间的减少尤为突出，已经有人担忧这种趋势可能会对日本大学教员的研究活动产生消极影响。

2. 需要教授的课程

笔者接着分析承担不同教育阶段（本科或研究生阶段）课程的大学教员的占比（见表 10）。数据表明，这些比例发生了较大改变。总体而言，承担研究生课程的大学教员的比例显著提高，而仅承担本科课程的大学教员的比例出现了下降。自 20 世纪 90 年代以来，不仅是以本科阶段为中心的教育改革，研究生教育的扩张与充实也成了国家政策以及各个机构的高等教育改革的重要内容。这一趋势非常清楚地呈现在大学教员所承担的课程类型之中。

表 10　承担不同教育阶段课程的大学教员的占比

单位：%

	仅承担本科课程	承担本科与研究生课程	仅承担研究生课程	不承担课程
1992 年	37.0	60.5	1.9	0.6

续表

	仅承担本科课程	承担本科与研究生课程	仅承担研究生课程	不承担课程
2007 年	16.9	80.1	2.3	0.7

资料来源：笔者根据卡内基学术职业调查数据自制。

笔者进一步分析了大学教员所承担的本科阶段的课程数量，并将课程分为两类，即通识教育课程与专业教育课程（见表 11）。在 1992 年，相当多的大学教员（38.9%）不承担通识教育课程。时至 2007 年，这一数据有所降低，而教授一门或两门通识教育课程的大学教员的比例有所提高。此外，不教授任何一门专业教育课程的大学教员的比例在 1992 年是非常低的，而且在 2007 年出现了进一步下降，承担至少五门这一类课程的大学教员的比例则出现了显著提高。另外，除了教授通识教育课程以外，如表 10 所示，大多数大学教员都承担一些研究生课程。由于 1992 年的调查并没有包括关于研究生课程数量的问题，无法就这一点进行比较。2007 年，大约 70%的承担硕士课程的大学教员教授一门或两门课程。在博士阶段中，大约有 40%的大学教员不承担教学任务，还有 40%的大学教员仅教授一门课程。

表 11　承担不同数量本科阶段课程的大学教员的占比

单位：%

		通识教育课程	专业教育课程
1992 年	0	38.9	5.3
	1—2	44.0	39.5
	3—4	11.6	34.2
	5—7	4.0	17.5
	多于 8	1.4	3.5
2007 年	0	27.4	2.3
	1—2	57.3	32.5
	3—4	9.6	30.7
	5—7	3.9	23.5
	多于 8	1.7	11.0

资料来源：笔者根据卡内基学术职业调查数据自制。

正如我们所看到的，在 15 年间，大学教员用于教学的时间并没有出现明显的提高。但是，根据他们所承担的课程数量的增长来看，教学工作量确实提高了。另外，我们可以从时间分配与承担的课程数量之间的关系中推断出他们用于每一门课程的时间减少了。因为实际在教室中付出的时间增加了，对于许多大学教员而言，用于备课、打分以及批改试卷与论文的时间就有可能减少了。在有限的时间之内，大学教员被要求完成比过去更加密集的教学工作。

四　归属感的变化

笔者在本部分分析大学教员对其展现出归属感的组织。尽管归属感并不是与大学教员的教学或研究活动直接相关的因素，但它却可能与大学教员在参与教学或研究时的个体精神或情绪状况存在深度的关联。1992 年的调查结果表明，教学倾向与研究倾向的大学教员在归属感方面具有明显差异。笔者关注在 15 年间这一现象是否发生了变化。

笔者按照以下五种组织对数据进行了分析：专业领域、机构（大学）、学院、系以及最小的组织单位（包括讲座或实验室）。教学倾向和研究倾向的大学教员在两次调查中的数据如表 12 所示。

表 12　大学教员的归属感

单位：%

		专业领域	机构（大学）	学院	系	最小的组织单位（包括讲座或实验室）
总体	1992 年	96.6	79.7	79.6	85.2	89.2
	2007 年	96.4	74.9	75.8	82.6	85.0
		n. s.	**	*	n. s.	*
教学倾向大学教员	1992 年	94.2	85.8	84.3	90.9	92.1
	2007 年	94.3	77.3	77.6	84.7	86.2
		n. s.	*	*	**	*
研究倾向大学教员	1992 年	97.5	77.4	77.6	83.0	88.0
	2007 年	97.5	73.6	74.9	81.5	84.4
		n. s.	n. s.	n. s.	n. s.	*

注：* $p<0.05$，** $p<0.01$。

资料来源：笔者根据卡内基学术职业调查数据自制。

总体而言，几乎所有大学教员都认为专业领域对他们而言非常重要。至于其他四种组织，大学教员的归属感在2007年出现了全面下降。另外，通过分别观察教学倾向和研究倾向的大学教员，发现教学倾向的大学教员的归属感的降低更为明显。教学倾向的大学教员对于这几种组织的归属感稍微高一些，但是教学倾向的大学教员的归属感的降低更加明显，所以与研究倾向的大学教员的差异已经缩小。

学术研究具有共通性，而这种特点容易与大学教员对所属专业领域的归属感相容。而教学具有根植于工作场所的局部性特征，应当反映在大学教员对于其所属组织的归属感之中，例如他的大学或者学院。① 尽管教学倾向的大学教员的比例是在上升的，但是他们对于所属组织的归属感却在进一步下降。这些结果在一定程度上反映出近些年在以校长的领导力为基础的由上至下的大学管理系统中出现的转变。在近几年，对于广大的大学教员而言，在高等教育机构的运转之中，日益难以使自己的观点被听取。不管怎么说，教学倾向的强化与对于教育组织的归属感没有直接联系。我们可以认为这一事实表明教学志趣的上升潮其实有一定的脆弱性。在大学评价的背景之下，需要彰显各个组织单位的特色、厘清院系具体的教育目标、形成教育项目的系统化结构并实现系统化运行。但是，大学教员个体的教学倾向似乎出现在有别于大学教育的局部组织单位的层面。

五　研究生院的学术职业培养过程

研究日本大学教员为何拥有如此强烈的研究倾向并不能探明为何有一些大学教员表现出教学倾向。可能可以将这一现象归结为个体倾向、文化环境、职业责任感、进行研究（或教学）的选项、制度实践、职业前景、评价体系以及其他因素共同作用的结果。

---

① Ehara, T., "Jūisshō: Kyōiku to Kenkyū no Dilemma" ("Dilemma Between Teaching and Research"), In Arimoto, A. and Ehara, T. (eds.), *Daigaku Kyōjushoku no Kokusai Hikaku (International Comparison of the Academic Profession)*, Tokyo: Tamagawa Daigaku Shuppanbu (Tamagawa University Press), 1996, pp. 147—165

塑造了日本大学教员偏好的一个因素可能是学术职业的培养过程。在学术培养的过程中，研究生教育发挥着关键作用。通过接受的教学与研究指导，以及与导师、同辈的非正式互动，研究生逐渐形成了一套行为准则以及作为学术职业成员的态度。在这个意义上，研究生教育对于大学教员的角色意识的影响可能是非常重要的。当然，研究生教育的主要目的就在于给予未来的大学教员研究培养。但是，近几年的高等教育政策在研究生院也加强了教学技巧的培养，比如中央教育审议会发布的《新时代的研究生教育》（2005 年）建议研究生教育培养四种技能：作为研究者的创造性研究技能、作为专业人才的先进技能与能力、作为大学教员的教学与研究技能以及能够帮助有才能的人群活跃在知识社会中的先进学术技能。对于研究生教育而言，如何融合第一种与第三种技能是一个非常重要的课题，因为研究生教育塑造了未来的学术职业。那么日本大学教员如何评价他们所经历过的研究生教育呢？

问卷询问了两个关于研究生教育的问题，即对于针对大学教学培养的研究生教育的评价和对于针对学科研究培养的研究生教育的评价（问卷要求受访者评价他们在“最终学历”阶段接受的教育，故笔者从数据中剔除了仅有本科学历的样本）。通过比较 1992 年与 2007 年的数据，发现这两个问题均在 2007 年得到了更为积极的回答（见表 13）。2007 年给针对大学教学培养的研究生教育作出正面评价的受访者比例比 1992 年上升了约 10 个百分点（从 55.1%上升至 65.4%），而针对学科研究培养的研究生教育获得了更高的支持率（1992 年为 62.9%，2007 年为 77.5%）。这些数据反映出对于提升日本的研究生教育质量非常有益的迹象。

表 13　大学教员对研究生教育质量的评价

单位：%

	针对大学教学培养的研究生教育	针对学科研究培养的研究生教育
1992 年	55.1	62.9
2007 年	65.4	77.5
	***	***

注：*** $p<0.001$。表中百分比代表回答“非常好”或“好”的受访者比例。

资料来源：笔者根据卡内基学术职业调查数据自制。

分析这两组受访者之间的关系是有趣的。有多少给学科研究培养作出正面评价的人同时也给大学教学培养作出正面评价？通过比较 1992 年与 2007 年的数据，发现针对两种研究生教育的功能给出正面评价或负面评价的受访者比例并没有发生显著改变（见表 14）。

表 14　大学教员对学科研究培养与大学教学培养的评价

单位：%

			学科研究培养	
			好	不好
大学教学培养	1992 年	好	77.0	18.3
		不好	23.0	81.7
	2007 年	好	79.3	17.0
		不好	20.7	83.0

资料来源：笔者根据卡内基学术职业调查数据自制。

这些结果可以有两种解读方式。从积极的角度来看，我们可以认为两种研究生教育的功能都以有效且融合的方式得到了发挥。但是，如果我们认为研究生教育几乎完全是学科研究培养的过程，那么大学教学培养的教育就会和学科研究培养的教育发生重叠，且大学教学培养只占非常小的比例。换句话说，大学教学培养并没有被看作独立于学科研究培养的功能。在这之上，将大学教学培养理解为附属于学科研究培养的一部分更加妥当。目前，各个高等教育机构的研究生教育中的大学教学培养依然处于起始阶段，尚未发展为互补的活动。藤村正司比较了 1992 年卡内基学术职业调查在日本和美国的结果，发现美国的受访者的意见不如日本统一。他认为这是因为美国的针对大学教学培养的研究生教育被认为是独立于学科研究培养的。①

如果希望教学在日本的学术职业中承担定义更加明确且更加重要的角色，应当将某类大学教学培养纳入针对未来的大学教员的培养过程之中。如上所述，研究生院的学科研究培养在近几年获得了来自大学教员的高度

① Fujimura, M., "Kyōiku to Kenkyū no Relevance: Tōgō, Kattō, Sanction" ("A Study of Relevance Between Teaching and Research: Integration, Conflict and Sanction in Higher Education"). *Daigaku Ronshū (Research in Higher Education)*, vol. 37, 2006, pp. 213—230.

评价。现在，我们还需要去思考怎样才能使大学教学培养被有效纳入并与学科研究培养相兼容。

六　结论与思考

在本文中，笔者讨论了教学与研究，尤其是重点探讨了二者之间的关系。首先，我们发现虽然研究倾向依然保持着主导地位，但与近些年强调本科教育的改革一致，日本大学教员也在一定程度上加强了他们的教学倾向。尽管大学教员们的研究倾向常常遭到负面解读，但也不能断言整个情况都是消极的。尤其是当我们强调教学与研究的融合，以及当我们从有些教学也是基于研究之上的这一角度来看时，更是如此。但是，考虑到各种成本与时间投入，以及大学教员有限的资源，试图确立一种使大学教员能够在学术工作中同时进行并融合教学与研究的统一的、全面的原则是不现实的。正如笔者在上文中提及的，自 20 世纪 90 年代以来的改革对于特定的学术阶层产生了巨大的影响，尤其是那些在那之前并未形成强烈的教学倾向的大学教员。改革无疑全面增强了对于教学的重要性的认识。从各个学术阶层内部教学与研究活动的分配的角度来考虑现状的话，或许可以说改革在各个学科领域之中促进了更加一致的教学与研究功能的扩散。

接着，通过分析大学教员的实际工作情况，我们发现学术工作正在经受不利的影响。由于每个大学教员承担的课程数量在不断增长，我们可以推断他或她可以投入到每节课的时间是在减少的。目前的状况看起来与发展更加全面且高级的教学能力背道而驰，在各个领域缩减成本的压力目前占据了上风。即便教学倾向有所增强，我们注意到大学教员对于包括所属大学与院系在内的组织的归属感出现了下降。这一趋势在教学倾向的大学教员之中尤为明显，这与国家的政策意图并不一致。因此，有理由去怀疑教学倾向的提高趋势是否一定和有组织的努力有直接的关系。

至于研究生教育，对于大学教学培养的重要性的认识在稳步增强。但是，在目前的状况下，这一功能被认为居于次要地位，充其量也只是与学科研究培养功能相关的一个功能。当然，如果研究生教育的主要功能在于培养研究者，那么在融合教学与研究的前提下，我们未必要对这一情况进行负面解读。尽管如此，如果期待将教学功能更加全面地定位为学术职业中最富成效且最为重要的功能之一的话，还需要制定相关政策来赋予教学更高的地位，而未来的大学教员将会在这一过程中习得相应的行为范式与态度。

日本历史的跨学科研究

汉文训读研究在中国四十余年的发展和特色

——基于 CiteSpace 文献信息可视化结果的分析*

王侃良　汪颖霞**

［摘　要］汉文训读是古代东亚各地域翻译及解读中国古典汉籍的特殊翻译方式。中国的汉文训读研究发轫于改革开放以后。本文以中国知网（CNKI）中 1979—2020 年中国汉文训读领域研究文献作为数据来源，利用 CiteSpace 知识可视化软件以及计量统计方法，结合中国知网之外该领域的相关专著、编著等研究成果，从中国汉文训读研究的发文趋势、作者特征、热点聚类主题、热点的时区演进等方面进行了研究。结果表明：在 1979—2007 年的早期阶段，中国汉文训读研究集中于日语语言学领域，且教学与科普类论文较多。2008 年后中国的汉文训读研究进入高速发展阶段，并围绕"文化翻译"概念衍生出许多新的研究热点，研究领域也扩散至汉语语言学、日本文学、中国文学等众多人文学科，形成了不同于日本的多学科、多领域交叉协同特色。同时，本文引入了图书情报学的文献挖掘工具，是一次在新文科建设意见引导下的人文学科文献元分析写作范式的尝试。

［关键词］汉文训读　文化翻译　CiteSpace　文献挖掘　新文科

---

* 本文系 2021 年度教育部人文社会科学研究青年基金项目"汉文训读视角下的日本汉文教育研究（1793—1928）"（项目号：21YJC740054）与 2021 年上海高校青年教师培养资助计划一般项目（项目号：ZZJKYXY21007）阶段性成果。

** 王侃良，上海外国语大学日本文化经济学院讲师，研究领域为汉文训读语法及词汇研究、日本汉文教育史、东亚汉籍翻译技术史。汪颖霞，上海健康医学院护理与健康管理学院讲师，研究领域为健康传播、健康信息管理、健康社会工作、医疗日语翻译。

引　言

汉文训读，又称汉文训读法、训读、训读法，是一种双向处理汉语与日语，使二者相互转换的语言机制。① 在日语研究中，作为历史语言学研究对象的汉文训读是日本人学习和吸收汉文的手段和方法。它起初只是一种阅读的手段，后来逐渐演变、发展，最终成为一种表达日语的文体，对后世日语的形成和发展产生了很大影响。② 翻译研究中，汉文训读作为一种“翻译方式”，涉及的对象语言除日语外，还有汉字文化圈内的朝鲜语、越南语，也包括那些已经消失在历史长河之中、曾被古代中原王朝周边文明使用的“化石语言”，如契丹语、高昌语等。③ 甚至在中世纪欧洲的拉丁语资料中也能找到类似的文献解读方式。因此，汉文训读不仅是汉字文化圈内特有的语言现象，也是世界历史的发展历程中各文明，尤其是母文明与子文明的语言文化互相碰撞和联动后的历史“结晶”。④

以 1979 年董将星翻译、岩崎富久男所著的《日本的近代化和外国语教育》一文为起点，中国的汉文训读研究已走过了四十余载。然而在相当长的时间内，系统、全面介绍该研究在中国的发展的综述研究依然较少。本文将借助图书情报学中的 CiteSpace 知识可视化软件，并结合中国知网之

① 马歌东：《日本汉诗溯源比较研究》，北京：商务印书馆，2011 年：第 85 页。

② 翟东娜主编：《日语语言学》，北京：高等教育出版社，2006 年：第 368 页。

③ 吉田金彦、築島裕、石塚晴通、月本雅幸　編：『訓点語辞典』. 東京：東京堂出版、2001 年：第 2 頁。另外，目前日本与韩国的学者是汉文训读研究的主力。两国学界设有“训点语学会”（訓点語学会）与“口诀学会”（구결학회），定期举行学术研讨会。他们各自的学会刊物《训点语与训点资料》（訓点語と訓点資料）、《口诀研究》（구결연구）是目前集中刊载该领域前沿研究的阵地。目前日、韩两国学界在该领域的合作交流颇多，其合作成果可参考藤本幸夫　編：『日韓漢文訓読研究』. 東京：勉誠出版、2014 年。

④ 中世纪欧洲拉丁语资料中类似汉文训读的语言机制被称作“gloss”，从其名就可看出与“注释”有着千丝万缕的联系，故而欧美学界对“gloss”的定义尚存争议。现下将“gloss”与汉文训读结合至一起的跨国际交流的主要研究者有 John Whitman。2009 年，他携一众日、韩学者共同统一了汉文训读领域内各术语的英语译法，向欧美学界正式推介了汉文训读研究。可参考 Whitman, J., et al., “Toward an International Vocabulary for Research on Vernacular Readings of Chinese Texts（漢文訓讀 Hanwen Xundu），” *SCRIPTA*, Vol. 2, 2010.

外该研究领域的相关专著、编著等研究成果，重新审视和阐述四十余年来中国汉文训读研究的发展和特色。

一　研究方法

1. 数据来源

本文以中国知网中国期刊全文数据库为数据来源，以全文中出现“汉文训读”为标准进行精确模式搜索，共获得文献 583 篇（截至 2020 年 11 月 14 日）。针对上述检索结果，笔者手动去除新闻、简介等杂质文献，再采用软件清洗重复数据，共得出有效文献 511 篇。

2. 研究工具

CiteSpace 知识可视化软件是美国德雷塞尔大学（Drexel University）陈超美（Chaomei Chen）开发的一种多元、分时、动态的知识图谱绘制工具。[①] 该工具通过对可视化图谱的解读和识别，可观察到科学文献中所包含的基础知识和研究热点。这种通过抽象信息与具象视觉间的转换，以及数据挖掘结果来促进分析与推测的方法，能迅速、有效地帮助研究者更好地理解特定研究领域或研究话题。

二　结果分析

1. 发文趋势

CNKI 数据表明，中国的汉文训读研究始于 20 世纪 70 年代末期，年度发文数量整体呈现上升的趋势（见图 1）。1979—1999 年该领域发文较少，处于发展的初期阶段。进入 21 世纪之后，该领域的研究成果数量显著增多，其中在 2000—2007 年，处于缓慢上升阶段；在 2008—2018 年，处于增长较快的阶段，增速较之前阶段显著提升；在 2018—2020 年，该领域的发文数量呈现短暂的下降趋势。值得注意的是，2007 年、2015 年和 2018

① Chen，C.，“CiteSpace II：Detecting and Visualizing Emerging Trends and Transient Patterns in Scientific Literature，” *Journal of the American Society for Information Science and Technology*，2006.

年的发文数量处于不同阶段的波峰。2008—2009 年和 2017—2018 年是该领域发文的增速最高的两个时间段，其他的快速增长阶段还有 2010—2011 年、2012—2013 年这两个时间段。

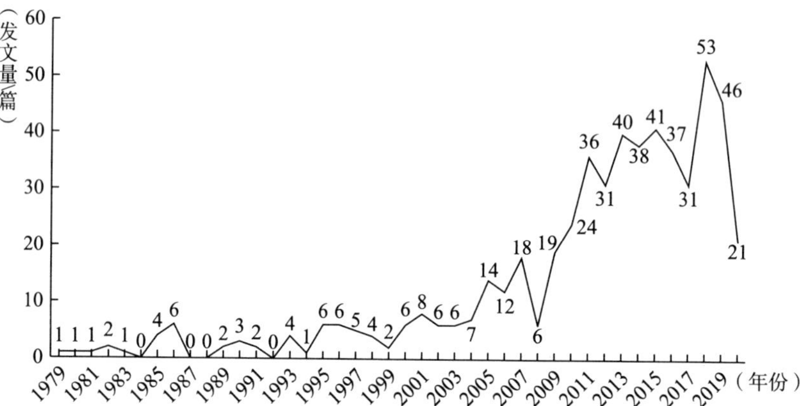

图 1　1979—2020 年中国汉文训读研究领域发文量变化情况

资料来源：笔者根据 CNKI 文献计量学数据（截至 2020 年 11 月 14 日）自制。

2. 作者特征

本文根据可视化计量结果，制作了作者或作者群发文量排名表（见表 1）。

表 1　1979—2020 年中国汉文训读研究领域作者或作者群发文量排名（前 5 名）

单位：篇

排名	作者	发文量	初次发文时间
1	潘钧	10	2000
1	刘德润、刘淙淙	10*	2012
2	宋丹	8	2014
3	崔香兰、颜景义、张红艳	6	2008
3	黄文溥	6	2009
4	潘金生	5	1986
5	余欣	4	2007

* 因检索标准为全文中出现“汉文训读”，故在崔香兰、颜景义、张红艳与刘德润、刘淙淙的诸多论作中只有 6 篇与 10 篇被统计在内。

资料来源：笔者根据 CiteSpace 可视化计量结果整理。

从表 1 可知，中国汉文训读研究领域的核心作者有潘钧、刘德润、宋丹等。学者之间虽不乏合作，但仍以个人研究为主。从学者的学科背景和研究内容来看，日语语言学领域的学者们通过教研结合，完善汉文训读研究的基础研究并促进其在国内学界的普及；日本文学或中国文学背景的学者们则多以“汉文训读”为研究视角或理论，深挖其自身研究领域与汉文训读研究结合后的新课题。

日语语言学领域内，崔香兰、刘德润等学者的工作集中于汉文训读的普及与教学。自2008年起，崔香兰等学者合作在《日语知识》上以“日语古典语法入门”为题介绍与汉文训读有关的古典日语语法、词汇、语音等内容，到2010年为止共连载了18期。① 该系列连载结束后，刘德润与刘淙淙接力而行，在同杂志上以“《论语》日译”为题，展现了汉文训读是如何运用在中日语言的“翻译实践”中的，到2012年为止共连载28期。②

潘金生、潘钧、黄文溥等学者则是该领域中“教研结合”的代表性学者。潘金生从1986年起就陆续发表了多篇与汉文训读有关的语法研究论作。③ 2000年后，潘钧接棒成为第二代研究者中的翘楚。他的研究以2013年为界可分为前后两期，前期研究偏重基础研究，代表作有《日本汉字的确立及其历史演变》；后期研究领域从语言学转向语文学，探讨汉文训读在东亚各地域“语言近代化”过程中的功能和作用。④ 专门研究之外，潘钧与潘金生还合编了与汉文训读教学有关的教材。⑤ 黄文溥除发表多篇研究论作之外，还翻译引进了汉文训读研究史上的经典名著《由汉文训读传

---

① 可参见崔香兰、颜景义：《日语古典语法入门（1）——读音·句节·词性》，《日语知识》2008年第10期；颜景义、崔香兰：《日语古典语法入门（18）——名词、接续词、感叹词》，《日语知识》2010年第3期。

② 可参见刘德润、刘淙淙：《〈论语〉日译（1）》，《日语知识》2010年第8期；刘淙淙、刘德润：《〈论语〉日译（28）》，《日语知识》2012年第12期。

③ 可参见潘金生：《比较“つ”与“ぬ”、“たり”与“り”，以及“つ、ぬ”与“たり、り”之间的主要异同》，《日语学习与研究》1986年第2期；潘金生：《简析〈徒然草〉所受该时代语法变迁的影响》，《解放军外语学院学报》1998年第2期；潘金生　编：《日本文言助动词用法例释》，北京：北京大学出版社，2014年。

④ 可参见潘钧：《汉文训读与日语语言文字的形成》，《外语学界》第2卷；潘钧：《汉文训读与日语词汇的形成》，《华西语文学刊》2013年第2期；潘钧：《训读的起源与汉文文化圈的形成——评金文京著〈汉文与东亚——训读文化圈〉》，《日语教育与日本学》第3辑；潘钧：《近世的“素读”文化与汉文训读》，《日语教育与日本学》第6辑。

⑤ 可参见潘钧、潘金生　编：《日本古代文言文选》，北京：北京大学出版社，2018年。

下来的日语语法》。[①] 同时他还为中国的汉文训读研究培养了一批“薪火相传”的接班人。如2019年有15篇涉及汉文训读研究的学位论文发表，其中由黄文溥指导的就有5篇，占到1/3的比例。

在相邻学科日本文学、中国文学及汉语语言学的研究中，宋丹对包括汉文训读在内的各种翻译方式进行了比较分析，从2014年开始陆续发表了多篇论作，探讨《红楼梦》等中国古代小说在日本的译解及容受，其研究是以语言文化为切入点阐述该类问题的典型研究。[②] 以余欣为代表的研究者则站在了“译解方式与汉字文化圈形成”的立场，以敦煌文献、《大唐西域记》等古代出土文献、古写本为材料进行了一系列文献学的基础研究。[③] 此类研究也是当下国际汉文训读研究的热点之一。

3. 热点聚类主题

关键词是文献检索的重要依据之一，通过对关键词频次、中心性以及相关性进行分析，可以把握整篇文章的中心思想，对重要关键词背后的重要文献进行分析则可以加深对热点的理解。[④] 本文以关键词为节点，将分析时段设定为1979—2020年，时间切片设定为5年，然后在每个时间切片内选择频次排在前50名的关键词，得到中国汉文训读研究领域研究文献的关键词共现网络图谱（见图2）。图谱中关键词出现的频次越多，对应的节点年轮面积就越大，在软件中，颜色与年份有对应关系，色调由中心的冷色过渡到边缘的暖色表示该关键词出现的时间由远及近的变化，每个色层的厚度表示该关键词在对应年份出现频次的高低。在本文印刷中，线条表示共现关系，其粗细程度表示共现的强度。最后，节点的边缘出现的深色

① 可参见黄文溥：《汉日接触语言学视阈下的日语民族主义——论山田孝雄的语言同化观》，《华侨大学学报（哲学社会科学版）》2014年第1期；黄文溥：《论近代日语“後”时间从句时体形式对古汉语语法的复制及其扩散途径》，《外国语言文学》2015年第1期。

② 可参见宋丹：《日本第四个百二十回〈红楼梦〉全译本简介》，《红楼梦学刊》2014年第4期；宋丹：《〈国译汉文大成 红楼梦〉研究》，《日语学习与研究》2016年第2期；宋丹：《井波陵一〈红楼梦〉日译策略刍议》，《红楼梦学刊》2018年第4期；宋丹：《〈红楼梦〉在日本的翻译与影响研究》，《外语教学与研究》2019年第1期。

③ 详见余欣：《〈大唐西域记〉古写本述略稿》，《文献》2010年第4期；余欣：《整体书写文化史构筑刍议：关于东西古写本研究的思考》，《敦煌研究》2012年第3期。

④ 汪颖霞、施毓凤、李秀、卜佳：《健康管理研究的热点与演进——基于CiteSpace文献信息可视化结果的分析》，《科技与经济》2020年第2期。

圈表示节点的中心性大于 0.1。关键词的中心性越高，连接关键词的信息就越多，关键词在网络结构中占据的位置也越重要。

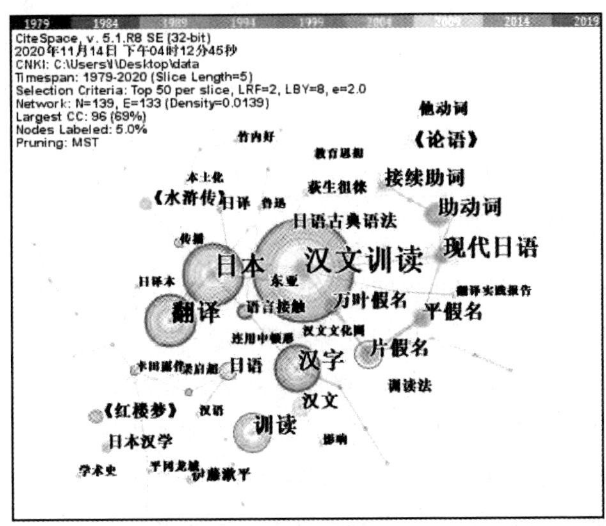

图 2　1979—2020 年中国汉文训读研究领域研究文献关键词共现网络图谱

资料来源：笔者根据 CiteSpace 可视化计量结果整理。图片由 CiteSpace 自动生成。

为了更直观地看出关键词的对应频次以及中心性，本文结合关键词共现网络图谱，选取频次排在前 15 名的关键词绘制了表 2。

表 2　1979—2020 年中国汉文训读研究领域研究文献关键词频次（前 15 名）

排名	关键词	频次	中心性
1	汉文训读	37	0.31
2	日本	22	0.23
3	翻译	18	0.29
4	汉字	16	0.25
5	现代日语	15	0.04
6	训读	14	0.12
7	助动词	11	0.02
8	片假名	10	0.14
9	接续助词	10	0.07
10	《论语》	10	0.02

续表

排名	关键词	频次	中心性
11	平假名	9	0.01
12	汉文	8	0.07
13	万叶假名	7	0.03
14	日语	6	0.2
15	日语古典语法	6	0.02

资料来源：笔者根据 CiteSpace 可视化计量结果整理。

由表 2 可知，关键词共现网络图谱中出现的最大节点为“汉文训读”。本文的检索标准因其而来，所以这一结果验证了该数据检索的准确性。其中，中心性大于 0.1 的高中心性关键词有“汉文训读”“日本”“翻译”“汉字”“训读”“片假名”“日语”等 7 词，这表明在中国汉文训读研究领域内，语法研究、汉字文化研究与翻译研究是三个主要方向。为了更进一步通过上述关键词来进行对整体领域的把握，本文将继续结合 CiteSpace 知识可视化软件的关键词聚类分析（Cluster Analysis）结果进行分析说明。

关键词聚类分析又称为群分析，是对数据进行分类的一种多元化统计方法。[①] 本文将时间跨度设置为 1979—2020 年，时间切片设定为 5 年，节点类型（Node Types）下的节点阈值设定为每个时间切片中频次最高的 50 个关键词，运算得到图 3。图中以#为标志划分聚类模块。聚类的结构以及清晰度主要由模块值（Modularity，简称“Q 值”）和平均轮廓值（Silhouette，简称“S 值”）两个指标决定。Q 值越大，网络的聚类越好。Q 值的取值区间为［0，1），Q 值大于 0.3 时表示该聚类网络结构显著。S 值用来衡量聚类图谱的同质性，越接近 1，同质性越高，反之则越低。S 值在 0.5 以上即可认为聚类结构合理。本文中聚类图谱的 Q 值为 0.7555，S 值为 0.5004，显现出同质性较高的合理聚类结构。

由图 3 可知，自 1979 年起，中国汉文训读研究领域主要有 7 个模块，在图谱中以#标志的不同聚类，可分成#0 接续助词、#1 文化、#2 日语、#3 汉文、#4 翻译、#5 日本和#6 语言接触（Language Contact）。

① 汪颖霞、施毓凤、李秀、卜佳：《健康管理研究的热点与演进——基于 CiteSpace 文献信息可视化结果的分析》，《科技与经济》2020 年第 2 期。

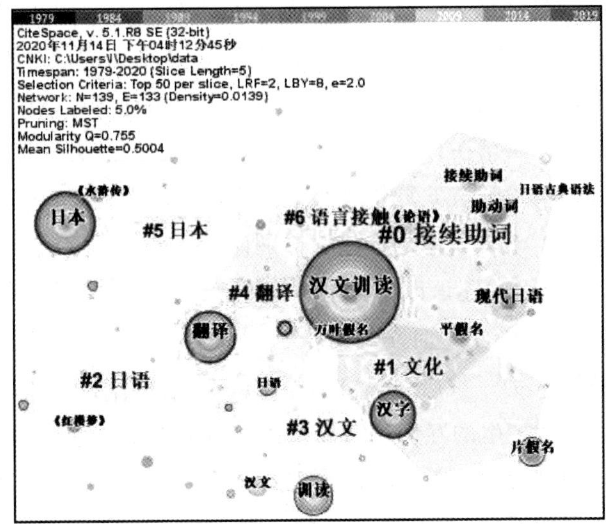

图 3　1979—2020 年中国汉文训读研究领域研究文献关键词聚类分析

资料来源：笔者根据 CiteSpace 可视化计量结果整理。图片由 CiteSpace 自动生成。

聚类#0 中主要包含“现代日语”“格助词”“接续助词”“日语古典语法”等关键词。很显然，这一聚类主要由围绕“汉文训读”展开的日语语法研究组成。主要研究成果有上文所述的崔香兰、刘德润、潘金生等学者的文献。

聚类#1 中主要包含“汉字”“片假名”“万叶假名”等关键词，该聚类下的研究主要关注汉字文化在日本的传播与发展。除上文提到的潘钧的研究成果之外，梁海燕对古代日本人通过“汉文训读”创造假名之历史过程的宏观描写、[①] 唐炜与王晓平以《日本书纪》《东大寺讽诵文稿》寻找日本汉字吸收汉语词汇的规律的微观考证也是该聚类下的代表性研究。[②] 因此，软件根据算法将该聚类命名为“文化”，但该聚类下的研究与一般的“文化研究”不同，更偏重于汉语语言学与日语语言学中的字体、词汇研究。

---

① 可参见梁海燕：《“万叶假名”的创造及其意义》，《日语学习与研究》2007 年第 2 期。

② 可参见唐炜：《日本汉文中的双音节词训释问题》，世界汉语修辞学会第二届年会暨修辞学国际学术研讨会会议论文，香港，2010；王晓平：《日本汉文古写本的词汇研究——以〈东大寺讽诵文稿〉为例》，《中国文化研究》2020 年第 3 期。

对聚类#2 贡献度最大，且显现在图 3 上的两个关键词是“《红楼梦》”与“日语”，该聚类边缘又与聚类#4 的核心关键词“翻译”重合。因此，上文所述的宋丹的研究可以说主导了这一个聚类下研究的大致方向，即探讨中国古代小说、典籍在日本传播时的翻译问题。“汉文训读”作为翻译方式的一种，被纳入了该类研究的考察范围内。除宋丹的研究成果外，尹胜男对《红楼梦》日译本中的古代服饰翻译问题的探讨，吴珺对伊藤漱平《红楼梦》日译本中“逐语译”的考察，也是该聚类下的代表性研究[①]。

聚类#3 中主要包含“训读”“汉文”“东亚”等关键词。此类研究多把“汉文训读”作为一种研究视角或理论，去观察东亚汉字文化圈各地域与汉字文化接触后产生的互动与结果。代表研究有王志松所编《文化移植与方法：东亚的训读·翻案·翻译》。除此之外，李华探讨了汉字在韩国、日本传播与使用的不同；[②] 徐青对日本“国语政策”中的“汉字废除”和“汉字限制”进行了阐述。[③] 由此可知，该聚类下的“东亚研究”，多涉及不同国别、学科及领域的交叉。

聚类#4 中主要包含“汉学”“教育思想”“荻生徂徕”等关键词。“汉文训读”作为一种类似“翻译”的方法，既能连接中日两种语言，又是日本汉文教育的核心内容。因此围绕“汉学”“教育思想”等关键词的关联研究成为构成该聚类研究的主体。最具代表性的研究有刘芳亮、张博等围绕汉学家荻生徂徕的教育、翻译思想开展的人物研究。[④] 此外，胡山林对“汉文训读”译解古典汉籍的介绍，叶琼从“汉文教育”入手阐述日本近代“汉语教育”的成立与发展等都可以看作该聚类研究的延伸。[⑤]

---

① 可参见尹胜男：《〈国译《红楼梦》〉服饰翻译研究——以〈第三回〉中贾宝玉服饰翻译为例》，《吉林华桥外国语学院学报》2016 年第 2 期；吴珺：《作为“日本式翻译范式”的“逐语译”研究——以伊藤漱平〈红楼梦〉日译本为例》，《日本问题研究》2018 年第 6 期。

② 可参见李华：《汉字在韩日两国的传播与使用》，《现代语文（语言研究版）》2012 年第 12 期。

③ 可参见徐青：《日本国语政策中的“废除和限制汉字”现象》，《浙江理工大学学报》2014 年第 10 期。

④ 可参见刘芳亮：《荻生徂徕的翻译思想》，《解放军外国语学院学报》2009 年第 2 期；张博：《荻生徂徕的训读论》，《深圳大学学报（人文社会科学版）》2016 年第 2 期。

⑤ 可参见胡山林：《训读：日本汉学翻译古典汉籍独特的方法》，《日本研究》2002 年第 2 期；叶琼：《从“汉文”学习到日本近代中国语教育的成立》，《对外汉语研究》2014 年第 1 期。

聚类#5 中主要包含"《水浒传》""本土化""传播"等关键词。与同样出现书名关键词的聚类#2 相比，该聚类下的研究更偏重中国古代小说、典籍在日本的传播与容受。在该类研究中占比最大的是与贡献度最高的关键词"《水浒传》"有关的研究。其他的研究还包括《近思录》《孝经直解》等典籍、语录在日本的传播与本土化的实态。①

聚类#6 与聚类#0、聚类#4 的重合度很高。该聚类下的研究不多，最核心的关键词是"语言接触"。21 世纪 10 年代，用语言接触理论来探讨"汉文训读"的研究陆续出现，最具代表性的是黄文溥的《汉日接触语言学视阈下的日语民族主义——论山田孝雄的语言同化观》。但详细论述语言接触与汉文训读之间关系的理论文献首推刘洪岩的《汉文训读在东亚语言接触中的地位》。刘洪岩认为从语言接触的角度来看，"汉文训读"被视作一种远距离、跨时空、文本型的语言接触现象。② 陈彪对汉语"日化"现象的探究，以及孙娜对汉字字形与日语假名音的分析，都可以被看成是语言接触理论在汉文训读研究中的一种尝试。③

通过上述 7 种模块聚类分析，以及图 2、表 2 的关键词共现网络图谱与频次可知，中国汉文训读研究有三个大的方向。第一种研究是基于"汉文训读"的汉日语法和词汇研究，集中在汉语语言学、日语语言学领域（聚类#0、聚类#1、聚类#6）；第二种研究是将"汉文训读"作为方法论或观察视角，在汉字文化圈内探讨语言与政治、文化等的关系的东亚语言文化研究（聚类#3、聚类#4、聚类#6）；最后一种研究从"汉文训读"带有的"翻译"属性出发，探讨中国文学、文化在日本的容受，日本文学和中国文学是这类研究的主阵地（聚类#2、聚类#4、聚类#5）。由此可以看出，相比以日语语言学范式的语法、词汇、语音研究为主体的日本学界，多学科、多领域的交叉研究是中国汉文训读研究领域最显著的特征。

---

① 可参见吴真：《贯云石〈孝经直解〉在日本的传播与影响》，《民族文学研究》2019 年第 6 期。

② 刘洪岩：《汉文训读在东亚语言接触中的地位》，《文化学刊》2018 年第 5 期。

③ 陈彪：《现代汉语"日化"现象研究——以鲁迅译著为例》，博士学位论文，华东师范大学，2017；孙娜：《语言接触视野下汉字"形"与日语假名"音"的结合层次分析》，《渤海大学学报（哲学社会科学版）》2019 年第 5 期。

4. 热点的时区演进

对于中国汉文训读研究热点的分析，除分析研究热点的静态分布情况之外，还需要关注研究热点的动态演进变化，从而更好地梳理该领域研究发展变化的趋势。本文将时间分割（Time Slicing）设定为 1979—2020 年，时间切片设定为 5 年，选取在每个时间切片内频次排在前 50 名的关键词，然后将可视化结果设置为时区（Time Zone），形成研究热点时区分布（见图 4）。该图由一系列时间纵轴组成，每个时间轴上对应着该时间段的研究关键词。

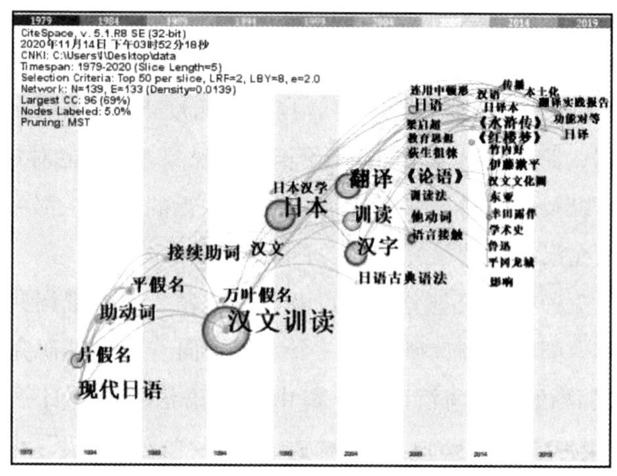

图 4　1979—2020 年中国汉文训读研究领域研究文献关键词时区分布图

资料来源：笔者根据 CiteSpace 可视化计量结果整理。图片由 CiteSpace 自动生成。

结合图 4 和表 2 可知，在中国汉文训读研究发展初期阶段（1979—1999 年），研究热点集中于与“片假名”“助动词”“接续助词”等相关的语法研究，20 世纪 90 年代后半期开始，“汉文”“日本汉学”等热点也加入其中。而贯穿初期阶段前后的两个关键词“汉文训读”与“日本”延续到了下个阶段——缓慢发展期（2000—2007 年），并在其中逐渐延伸出了三大研究热点“翻译”“训读”“汉字”。这三个关键词也成为之后各研究动态变化的源头。进入急速发展期（2008—2018 年）后，中国汉文训读研究领域的论文数量开始急速增长，研究热点也呈现出多样化、精细化发展的趋势。研究所属的领域也从原先的日语语言学逐渐蔓延至日本文学、中国文学研究领域，研究范式也逐渐从单一学科主导转向多学科、多领域的交叉研究。

结　语

本文以中国知网中国期刊全文数据库为数据来源，借助图书情报学领域的研究工具 CiteSpace 知识可视化软件，结合中国知网外中国汉文训读研究领域的相关专著、编著等研究成果，在同类综述研究的基础上，从发文趋势、作者特征、热点聚类主题及热点的时区演进四个方面，重新梳理了四十余年来汉文训读研究在中国的发展。结果表明：四十余年来中国汉文训读研究的论文数量总体呈现上升趋势。在中国，进行汉文训读基础研究及科普传授的学者多来自日语语言学领域。中国的汉文训读研究聚类主要划分为七大模块，指向三大本土化研究方向："汉日语法和词汇研究""东亚语言文化研究""中国文学、文化的日本容受"。热点的时区演进呈现出多样化、精细化发展的趋势，汉文训读研究所属的领域从原先的日语语言学逐渐蔓延至日本文学、中国文学研究领域。相比日本，汉文训读研究在中国最显著的研究特色为多学科、多领域交融，研究范式也逐渐从单一学科主导转向多学科、多领域的交叉研究。

汉文训读研究在中国的发展史是新文科建设的探索史。以汉文训读这一研究领域为观察对象，中国从日本语言学界引进对"汉文训读"的认识和研究，继承了日本语言学界的研究成果，补充了语言学在中国的学科内容。在继承过程中，中国的日语语言学家们以基础研究与科普教学相结合的方式，实现了汉文训读与更多学科的交叉与共享。中国文学、日本文学、汉语语言学等领域的学者通过学习并使用汉文训读，创造性地利用汉文训读研究进行文学翻译等方面的比较，探索出汉文训读的中国本土化研究和教学的实践方式，使该领域研究呈现出多学科、多领域的交叉与协同。

日本古代皇亲制度研究的现状与课题

〔日〕松本大辅 著　方杭敏 译*

[摘　要] 本文通过概述迄今为止的日本古代皇亲制度研究，提出了本领域今后的研究课题。第二次世界大战后，仓本一宏、安田政彦两位学者的一系列研究成果可视为本领域学术研究成果的重要代表。本文结合目前的研究动向介绍仓本、安田之后的主要研究成果，并提出两个重要的分析视角。

[关键词] 古代日本　皇亲赐姓　皇亲制度

引　言

众所周知，人们普遍将当今日本的天皇一族称作“皇族”，但在古代，天皇的亲缘被称作“皇亲”。《养老律令·继嗣令》皇兄弟子条规定：“凡皇兄弟皇子，皆为亲王（女帝子亦同）。以外并为诸王。自亲王五世，虽得王名，不在皇亲之限。”该律令的法意是，天皇的子女、兄弟为亲王，除此之外皆为诸王，皇亲的范围是自一世王（亲王·内亲王）至四世王，五世王可以保留其王号，但不在皇亲的范围内。① 日本学界研究的“皇亲”通常包括被降为臣籍的原皇亲。

* 松本大辅，江苏大学外国语学院日语系讲师，研究领域为日本古代皇亲制度、日本木简学。方杭敏，北京第二外国语学院日语学院硕士生，研究领域为日本近现代文学、中日比较文学。

① 《续日本纪》庆云三年（706）2月庚寅条，即庆云三年格，将皇亲的范围扩大到了五世王，但延历十七年（798）又恢复了令制（《类聚三代格》卷十七，延历十七年闰5月23日敕）。

竹岛宽在第二次世界大战前出版的《王朝时代皇室史研究》[①] 是本研究领域唯一的一部专著。20 世纪 80 年代以后，两位同辈学者仓本一宏和安田政彦相继发表关于奈良时代及平安时代皇亲的论文，开启了皇亲研究的新阶段。两位学者的论文结集成册出版后，[②] 为本领域研究提供了颇具价值的研究成果。到目前为止，笔者也发表了数篇关于奈良时代末期至平安时代前期的皇亲制度的论文，[③] 论文中有多处参考了两位学者的问题意识及研究手法。

与此同时，中国学界的皇亲研究集中在《源氏物语》研究，该作品中出现了主人公光源氏等多位皇亲及原皇亲。虽说《源氏物语》相关的研究成果可谓汗牛充栋，但或许是因为个别学者未能扎实掌握皇亲制度的基础知识，这些研究成果中出现了事实误认的现象，也有一些值得商榷的观点。关于本领域的研究，中国学界尚有极大的潜力。

今后，仓本与安田的著作仍是本领域最具代表性的前期成果，但无法忽视的一点是此二书出版已有二十余年。在仓本与安田的研究之后，皇亲制度仍有可论及的空间和能进一步深入讨论的主题。与此同时，收集皇亲相关史料的《皇室制度史料》《天皇皇族实录》等书的出版，以及各类数据库的完善使相关史料的收集更加容易。

因此，为方便中国学者开展研究，笔者希望爬梳 20 世纪 50 年代至近年的皇亲制度研究史。为凸显每个时期的研究目的，本文按照时间顺序而非主题梳理研究史。

① 竹島寛：『王朝時代皇室史の研究』. 東京：名著普及会、1982 年。

② 倉本一宏：『日本古代国家成立期の政権構造』. 東京：吉川弘文館、1997 年。安田政彦：『平安時代皇親の研究』. 東京：吉川弘文館、1998 年。

③ 详见拙作：

松本大輔：「親王任国制の成立」.『ヒストリア』第 254 号：第 41—67 頁。

松本大輔：「親王宣下・源氏賜姓制の基礎的考察」.『日本歴史』第 829 号：第 1—17 頁。

松本大輔：「品封の支給額改定からみた平安初期の親王叙品について」.『古代文化』第 70 卷第 2 号：第 155—171 頁。

松本大輔：「平安前期における親王叙品政策の展開」.『続日本紀研究』第 426 号：第 1—21 頁。

松本大輔：「高丘親王立太子の影響をめぐる政治動向」.『続日本紀研究』第 431 号：第 12—33 頁。

文中提到的部分论文后来被收录在学者著作中，如安田政彦的《无品封》。因此本文将著作中的观点视为该学者的最终见解，并附上论文的发表年份，未附有发表年份的论文是学者著书时的新稿。另外，论文被收录到著作中后标题会发生变化，文中引用的皆为著作中的论文标题，受篇幅限制，省略论文副标题。

一　二战后至 1980 年的研究历程

决定二战后皇亲制度研究方向的论文如下。以首次发表年份为序，依次为竹内理三的《天武“八姓”制定的意义》、[①] 北山茂夫的《740 年的藤原广嗣叛乱》、[②] 关晃的《大化改新与天皇权力》、[③] 高桥富雄的《皇亲官僚制度建立的意义》、[④] 角田文卫的《天皇权力与皇亲势力》。[⑤] 竹内认为在天武十三年（684）被授予八色之姓中最高位的真人姓氏的是当时“五世王以内的皇室近亲”，而八色之姓的意义在于“确立皇亲的社会地位，使之成为天皇的绝对支柱”。

北山、高桥的看法虽然与竹内有不同程度的差异，但沿袭了竹内的见解。北山从藤原广嗣叛乱所引起的公民层的动摇联想到“皇亲拥护天皇的绝对权力”，并将该政治体制命名为“皇亲政治体制”。高桥也高度评价了天武朝天皇的政治性，认为皇亲政治体制恰恰反映了天皇的“专制”（Despot）。三位学者都认为皇亲政治体制将天皇权力专制化了，正因如此，皇亲是围绕天皇的藩屏这一理论才得以成立。奈良时代的知太政官事可被

---

① 竹内理三：「天武『八姓』制定の意義」. 竹内理三：『竹内理三著作集　第 4 巻　律令制と貴族』. 東京：角川書店、2000 年。（初出 1950 年）

② 北山茂夫：「七四〇年の藤原廣嗣の叛亂」. 北山茂夫：『日本古代政治史の研究』. 東京：岩波書店、1959 年。（初出 1951 年）

③ 関晃：「大化改新と天皇権力」. 関晃：『関晃著作集　第 2 巻　大化改新の研究 下』. 東京：吉川弘文館、1996 年。（初出 1959 年）

④ 高橋富雄：「皇親官僚制成立の意義」.『歴史学研究』第 228 号：第 10—16 頁、第 41 頁。

⑤ 角田文衛：「天皇権力と皇親勢力」. 角田文衛：『角田文衛著作集　第 3 巻　律令国家の展開』. 東京：法蔵館、1985 年。

视为皇亲太政大臣制度的残余也是在这一范畴内考量后得出的结论。①

另外，关晃引入了一种图式，即易专制化的天皇权力和想要扩大自身权力基础的诸氏族的对立，并在日本古代国家体制中发现了贵族制·共和制的要素。他认为表面上看起来专制的古代天皇制度仍保留着从大和朝廷开始便连绵不断地与各氏族联合的性质，因此不能过分批判天皇权力。说句题外话，高桥的论文和关晃的论文刊登在《历史学研究》的同一期上。将对天皇权力的不同理解放在同一期杂志上，这一点耐人寻味。另外，角田以独特的视角——世界史的视角看待皇亲制度，即在古罗马皇亲会篡夺帝位，正因如此皇亲逃不过被王权敌视、杀戮的命运，古代日本的皇亲也不例外。

随着这一理论框架的提出，证明理论正确与否的实证研究也相继出现。其代表学者是直木孝次郎和林陆朗。② 从论文标题便可以看出，直木详细列举了奈良时代皇亲任官的实际情况，试图证明皇亲政治的存在。而林陆朗详细调查了以嵯峨源氏为首例的历代赐姓源氏的皇亲，强调嵯峨源氏诞生的原因是朝廷财政的压迫，赐姓源氏是皇亲势力的创造。直木和林陆朗的研究的重大意义在于通过实证证明了皇亲政治理论的正确性。而20世纪70年代，学界通常认为皇亲的存在意义是充当皇室的藩屏。

除此之外，研究桓武朝亲王的佐藤虎雄，③ 网罗奈良时代至平安时代

---

① 对知太政官事的考察可参见如下论文。

竹内理三：「『知太政官事』考」. 竹内理三：『竹内理三著作集　第4巻　律令制と貴族』. 東京：角川書店、2000年。(初出1950年)

井上光貞：「古代の皇太子」. 井上光貞：『井上光貞著作集　第1巻　日本古代国家の研究』. 東京：岩波書店、1985年。(初出1965年)

野村忠夫：「長屋王首班体制から藤四子体制へ」. 野村忠夫：『律令政治の諸様相』. 東京：塙書房、1968年。

② 直木孝次郎：「律令官制における皇親勢力の一考察」. 直木孝次郎：『奈良時代史の諸問題』. 東京：塙書房、1968年。(初出1960年)

林陸朗：「嵯峨源氏の研究」. 林陸朗：『上代政治社会の研究』. 東京：吉川弘文館、1969年。(初出1962年)

林陸朗：「賜姓源氏の成立事情」. 林陸朗：『上代政治社会の研究』. 東京：吉川弘文館、1969年。

③ 佐藤虎雄：「桓武朝の皇親をめぐりて」. 『古代学』第10巻第2・3・4号：第246—256頁。

皇亲赐姓实例的藤木邦彦，[①] 认为赐姓源氏的理由之一是财政紧缩、同时也提及源氏的文化史作用的赤木志津子[②]等学者的研究备受瞩目。另外，虽然仅限于平安时代，但黑板伸夫提到了补任至中务省、式部省、兵部省、治部省各卿以及弹正尹的亲王，[③] 而坂井洁子整理了有关内亲王的各种问题的论点。[④] 这些先驱性的功绩应该得到认可，但以今天的视角来看其研究水平稍显不足。

另外，也有部分学者进行了朴素但坚实的实证研究。如平野博之依据法制史料发现诸亲王的待遇逐渐下降，[⑤] 龟田隆之和请田正幸结合实例分析了亲王・二世王的荫位。[⑥] 另外，目崎德卫将《万叶集》作为研究资料，从政治史的角度考察了三方王和大伴家持的关系，[⑦] 其研究方法有很多值得学习的地方。直木孝次郎和黛弘道[⑧]探究了大化改新以前的王族资养，时野谷滋[⑨]则探究了对亲王的食封（律令条文中将赐予亲王・内亲王的食封称为品封）以及亲王任国制，这些学者的研究在今天依然值得学习参考。

值得学习的学者包括：虽然未单独将某位皇亲作为研究对象，但从平

① 藤木邦彦：「皇親賜姓」. 藤木邦彦：『平安王朝の政治と制度』. 東京：吉川弘文館、1991 年。(初出 1970 年)

② 赤木志津子：「賜姓源氏考」. 赤木志津子：『摂関時代の諸相』. 東京：近藤出版社、1988 年。(初出 1964 年)

③ 黒板伸夫：「平安時代における親王任官への一考察」. 黒板伸夫：『摂関時代史論集』. 東京：吉川弘文館、1980 年。(初出 1971 年)

④ 坂井潔子：「内親王史序説」. 『史艸』1962 年第 3 期：第 9—30 頁。

⑤ 平野博之：「諸王叙位の法制史的背景」. 『日本歴史』第 317 号：第 14—24 頁。

⑥ 亀田隆之：「親王・王の子の叙位」. 亀田隆之：『日本古代制度史論』. 東京：吉川弘文館、1980 年。(初出 1962 年)
請田正幸：「舎人親王の子と孫」. 『続日本紀研究』第 212 号：第 25—32 頁。

⑦ 目崎徳衛：「三方王について」. 目崎徳衛：『平安文化史論』. 東京：桜楓社、1968 年。(初出 1962 年)

⑧ 直木孝次郎：「古代における皇族名と国郡名の関係」. 直木孝次郎：『飛鳥奈良時代の考察』. 東京：高科書店、1996 年．(初出 1972 年)
黛弘道：「舂米部と丸子部」. 黛弘道：『律令国家成立史の研究』. 東京：吉川弘文館、1982 年．(初出 1979 年)

⑨ 時野谷滋：「食封制度の運用」. 時野谷滋：『律令封禄制度史の研究』. 東京：吉川弘文館、1977 年。(初出 1968 年)
時野谷滋：「親王任国制度の研究」. 時野谷滋：『律令封禄制度史の研究』. 東京：吉川弘文館、1977 年。(初出 1972 年)

安时代初期的亲王赐田中发现了因外戚而产生的大土地开发的西别府元日；[①] 在改赐姓的讨论中指出延历年间族姓秩序发生变质的宇根俊范；[②] 对品封和时服相关的律令规定进行严密的史料解释的高桥崇；[③] 指出藤原忠平执政时期的权力构造是以天皇为中心，太上天皇、母后、摄关、亲王、源氏相互依存的权力环的黑板伸夫；[④] 从被任命为圆融上皇的院司的宇多源氏出发思考上皇的政治干预的目崎德卫。[⑤] 虽然身为后辈的我们尚未完全消化上述学者的成果，但仍期待今后的研究进展。

通览这一时期的研究后可以发现，各研究相互独立，研究成果间的关联不清晰，尚未形成系统的皇亲论。也就是说，这一时期的研究倾向于引入政治、文化、经济等研究视角，由此展开对皇亲的研究，从某种意义上来说，可以视作皇亲研究的"分栖共存"。如何从整体上把握这种处于"分栖共存"状态的研究动向是从 20 世纪 80 年代到现在的一大课题。

二　20 世纪 80—90 年代后期的研究

20 世纪 80 年代以降，皇亲研究呈现活跃的状态。此阶段的转机是在上文中多次出现的仓本一宏、安田政彦两位学者的研究。

仓本一宏的皇亲论可以概括为以下三点。①壬申之乱以后的国家体制以天武天皇为顶点，由国政各部门王（キミ）、卿・大夫（マヘツキミ）统领和分担职责，这一支配体制得以建立与外政（百济和高句丽的灭亡、唐与新罗的紧张局势）和内政（天武朝因壬申之乱而建立）有关。②《飞鸟净御原令》及《大宝律令》的制定使在壬申之乱后政治地位被提升到极

---

① 西别府元日：「九世紀の賜田と土地政策」. 西別府元日：『日本古代地域史研究序説』. 京都：思文閣出版、2003 年。（初出 1978 年）

② 宇根俊範：「律令制下における改賜姓について」.『史学研究』第 147 号：第 1—21 頁。

③ 高橋崇：『律令官人給与制の研究』. 東京：吉川弘文館、1970 年。

④ 黒板伸夫：「藤原忠平政権に対する一考察」. 黒板伸夫：『摂関時代史論集』. 東京：吉川弘文館、1980 年。（初出 1969 年）

黒板伸夫：「摂関制展開期における賜姓源氏」. 黒板伸夫：『摂関時代史論集』. 東京：吉川弘文館、1980 年。（初出 1969 年）

⑤ 目崎徳衛：「円融上皇と宇多源氏」. 目崎徳衛：『貴族社会と古典文化』. 東京：吉川弘文館、1995 年。（初出 1972 年）

高的皇亲转变为一般官僚。③探讨律令诸条文和藤原宫子大夫人号问题后发现，贵族势力无法与天皇权力对抗。仓本援引马克斯·韦伯（Max Weber）的理论，将天武朝的皇亲视作“魅力型权威”，此为探讨因壬申之乱而建立的天武朝的有效视角。另外，仓本继承了角田文卫独特的分析视角，对政治史的分析颇有说服力。在一世王较少的奈良时代，诸氏族将二世王以下亲王视作继承皇位的人选，他们由此被卷入了争夺皇位的政治斗争中。仓本以一贯的视角将从大化改新前至奈良时代的皇亲纳入国家权力进行讨论，这一点值得高度评价。

另外，安田政彦的研究对象是平安时代的皇亲。安田著作的后记充分体现了其问题意识，即若要探索律令制下的皇亲的实际情况，则应聚焦包括一世王在内的皇亲的数量有所增加的平安时代。安田对平安时代主要的皇亲制度进行了详细的讨论。如诸氏族与女性皇亲的婚姻、对无品亲王的食封（无品封）·女王禄·无品亲王时服等国家供给、亲王专任上总·常陆·上野三国长官的亲王任国制、大同元年（806）大伴亲王（后来的淳和天皇）的赐姓上表和贞观年间（859—877）的平氏赐姓等皇亲赐姓、式部卿的亲王补任、亲王最高位一品的升任、醍醐天皇子女间的相互扶助等。安田的研究方法是对于文学作品中出现的细微史料也进行详细考察，尽可能排除随意的政治解释，考究皇亲制度的特质。

20 世纪 80 年代，在泡沫经济的影响下，日本全国各地都热衷于土地开发，考古学的发掘调查进一步促进了研究发展。其中最典型的例子是 1988 年在平城京左京三条二坊出土的长屋王家木简。

约 35000 件出土木简大部分出土于左京三条二坊八坪东南角南北走向的沟状土坑 SD4750（SD 表示沟的遗迹编号）。根据该遗迹出土的年纪木简可知，大部分长屋王家木简是和铜三年（710）至灵龟二年（716）担任从三位式部卿的长屋王使用后的废弃之物。写有著名的《长屋亲王宫鲍大贽十编》一文的荷札木简也出土于此。出土的荷札木简和与掌管王室家政的机构同僚间往来的文书木简，向我们毫无保留地展示出从前只有通过法制史料才能知道的贵族家政的样态及丰富的生活方式。

其中，长屋王继承了其父高市皇子的经济基础，双方家政机关相融合这一点是在以前的编纂史料中未曾出现的新发现。另外，以上述写有

《长屋亲王宫鲍大贽十编》的木简为代表，遗迹中出土了许多写有“亲王”“帐内”等词语的木简。由此引发了长屋王享有亲王待遇的讨论，但是这些木简并不表示长屋王享有亲王待遇，“亲王”“帐内”不过是和语“ミコ”“トネリ”的写法（親王、王、皇子的训读都是“ミコ”，帳内、舍人、従者的训读都是“トネリ”）。这表明长屋王家木简有可能成为研究古日语的珍贵资料，因此对于负责考古发掘以及释文解读的学者来说是必读的。[①]

在此期间相继有学者发表实证研究。其中特别需要注意的是对时服、女王禄等皇亲俸禄的研究。相曾贵志是皇亲固有俸禄——皇亲时服的研究的先驱。[②] 另外，鹭森浩幸认为随着时代变迁皇亲时服的供给范围在扩大，[③] 山下信一郎对此进行了反驳，认为延历六年（787）以后只向散位六位或是无位皇亲供给时服。[④] 在关于女性皇亲的供给——女王禄的研究中，安田的见解在今天仍是通说，他认为女王禄与皇亲时服是不同系统的俸禄，具有节禄性质。[⑤] 另外，伴濑明美追溯国家确立皇子女抚养体制的过程，认为平安时代初期给予无品亲王的“食封、别当、帐内”象征着无品亲

---

① 涉及长屋王家木简的研究数量庞大，在此列举几项代表性研究。
鬼頭清明：『古代木簡の基礎的研究』. 東京：塙書房、1993 年。
鬼頭清明：『古代木簡と都城の研究』. 東京：塙書房、2000 年。
東野治之：『長屋王家木簡の研究』. 東京：塙書房、1996 年。
寺崎保広：『長屋王』. 東京：吉川弘文館、1999 年。
寺崎保広：『古代日本の都城と木簡』. 東京：吉川弘文館、2006 年。
森公章：『長屋王家木簡の基礎的研究』. 東京：吉川弘文館、2000 年。
八木充：『日本古代出土木簡の研究』. 東京：塙書房、2009 年。
山下信一郎：『日本古代の国家と給与制』. 東京：吉川弘文館、2012 年。

② 相曽貴志：「皇親時服について」.『延喜式研究』第 1 号：第 18—43 頁。相曽貴志：「九世紀における諸王の待遇」. 虎尾俊哉　編：『日本古代の法と社会』. 東京：吉川弘文館、1995 年。

③ 鷺森浩幸：「八世紀における諸王の時服」.『続日本紀研究』第 276 号：第 1—16 頁。

④ 山下信一郎：「皇親時服料とその変遷」. 山下信一郎：『日本古代の国家と給与制』. 東京：吉川弘文館、2012 年。（初出 1994 年）

⑤ 安田政彦：「女王禄」. 安田政彦：『平安時代皇親の研究』. 東京：吉川弘文館、1998 年。（初出 1990 年）
关于女王禄的研究还可参见：
岡村幸子：「女王禄について」.『ヒストリア』第 144 号：第 140—156 頁。

王“家”的建立。[①] 这篇论文在研究史上占有重要地位。胜浦令子通过同名的皇子皇女和乳母的关系，指出两者间存在一条坚韧的纽带；[②] 福原荣太郎搜集分析长屋王家木简中与乳母相关的木简，认为乳母站在被王室雇佣的立场上。[③] 这些学者的研究为探讨与皇子皇女相关的人际关系提供了新的视角。[④]

这一时期关于亲王任国制以及皇亲赐姓的研究也获得了飞跃性的发展。安田政彦将建立亲王任国制的目的归结为亲王任官，将其评价为律令修订政策的一环，并批判了当时已成为通说的时野谷滋的学说。[⑤] 之后，汤本俊明、[⑥] 中村光一、[⑦] 相曾贵志[⑧]也相继发表了论文，但是可以感觉到正是以安田的见解为契机，皇亲研究才发生了巨大变化。关于皇亲赐姓的讨论虽然相当活跃，[⑨] 但当时倾向于将赐姓理由解释为财政紧缩、任

---

① 伴瀬明美：「論考 8~9 世紀における皇子女扶養体制について」.『続日本紀研究』第 306 号：第 1—22 頁。

另外，探讨摄关时期亲王家家政的经济基础与封户的关系的论文也是必读文献。

伴瀬明美：「摂関期親王家の国家的給付に関する基礎的考察」. 大阪大学文学部日本史研究室　編：『古代中世の社会と国家』. 大阪：清文堂出版、1998 年。

关于无品亲王，辰巳幸司的论文中也有提及。

辰巳幸司：「平安初期の親王について」.『ヒストリア』第 133 号：第 1—19 頁。

② 勝浦令子：「乳母と皇子女の経済的関係」.『史論』第 34 号：第 25—42 頁。

③ 福原栄太郎：「長屋王家木簡にみえる乳母について」.『神戸山手女子短期大学紀要』第 36 号：第 1—11 頁。

④ 关于皇亲人际关系，以下论文可作为参考。

鬼頭清明：「長屋王家木簡二題」.『古代木簡の基礎的研究』. 東京：塙書房、1993 年。（初出 1990 年）

明石一紀：「家令の基本的性格について」. 前近代女性史研究会　編：『家・社会・女性：古代から中世へ』. 東京：吉川弘文館、1997 年。

⑤ 安田政彦：「親王任国」. 安田政彦：『平安時代皇親の研究』. 東京：吉川弘文館、1998 年。（初出 1983 年・1985 年）

⑥ 湯本俊明：「親王任国制の成立の意義」.『群馬県史研究』第 29 号：第 25—56 頁。

⑦ 中村光一：「『親王任国制』についての一考察」.『土浦市立博物館紀要』第 3 号：第 13—25 頁。

⑧ 相曽貴志：「親王任国設置の背景」. 井上辰雄　編：『古代東国と常陸国風土記』. 東京：雄山閣出版、1999 年。

⑨ 列举如下。

林陸朗：「淳和・仁明天皇と賜姓源氏」.『国学院雑誌』第 89 卷第 11 号：第 1—13 頁。

林陸朗：「桓武平氏の誕生」. 小川信先生の古稀記念論集を刊行する会　編：（转下页注）

官、皇亲势力三者之一。因此，石田敏纪综合把握二世王的荫位、升任、任官，同时考虑赐姓背景的研究方法，以及安田对于平城朝政治史中大伴亲王的赐姓上表的见解显得更加重要。①

将皇亲权力定位至王权的研究也变得盛行起来，其中有部分研究在今天已成为通说。② 其中之一就是仓本的研究，而虎尾达哉和京乐真帆子的研究或许也能称为通说。③ 虎尾赞成迄今为止的通说，认为皇子作为天皇权力的藩屏，是超越官僚制的存在。与此相对，京乐有着完全相反的见解，认为随着时代的变迁，亲王的政治性会减弱。长山泰孝的观点对用王权论映射皇亲的学者产生了很大影响，他认为随着律令制国家的形成，除

（接上页注⑨）『日本中世政治社会の研究：小川信先生古稀記念論集』. 東京：続群書類従完成会、1991 年。

林陸朗：「平安初期政界における嵯峨源氏」.『古代文化』第 49 卷第 5 号：第 269—283 頁。

池知正昭：「奈良朝皇親賜姓の意義」.『青山学院大学文学部紀要』第 31 号：第 31—43 頁。

加藤優子：「奈良時代における賜姓皇族」.『歴史研究』第 35 号：第 27—42 頁。

吉住恭子：「皇親と賜姓皇親」.『史窓』第 58 号：第 181—196 頁。

① 石田敏紀：「奈良・平安初期における二世王の存在形態」.『高円史学』第 13 号：第 15—61 頁。

安田政彦：「大伴親王の賜姓上表」. 安田政彦：『平安時代皇親の研究』. 東京：吉川弘文館、1998 年。(初出 1993 年)

另外，关于皇亲的叙位和任官也可以参考以下的研究。

佐藤直子：「叙位・任官にみる奈良時代の皇親の地位」.『東洋大学大学院紀要（文学研究科）』第 31 集：第 555—602 頁。

吉住恭子：「奈良朝に於ける皇親の存在形態」.『史窓』第 52 号：第 51—73 頁。

② 寺西貞弘：『古代天皇制史論：皇位継承と天武朝の皇室』. 大阪：創元社、1988 年。

水谷千秋：「大化前代の王族と皇親氏族」. 水谷千秋：『継体天皇と古代の王権』. 大阪：和泉書院、1999 年。(初出 1995 年)

篠川賢：「律令制以前の王族」. 篠川賢：『日本古代の王権と王統』. 東京：吉川弘文館、2001 年。(初出 1998 年)

③ 虎尾達哉：「律令国家と皇親」. 虎尾達哉：『律令官人社会の研究』. 東京：塙書房、2006 年。(初出 1988 年)

虎尾在另一篇论文中高度评价了天皇之孙的政治性：

虎尾達哉：「孫王について」. 虎尾達哉：『律令官人社会の研究』. 東京：塙書房、2006 年。(初出 1988 年)

京楽真帆子：「律令的秩序と親王」.『寧楽史苑』第 35 号：第 1—20 頁。

了与王权密切相关的藤原氏以外，其他古代豪族渐渐衰落。[①]

此外，高田淳有组织地考察桓武朝后半期逐渐成长起来的亲王的出身，[②]今江广道以奈良时代女性皇亲的婚姻和天皇授予亲王的位阶为研究对象，[③]泽田浩通过研究《药师寺缘起》的史料明确了谱系未详的天武天皇之孙，[④]文殊正子将采用内亲王号的经过与中国的公主号的形成作对比，[⑤]这些研究都进行了翔实的史料收集。

三　2000 年以降的研究

2000 年以降，仓本及安田的著作的出版使得该研究告一段落。话虽如此，这一时期却并非毫无值得关注的研究内容。

2000 年以后，研究的特征主要是积极应用从 20 世纪 80 年代后半期开始盛行的成人礼仪以及性别论。引领这一研究风潮的服藤早苗从 20 世纪 90 年代后半期到 2000 年初陆续发表相关论文，可以说是著述颇丰。[⑥]这一研究动向使研究者的问题意识转向史料丰富的皇子皇女的成人礼仪。新井重行讨论了摄关时期皇子皇女的产养仪式、五十日仪式、百日仪式等庆祝仪式；[⑦]山本一也探讨了亲王及内亲王的着裳仪式（日本女子成年仪式）、对面仪

---

① 長山泰孝：「古代貴族の終焉」. 長山泰孝：『古代国家と王権』. 東京：吉川弘文館、1992 年。（初出 1981 年）

② 高田淳：「桓武朝後半期の親王任官について」.『国史学』第 121 号：第 58—82 頁。
高田淳：「桓武天皇の親王について」.『史学研究集録』第 9 号：第 94—108 頁。

③ 今江広道：「八世紀における女王と臣下との婚姻に関する覚書」. 国学院大学文学部史学科　編：『坂本太郎博士頌寿記念　日本史学論集　上巻』. 東京：吉川弘文館、1983 年。
今江広道：「律令時代における親王・内親王の叙品について」.『書陵部紀要』第 33 号：第 1—19 頁。

④ 沢田浩：「『薬師寺縁起』所引天武系皇親系図について」.『国史学』第 142 号：第 51—89 頁。

⑤ 文殊正子：「『内親王』号について」.『古代文化』第 38 巻第 10 号：第 13—25 頁。

⑥ 服藤早苗：『平安王朝の子どもたち：王権と家・童』. 東京：吉川弘文館、2004 年。

⑦ 新井重行：「皇子女の産養について」.『書陵部紀要』第 63 号：第 1—20 頁。
新井重行：「皇子女の五十日・百日の祝について」. 小口雅史　編：『律令制と日本古代国家』. 東京：同成社、2018 年。

(皇子皇女满7岁时和天皇正式见面的礼仪)、叙品；[①] 江渡俊裕论及一世王源氏的元服礼（日本男子成年仪式)。[②] 这些研究可以说反映了学者对成人仪式的兴趣，同时作为仪式研究本身也非常重要。[③]

关于制度史的研究，首先该提到南友博的见解，他认为奈良时代后半期的亲王品封已经超过了禄令食封条中规定的数量。[④] 原朋志研究奈良时代亲王及诸王的待遇，但并未超越仓本、虎尾二人的看法。[⑤] 铃木琢郎采用史料批判的方法，对比了《公卿补任》与唐代史料，厘清了知太政官事的职责，这一围绕知太政官事制度展开的研究在学界引发强烈反响。[⑥] 皇亲赐姓依旧是研究热点，以安田[⑦]为首的学者研究成果颇丰。[⑧]

---

① 山本一也：「日本古代の叙品と成人儀礼」.『敦賀論叢：敦賀短期大学紀要』第18号：第23—54頁。
山本一也：「通過儀礼から見た親王・内親王の居住」. 西山良平、藤田勝也　編：『平安京の住まい』. 京都：京都大学学術出版会、2007年。

② 江渡俊裕：「一世源氏元服に関する試論」. 小口雅史　編：『律令制と日本古代国家』. 東京：同成社、2018年。
江渡俊裕：「賜姓源氏の初叙位に関する一試論」.『弘前大学国史研究』第141号：第1—22頁。

③ 收录在岩田真由子《日本古代的亲子关系：孝养・继承・追福》（『日本古代の親子関係：孝養・相続・追善』）第三部分“王权与亲子关系”（「王権と親子関係」）中的各论文延续了服藤的研究，非常重要。

④ 南友博：「品封小考」. 水野柳太郎　編：『日本古代の史料と制度』. 東京：岩田書院、2004年。

⑤ 原朋志：「八世紀における親王と議政官」.『続日本紀研究』第403号：第1—20頁。
原朋志：「八世紀における諸王」. 続日本紀研究会　編：『続日本紀と古代社会：創立六十周年記念』. 東京：塙書房、2014年。

⑥ 鈴木琢郎：「知太政官事の制度史的考察」. 鈴木琢郎：『日本古代の大臣制』. 東京：塙書房、2018年。(初出2015年)
关于摄关时期以前的亲王任官制度可参见安田政彦：「平安時代の親王任官について」. 田坂憲二・久下裕利　編：『源氏物語の方法を考える：史実の回路』. 東京：武蔵野書院、2015年。

⑦ 安田政彦：「皇位継承と皇親賜姓」.『古代文化』第53卷第3号：第149—158頁。
安田政彦：「醍醐内親王の降嫁と醍醐源氏賜姓」.『続日本紀研究』第374号：第12—26頁。

⑧ 西松陽介：「賜姓源氏の再検討」.『日本歴史』第737号：第1—15頁。
江渡俊裕：「賜姓源氏創出の論理と変遷」.『法政史学』第83号：第1—32頁。
中村みどり：「一世皇子女の親王宣下と源氏賜姓」.『京都女子大学大学院文学研究科研究紀要：史学編』第14号：第49—88頁。
仁藤智子：「平安時代における親王の身分と身体」. 古瀬奈津子　編：『古代日本の政治と制度』. 東京：同成社、2021年。

近年来，关于女性皇亲婚姻的论文相继发表。研究的焦点是对允许女性皇亲和臣子结婚的《日本纪略》延历十二年（793）九月丙戌条诏令的解释。《养老律令・继嗣令》王娶亲王条将女性皇亲的婚姻对象限定为男性皇亲。安田有著作专门讨论延历十二年诏令，[①] 之后有学者从婚姻的实际情况展开讨论，对安田学说进行了批判或补充。[②] 但问题在于安田学说以后的考察都忽视了米田雄介的研究。[③] 米田论文中有着对史料的犀利阐释，若不在此基础上研究，对安田学说的批判恐怕就不够有力。

除此之外引人注目的是追踪皇亲在任地的活动的研究。以往学界认为皇亲在任地的活动与院宫王臣相关，但是近年来出现了将嵯峨源氏的活动背景设想为大土地开发，[④] 具体追溯高子内亲王和筑紫观世音寺的争论等皇亲在任地的活动的研究。[⑤]

还有不少重要的研究不能一一列举，如安田围绕《日本后纪》《续日本后纪》《日本文德天皇实录》《日本三代实录》中皇子皇女序列记载展开的讨论，[⑥] 以及畑中彩子通过重明亲王的《吏部王记》讨论的信息的获

---

① 安田政彦：「延暦十二年詔」. 安田政彦：『平安時代皇親の研究』. 東京：吉川弘文館、1998 年。

② 栗原弘：「藤原良房と源潔姫の結婚の意義」. 栗原弘：『平安前期の家族と親族』. 東京：校倉書房、2008 年。（初出 2002 年・2006 年）

石和田京子：「古代皇女の役割とその意義」.『聖心女子大学大学院論集』第 25 集：第 5—37 頁。

中村みどり：「平安初期における内親王入内の意義について」.『京都女子大学大学院文学研究科研究紀要：史学編』第 12 号：第 1—33 頁。

中村みどり：「延暦十二年の詔」.『京都女子大学大学院文学研究科研究紀要：史学編』第 13 号：第 1—28 頁。

中村みどり：「藤原師輔と内親王降嫁の実現」.『古代文化』第 69 卷第 4 号：第 483—501 頁。

③ 米田雄介：「皇親を娶った藤原氏」. 続日本紀研究会　編：『続日本紀の諸相：創立五十周年記念』. 東京：塙書房、2004 年。

④ 鈴木景二：「砺波郡古代史料再考」.『砺波市立砺波散村地域研究所研究紀要』第 34 号：第 24—33 頁。

江渡俊裕：「一世源氏の経済事情にみる天皇との関係性について」.『法政大学大学院紀要』第 85 号：第 74—56 頁。

⑤ 手嶋大侑：「高子内親王家の庄園経営」.『日本歴史』第 854 号：第 1—15 頁。

⑥ 安田政彦：「平安前期皇子女の序列記載」.『続日本紀研究』第 332 号：第 1—17 頁。

得与继承[①]等都是今后研究中不可缺少的著述。同时，畑中论文是重新讨论皇亲集团性的立足点。[②]

结　语

根据以上所整理的二战后至现在的古代皇亲研究史，基于各种研究动向，可提出如下分析视角。

第一，贯彻皇亲尊贵性的相对化。皇亲之所以为皇亲的原因就是其继承了天皇血统的尊贵性。但是不少先行研究都将皇亲的尊贵性绝对化了。例如，林陆朗的研究追寻赐姓源氏的实际情况，乍一看选择了客观的考察方法，但正因为林陆朗将源氏的尊贵性定位到相当高的位置，源氏是天皇藩屏的说法才能成立。也就是说，正因为没有贯彻皇亲尊贵性的相对化，在想要高度评价其论文的存在意义时，才容易陷入极端化的讨论。这就是拙作总是把一世王的亲王和源氏进行比较，使双方的尊贵性相对化的原因。从这个意义上来说，中日皇亲的比较研究是更有必要完成的一项工作。

第二，随着天皇的更换，皇亲和天皇的关系会逐渐疏远。[③] 换言之，只有当血缘关系最接近的天皇在位时，皇亲才最具有尊贵性。考虑到这一点，皇统从天武天皇系向天智天皇系变化的光仁朝、桓武朝的建立，平城天皇系皇统、淳和天皇系皇统失去皇位继承资格的药子之变、承和之变，阳成天皇被迫退位后光孝朝的建立，都是皇亲状态发生变化的转折点。迄今为止的研究都没有注意到皇统变化和皇亲之间的关系，因此可以以此为起点重新考究现存史料。

---

① 畑中彩子：「親王にとっての過去・現在・未来」. 吉川真司、倉本一宏　編：『日本的時空観の形成』. 京都：思文閣出版、2017 年。

② 有关皇亲集团性・联合性的论文如下。
土橋誠：「皇親における族長権の所在について」.『ヒストリア』第 110 号：第 52—72 頁。
宇根俊範：「氏爵と氏長者」. 坂本賞三　編：『王朝国家国政史の研究』. 東京：吉川弘文館、1987 年。

③ 倉本一宏：『公家源氏：王権を支えた名族』. 東京：中央公論新社、2019 年。

笔者今后依然会坚持将成果颇丰的前人研究和史料片段相结合的研究方法。但是，切入的分析视角不同，围绕皇亲展开讨论后所得出的结论也会不同。

由于水平不足，笔者未能列出有关斋宫、斋院的诸多研究，这留待将来展开讨论。

（说明：本文翻译获得北京第二外国语学院日语学院硕士生方杭敏的协助，笔者在此表示衷心感谢。另外，笔者对本文负全责。）

中井履轩的心性论思想

——以《四书逢原》为中心

刘晓婷*

[摘　要] 心性论是中国传统思想中特有的关于精神修养的学说，是儒家思想的核心部分。本文以中井履轩的《四书逢原》为中心，对履轩的心性论进行了讨论。中井履轩虽是在儒学范围内谈心性，但是他对于朱熹心性论中的形而上学思维方式进行了抵制与解构，体现出其近代合理主义的思想倾向和重视实践的思想特征，对怀德堂门人产生了很大的影响，可以说怀德堂朱子学的解体完成于中井履轩。

[关键词] 中井履轩　朱熹　《四书逢原》　心性论

引　言

中井履轩（1732—1817），江户后期儒学家，享保十七年（1732）生于大坂，名积德，字处叔。其父中井甃庵（1693—1758）为怀德堂第二代学主，其兄中井竹山（1730—1804）为怀德堂第四代学主。履轩与其兄师从五井兰洲（1697—1762），习程朱之学。明和四年（1767）在大坂和泉町开设学塾水哉馆讲授儒学，其学问兼收并蓄，成一家之言。与兄竹山相比，履轩较少从事交际，主要研究经学，为怀德堂经学之集大成者，著有《七经逢原》《七经雕题略》等。《四书逢原》即《孟子逢原》《论语逢原》《中庸逢原》《大学杂议》，是《七经逢原》之四种，是中井履轩对朱熹《四

* 刘晓婷，北京外国语大学日语学院、日本学研究中心博士生，研究领域为日本思想史与日本文化。

书章句集注》进行注释、批判的著作。

朱熹首次将《四书》合并刊刻，并通过注释《四书》（《四书章句集注》）构建了广阔的朱子学理论体系。江户时代朱子学成为显学，由于经济条件和各阶级的斗争，朱子学在日本逐渐发生异化。藤原惺窝（1561—1619）、林罗山（1583—1657）等京师朱子学派的门人尊信朱子学，致力于维护朱子学的正统地位。另外，古学派、阳明学派得到发展，与作为官学的朱子学相抗衡。以大坂商业资本为背景的怀德堂学派也在朱子学原有的基础上产生了异化，此种异化体现在中井履轩的经书注释当中。

心性论是中国传统思想中特有的关于精神修养的学说，是儒家思想的核心部分。关于中井履轩的心性论思想，中日学者皆有撰述。其中王鑫的《中井履轩的心性论：以〈孟子逢原〉为中心》和藤居岳人的《中井履轩的性论：与伊藤仁斋、荻生徂徕的观点相比较》[①] 两篇文章最为深入。王鑫在文章中从履轩解孟之特点、履轩论性善以及履轩论心与理的关系三个方面探讨了履轩的心性论，指出“履轩的思想已卓尔成乎一家，或可称之为‘水哉馆学’，但不能再被定义为朱子学了”。[②] 藤居岳人则在文章中着重阐述了中井履轩对于本然之性与气质之性的讨论，指出中井履轩的性论虽独具特色但并没有脱离朱子学的范畴。这些研究都从某一特定角度对中井履轩的心性论展开了研究，本文将以中井履轩的《四书逢原》为中心，尝试系统地厘清中井履轩的心性论思想，进而阐明其思想特质以及其思想在怀德堂学派中的地位。

一 履轩论心

朱熹通过理学的建构将儒学推向了新的高峰，并将理学与陆王心学区别开来。但是，这并不意味着朱熹忽视“心”这一概念。相反，在朱熹的学说中，他非常重视“心”的特征、作用和意义，对“心”展开了多方面的论

① 藤居岳人：「中井履軒の性論：伊藤仁斎・荻生徂徠の所説と比較して」.『懐徳堂センター報』、2007。

② 王鑫：《中井履轩的心性论：以〈孟子逢原〉为中心》.『東アジア文化交渉研究』第 13 号：第 717 頁.

述，认为“心”是其哲学体系中不可或缺的要素。杨俊峰在《心理之间：朱子心性论研究》中写道：“心是朱子工夫论思想之核心概念，就概念内涵而言，心即人的思想意识，是人各种行为的主体，也是道德修养的起点和归宿。”[①] 这明确了“心”在朱子学中的重要地位以及概念内涵。另外，杨俊峰将朱子所论述的“心”的功能概括为“虚灵”“知觉”“主宰”三种。[②] 陈来在《朱子哲学研究》中，对朱熹所说的“心”作了如下总结。

> 心是能知能思之官，知觉是心的特殊功能，心是一身之主，心能主宰情欲，心能支配一切行事，心有神明不测的功用，以及心如镜说，心之虚明说……[③]

两人的表述不同，但要表达的实质相同，都在强调朱熹所论述的“心”具有“虚灵”“知觉”“主宰”三种功能。另外，陈来写道，朱熹心论还继承和发展了理学前驱的心具众理、人心道心、心统性情等思想，这些思想以“理”作为理论基础。那么，中井履轩如何认识“心”这一概念？履轩在《孟子逢原》中，对“心”作了如下论述。

> 心元脏名，是脏司知觉，而有性存焉，如斯而已矣。张子乃先立性知觉，然后求心之名，焉可也。既颠倒源委，余复何论。张子盖喜立言，而其言皆发于苦思考索之余，而非自得者，故尤多疵累。[④]

就“心”的功能而言，朱熹所说的“心”具有“虚灵”“知觉”“主宰”三种功能。而中井履轩所说的“心”是脏器的名称，是“知觉”的器官。就“心”与“性”的关系而言，履轩主张“心”中有“性”，并非

---

① 杨俊峰：《心理之间：朱子心性论研究》，北京：中国社会科学出版社，2014 年：第 104 页。

② “虚灵”指心在感物时能如实反映事物的面貌，在事物离去时能够重新归于虚静；“知觉”指心具有感知、觉察事物的能力；“主宰”指心的知觉能够指挥人去应对各种事物。参见杨俊峰：《心理之间：朱子心性论研究》，北京：中国社会科学出版社，2014 年：第 105—111 页。

③ 陈来：《朱子哲学研究》，上海：华东师范大学出版社，2000 年：第 220 页。

④ 関儀一郎　編：『日本名家四書注釈全書・孟子部 2・孟子逢原』．東京：東洋図書刊行会、1925 年：第 388 頁。

朱熹所说的“先立性知觉”“后求心之名”，这一点是朱熹和履轩心论的真正差异所在。朱熹将“理”作为万事万物之本原，并且主张“性即理”，将“性”即封建道德之仁义礼智信提高到天理、天道的高度。履轩之所以批判朱熹的心论，是因为朱熹将“理”“性”作为价值本体置于“心”之前。也就是说中井履轩否定的是朱熹的理论体系，抵制的是其求所以然之理的形而上学思维方式。

如前所述，朱熹学说中包含着朱熹理学特有的关于“心”的见解，如心具众理、人心道心、心统性情，履轩关于这三个命题的论述表达了其经学注释态度——承孔孟之原旨、忌后人之附会，也再次表达了其对于朱子学思维方式的否定。从“心”与“理”的关系来看，朱熹主张心具众理。他在《四书章句集注》中写道：“心者，人之神明，所以具众理而应万事者也。性则心之所具之理，而天又理之所从以出者也。”① 心具众理即“心”中包含禀受于天地的“理”，是不需要外在修养就能达到的状态。履轩则在此处注说：“尽心者，是仁义忠信，所以自持而应物，十分备具，心之用无欠缺也。此非知性固具是道理者，弗能也。皆切人身而言，非穷物理无不知之谓。”② 在履轩看来，“心”中之“性”并不具备禀受于天的“众理”。

从“心”具体“知觉”的对象来看，“心”可分为“人心”“道心”。“只是这一个心，知觉从耳目之欲上去，便是人心；知觉从义理上去，便是道心。”③ “人心”“生于形气之私”④，“道心”则“原于性命之正”⑤。履轩在《中庸章句序》的“盖尝论之：心之虚灵知觉，一而已矣”处注道：“理气之说，与孔孟之言不合。”⑥ 履轩反对引入理气解“人心”与“道心”。

① （宋）朱熹：《四书章句集注》，北京：中华书局，2012 年：第 842 页。

② 関儀一郎 編：『日本名家四書注釈全書・孟子部 2・孟子逢原』. 東京：東洋図書刊行会、1925 年：第 385 頁。

③ （宋）黎靖德 编，王星贤 点校：《朱子语类》卷七八，北京：中华书局，2020 年：第 2157 页。

④ （宋）朱熹：《四书章句集注》，北京：中华书局，2012 年：第 923 页。

⑤ （宋）朱熹：《四书章句集注》，北京：中华书局，2012 年：第 923 页。

⑥ 関儀一郎 編：『日本名家四書注釈全書・学庸部 1・中庸逢原』. 東京：東洋図書刊行会、1923 年：第 3 頁。

从“心”统摄的内容来看，“心”统“性”与“情”。“性者，理也。性是体，情是用。性情皆出于心，故心能统之。”① 心统性情是实践领域的命题，使得本体和工夫达到了一致。履轩针对“心，统性情者也”一句反驳道：“情者性之发也，本非别项，注心统性情句，未圆。”② “情”是“性”的外在表现，两者并无体用之分。

履轩认为人的“心”是脏器，有“知觉”的功能。对于朱熹学说中关于“心”的诸命题，如心具众理、人心道心、心统性情等，履轩持反对态度，他反对朱熹将“心”中之“性”作为先验的东西，更反对将“性”消解为万物本原之“理”，这不仅是对思想内容的挑战，更是对朱熹形而上学思维方式的挑战。

二　履轩论性

朱熹继承了孟子的性善论，但其性善论是建立在其理学理论体系之上的。朱熹在《中庸》开篇的“天命之谓性，率性之谓道，修道之谓教”一句下注道：

> 命，犹令也。性，即理也。天以阴阳五行化生万物，气以成形，而理亦赋焉，犹命令也。于是人物之生，因各得其所赋之理，以为健顺五常之德，所谓性也。③

朱熹主张“性即理”，“性”是宇宙本原之“理”在人身上的延伸。“既谓之大本，只是理善而已。”④ “理无不善。”⑤ “理”是纯善无恶的存

---

① （宋）黎靖德　编，王星贤　点校：《朱子语类》卷九八，北京：中华书局，2020年：第2698页。

② 関儀一郎　編：『日本名家四書注釈全書・孟子部2・孟子逢原』. 東京：東洋図書刊行会、1925年：第105頁。

③ （宋）朱熹：《四书章句集注》，北京：中华书局，2012年：第19页。

④ （宋）黎靖德　编，王星贤　点校：《朱子语类》卷二十，北京：中华书局，2020年：第74页。

⑤ （宋）黎靖德　编，王星贤　点校：《朱子语类》卷二十，北京：中华书局，2020年：第74页。

在，因而，“性”也是纯善无恶的存在，由此，朱熹将“性”确立为价值本体，这是新时代朱熹对性善论的再次确认和重建。

中井履轩也主张性善论思想。他在《孟子逢原》中写道：“子思曰，天命之谓性。孟子曰，性善。信斯二语，足矣。”[①]“性”是人天生的特质且“性”是善的，只需信此二语即可。履轩的性善论是对孟子性善论的朴素继承，他反对后人的穿凿附会，因而反对朱熹将性善建立于理学体系之上。履轩在《孟子·告子上》的“性，犹杞柳也”章下注道：“性，前篇既有解，此不须更解。且此告子语中，自无天理之意，惟泛指人之禀受而已。”[②] 他在《孟子·公孙丑上》的“矢人岂不仁于函人哉”章下注道：“夫性所以善之理，则至难言也。”[③] 他在《孟子·公孙丑上》的“人皆有不忍人之心”章下注道：“且人性之善，何必验系谱。”[④] 此外，他在《孟子·滕文公上》的“孟子道性善”章下注道：“性善之说。散在复出乎七篇中。宜包罗寻释焉。此何必别施注解。”[⑤] 综上所述，履轩认为“性”是人禀受于天之物，“性”中不包含天理，他反对追溯“性”的来历根源和对“性”的过度解释。

“于是人物之生，因各得其所赋之理，以为健顺五常之德，所谓性也。”[⑥] 就性善的主体来讲，朱熹所说的性善指的是“人物之性”。而履轩则认为性善特指人性之善。中井履轩在《孟子·离娄下》的“人之所以异于禽兽者几希。庶民去之。君子存之”处注道：“孟子道性善，专论人性，岂并论物性乎哉。凡注，性并举人物者，皆非。”[⑦] 履轩分离了人性与物性。[⑧] 履

---

① 関儀一郎 編：『日本名家四書注釈全書・孟子部2・孟子逢原』. 東京：東洋図書刊行会、1925年：第107頁。

② 関儀一郎 編：『日本名家四書注釈全書・孟子部2・孟子逢原』. 東京：東洋図書刊行会、1925年：第315頁。

③ 関儀一郎 編：『日本名家四書注釈全書・孟子部2・孟子逢原』. 東京：東洋図書刊行会、1925年：第107頁。

④ 関儀一郎 編：『日本名家四書注釈全書・孟子部2・孟子逢原』. 東京：東洋図書刊行会、1925年：第102頁。

⑤ 関儀一郎 編：『日本名家四書注釈全書・孟子部2・孟子逢原』. 東京：東洋図書刊行会、1925年：第140頁。

⑥ （宋）朱熹：《四书章句集注》，北京：中华书局，2012年：第19页。

⑦ 関儀一郎 編：『日本名家四書注釈全書・孟子部2・孟子逢原』. 東京：東洋図書刊行会、1925年：第241頁。

⑧ 藤居岳人：「中井履軒の性論：伊藤仁斎・荻生徂徠の所説と比較して」.『懐徳堂センター報』、2007：第19頁。

轩在《中庸》的“天命之谓性，率性之谓道，修道之谓教”处注道：

> 在于事物为理。具于人心为性。未当混合作解。注。性即理也。可谓昆仑吞椒者。[①]

物禀受于天的是“理”，人禀受于天的是“性”，“性”与“理”是二物，不可将二者等同起来。“告子惟指人性而言，未尝并论物性也。”[②]“人之所得于天者，人性也，人气也。物之所得于天者，物性也，物气也。故其知觉运动，未尝有同也……何同异之疑。”[③]“注，人物之生，莫不有是性。此句尤舛，禽兽何曾有仁义之性哉。”[④]“性字，经唯以人而言。注乃以穷理为解，乃是包万物，笼天地，其义泛然，不切于人。”[⑤] 人与物禀受于天之“性”与“气”是不同的。唯有人才可得“性”，此“性”为仁义之性。

“故今才说性，便须带着气质，无能悬空说得性者。”[⑥] 朱熹在讨论“性”的时候，同时讨论了作为价值本体的“性”和与现实世界相关联的“性”。作为价值本体的“性”是本然之性，与现实世界相关联的“性”是气质之性。杨俊峰认为“气质之性是天地之性之未充分实现，从根本上说是由天地之性所产生的，与天地之性同属一性，不可分割”。[⑦] 杨俊峰认为朱熹的本然之性与气质之性是二而一、一而二的关系，是一体之两面。履轩与朱熹不同，他只肯定本然之性，反对气质之性。朱熹在《论语·阳

---

① 関儀一郎　編：『日本名家四書注釈全書·学庸部 1·中庸逢原』. 東京：東洋図書刊行会、1923 年：第 19 頁。

② 関儀一郎　編：『日本名家四書注釈全書·孟子部 2·孟子逢原』. 東京：東洋図書刊行会、1925 年：第 317 頁。

③ 関儀一郎　編：『日本名家四書注釈全書·孟子部 2·孟子逢原』. 東京：東洋図書刊行会、1925 年：第 319 頁。

④ 関儀一郎　編：『日本名家四書注釈全書·孟子部 2·孟子逢原』. 東京：東洋図書刊行会、1925 年：第 319 頁。

⑤ 関儀一郎　編：『日本名家四書注釈全書·孟子部 2·孟子逢原』. 東京：東洋図書刊行会、1925 年：第 385 頁。

⑥ （宋）黎靖德　编，王星贤　点校：《朱子语类》卷八七，北京：中华书局，2020 年：第 2430 页。

⑦ 杨俊峰：《心理之间：朱子心性论研究》，北京：中国社会科学出版社，2014 年：第 196 页。

货》的“性相近也，习相远也”处注释如下：

> 此所谓性。兼气质而言者也。气质之性。固有美恶之不同矣。然以其初而言。则皆不甚相远也。但习于善则善。习于恶则恶。于是始相远耳。程子曰：“此言气质之性。非言性之本也。若言其本。则性即是理。理无不善。孟子之言性善是也。何相近之有哉？”①

朱熹引入“气质”来说明“性相近也，习相远也”，人之本然之性都是善的，但气质之性的不同使得人的习性不同。对于朱熹的观点，履轩反驳道：

> 是章。专论性也。曾不带气质。气质非性也……
>
> 孔子曰。性相近。孟子曰。性同然。其义一也。②

在履轩这里，气质之性并非“性”，本然之性才是“性”。履轩在《孟子·告子上》的“《诗》曰：天生蒸民，有物有则”处阐述了同样的主张。

> 性自性，气质自气质，判然二物，焉得有气质之性。即无气质之性，则性不待称本然。凡宋代言语，喜二物对说，本然气质理气体用清浊之类亦皆然。③

在履轩看来，“性”是“性”，“气质”是“气质”，“性”和“气质”是二物，不可混为一谈。如果有气质之性，“性”就不能被称为“本然”。履轩说：“凡孔孟论性，时有泛切之分，曾无本然气质之别。”④ 没有必要

① （宋）朱熹：《四书章句集注》，北京：中华书局，2012 年：第 164 页。

② 関儀一郎　编：『日本名家四書注釈全書・論語部 4・論語逢原』．東京：東洋図書刊行会、1925 年：第 343 頁。

③ 関儀一郎　编：『日本名家四書注釈全書・孟子部 2・孟子逢原』．東京：東洋図書刊行会、1925 年：第 328 頁。

④ 関儀一郎　编：『日本名家四書注釈全書・孟子部 2・孟子逢原』．東京：東洋図書刊行会、1925 年：第 381 頁。

用“本然”和“气质”来区分“性”。

朱熹认为“性”是具有“理气”二元的东西。在其学说中具体表现为本然之性和气质之性这两个概念。履轩认为“性”只能是本然之性，与“气质”无关。本部分讨论了履轩的性论，其性论承袭孔孟之原旨，对朱子性论中的人性、物性以及本然之性、气质之性等二物并举之论说进行了批判。履轩提倡性善论，认为性善的主体在人，它是存在于人心之中的与生俱来的“本然”之物。

三 履轩论“心”“性”“情”“德”的关系

朱熹在描述“心”“性”“情”的关系时写道：

> 性者。心之理。情者。性之动。心者。性情之主。[①]

“性”和“情”是相对的概念，“心”则是相对于“性”和“情”的概念。“心”主宰“性”“情”，“性”为“心”之体，“情”为“心”之用。朱熹在《中庸》的“喜怒哀乐之未发，谓之中，发而皆中节，谓之和。中也者，天下之大本也；和也者，天下之达道也”处注释如下：

> 喜怒哀乐，情也。其未发，则性也，无所偏倚，故谓之中。发皆中节，情之正也，无所乖戾，故谓之和。大本者，天命之性，天下之理皆由此出，道之体也。达道者，循性之谓，天下古今之所共由，道之用也。此言性情之德，以明道不可离之意。[②]

朱熹用“中”“和”解“性”“情”，喜怒哀乐之未发为“中”、为“性”，已发为“和”、为“情”，“性”“情”为体用关系。履轩则在此处

① （宋）黎靖德 编，王星贤 点校：《朱子语类》卷七八，北京：中华书局，2020年：第98页。

② （宋）朱熹：《四书章句集注》，北京：中华书局，2012年：第20页。

注说："中和，唯是本末而已，不当性情判之，不当体用作解。"[①] 履轩反对朱熹用"中""和""体""用"来解释"性""情"，他认为"性""情"并非体用关系，而是一种历时性的先后关系。

朱熹在《孟子·公孙丑上》的"恻隐之心。仁之端也"处注释道：

> 恻隐、羞恶、辞让、是非，情也。仁、义、礼、智，性也。心，统性情者也。[②]

具体来讲，朱熹以"仁义礼智"为"性"，以"恻隐羞恶辞让是非"为"情"。而在概念界定之初，履轩便与朱熹出现了分歧。

> 仁义礼智。元是德名。性者具是德之种子而已。唯其然。故或直谓仁义礼智为性。或指四端为四德。乃一转言之耳。若是章。仁义礼智。还其本位。端者。将成之端绪。盖言人性善。自有不忍人之心。发出为恻隐之心。扩而充之。则斯德立矣。名之为仁。故曰仁之端也。羞恶辞让是非。并放此。又推本而言之。恻隐之心。即是仁心矣……可也。勿浑仑吞枣。[③]

"仁义礼智"是"四德"，并非朱熹所说的"性"。"性"是"不忍人之心"，是"德之种子"。以"恻隐之心"为首的"四端之心"为"情"。基于概念梳理，履轩描述了"四德"的形成过程。人具备"性"，即"不忍人之心""德之种子"，由此，发出"恻隐羞恶辞让是非"的四端之心，通过对这四端之心的扩充，"四德"形成。履轩还把这"四德"的形成过程比作"鸡"的成长过程。

---

① 関儀一郎　編：『日本名家四書注釈全書・学庸部1・中庸逢原』. 東京：東洋図書刊行会、1923年：第22頁。

② （宋）朱熹：《四书章句集注》，北京：中华书局，2012年：第221页。

③ 関儀一郎　編：『日本名家四書注釈全書・孟子部2・孟子逢原』. 東京：東洋図書刊行会、1925年：第104頁。

仁义。譬犹鸡也。性之善。犹卵在胎也。卵已坠地。犹恻隐羞恶也。抱育累句。骨体成焉。羽毛生焉。破壳而出。能自饮啄。是雏耳。未可命以鸡。既累月。羽长而冠成。鼓翼而鸣。于是乎始有鸡之名矣。是为本语……抑卵之抱育。鸡之羽毛。方长之际。正是扩充之秋也。①

性善为“在胎之卵”，“恻隐羞恶”之心（“情”）为“坠地之卵”，仁义礼智（“四德”）为“鸡”。履轩在明确“性”“情”“德”概念的基础上，将三者置于一个循序渐进的过程之中。② 履轩在《孟子·公孙丑上》的“凡有四端于我者”处注释如下：

性者水源也。四德者江河也。而四端是水源发动之处。苟理导无壅塞。必能成江河也。水源虽微也。江河之理存焉。故或谓性具四德。亦可。乃谓水源即江河矣。不须理导。吾不之知。③

履轩运用了另一个比喻来阐明“性”“情”“德”的关系。履轩把“性”比作“水源”，把“四端”（情）比作“水源发动之处”，把“四德”比作“江河”。履轩用“在胎之卵”“水源”来比喻“性”，如此可知，履轩所说的“性”是“一种微弱潜存的状态”。④

“心”的概念是儒学心性论的重要概念。上文讨论了履轩学说中“性”“情”“德”的关系。那么，在履轩的学说中，“心”与这三个概念有什么关系？履轩在《论语·学而》的“其为人也孝弟，而好犯上者，鲜矣”处解释了“心”“性”“德”的关系。

① 関儀一郎　編：『日本名家四書注釈全書·孟子部2·孟子逢原』. 東京：東洋図書刊行会、1925年：第104—105頁。

② 池田光子：「中井履軒の『徳』解釈の構造—『四徳』への解釈を中心として」.『待兼山論叢哲学篇』第40号：第21頁。

③ 関儀一郎　編：『日本名家四書注釈全書·孟子部2·孟子逢原』. 東京：東洋図書刊行会、1925年：第106頁。

④ 王鑫：《中井履轩的心性论：以〈孟子逢原〉为中心》.『東アジア文化交渉研究』第13号：第717頁.

心字竟不释然者，此是宋学矣。不据孟子本语，而用推穷之言也。盖心惟宜论性，未可称德，德只在人行上，而其理根乎心，自有内外本末之辨。①

用“心”来论“性”是恰当的，但不可把“心”和“德”等同起来。“性”乃“德”之理，发自内心。“德”只体现在人的行为上。由此可知，履轩以“性”为内、本，以“德”（仁义礼智）为外、末。这样，履轩的“心”“性”“情”“德”的关系清晰可见。履轩的“心”是知觉器官的名称，“性”是“德之种子”，“情”是“四端之心”，“德”是仁义礼智。“心”中有“性”，因“性”而发“情”，因“情”的扩充而至“德”。履轩在明确“心”“性”“情”“德”四个概念的基础上将四者作为践行道德的历时性过程，体现了其重视形而下的道德实践的思想。

四　履轩论至“四德”之工夫

在朱熹的学说中，仁义礼智是本然之性，要达到本然之性，必须克服气质之性。而为了消除气质之性的遮蔽，朱熹提出了“主敬涵养”“格物致知”的工夫论。通过这样的努力，人就能达到“私欲净尽”“天理流行”的状态，“复初”为本然之性。如果说，朱熹到达仁义礼智的工夫用“复初”来总结的话，那么履轩主张的至“四德”之工夫则为“扩充”。履轩在《孟子·公孙丑上》的“恻隐之心。仁之端也”处说：

盖言人性善。自有不忍之心。发出为恻隐之心。扩而充之。则德斯立矣。②

扩充。谓养之长之。以极其大也。注满本然之量。是复初之说。

① 関儀一郎　編：『日本名家四書注釈全書・論語部 4・論語逢原』. 東京：東洋図書刊行会、1925 年：第 13—14 頁。

② 関儀一郎　編：『日本名家四書注釈全書・孟子部 2・孟子逢原』. 東京：東洋図書刊行会、1925 年：第 104 頁。

> 大失孟子之旨。[①]

要实现“德”，就必须扩充恻隐之心等“情”。“扩充”意为“养之长之”。履轩认为朱熹“注满本然之量”的说法为“复初之说”，这种说法与孟子的思想大相径庭。履轩对朱熹和孟子的工夫作了如下比较。

> 能充其性句。如无所失。然此即复初之充性耳。非孟子之扩充。孟子之扩充。工夫在外。程朱之扩充。工夫在内。此其不相合处。[②]

孟子的扩充之工夫在心外，而程朱的“复初”之工夫在心内。在朱熹的学说中，克服气质之性，回归本然之性是一切行为的目的，其本然之性原本就在“心”之中，因此，朱熹之工夫的归宿也就在“心”。如前所述，履轩支持孟子之扩充说，主张扩充之工夫在“心”外。结合履轩对“四德”的解释，我们可以知道履轩主张工夫的归宿在于具体的行动。朱熹和履轩不同的心性论决定了两人工夫论的不同。

结　语

本文从“履轩论心”“履轩论性”“履轩论‘心’‘性’‘情’‘德’的关系”“履轩论至‘四德’之工夫”四个方面对中井履轩的心性论进行了讨论。履轩所说的“心”是脏器的名称，是知觉的“心”。对于朱熹学说中关于“心”的诸命题，如心具众理、人心道心、心统性情等，履轩均持批判态度。履轩提倡性善论，认为性善的主体在人，它是存在于人心之中的与生俱来的“本然”之物。他朴素地继承了孔孟之性善论，因此反对将性善消解为万物本原之“理”，进而否定了朱子学求所以然之理的形而上学理论体系。另外，履轩在明确“心”“性”“情”“德”四个概念的基

---

① 関儀一郎　編：『日本名家四書注釈全書・孟子部 2・孟子逢原』. 東京：東洋図書刊行会、1925 年：第 106 頁。

② 関儀一郎　編：『日本名家四書注釈全書・孟子部 2・孟子逢原』. 東京：東洋図書刊行会、1925 年：第 139 頁。

础上将四者作为践行道德的历时性过程。最后，履轩将至“四德”之工夫总结为“扩充”，主张扩充之工夫在“心”外，可以说这是由其心性论形态所决定的工夫论。

中井履轩对于“性”中朱子学形而上学思维方式的抵制、解构体现出其近代合理主义的思想倾向。朱熹将获得本然之性作为一切行为的归宿，这就导致其在工夫论上偏于内省。履轩则将具体的行为作为归宿，其工夫向外展开，体现了其思想上重视实践的特点。

怀德堂起源于 1724 年，废于 1869 年。其门人五井兰洲、中井竹山基本上处于维护朱子学的立场。富永仲基则对汉学表现出了批判的态度。中井履轩的方向与朱子学完全相反，甚至被当时的幕府视为异端。山片蟠桃则把自己的知识生产定位在儒学之外。怀德堂的门人展示了大坂朱子学的解体过程。作为怀德堂经学之集大成者，中井履轩的《四书逢原》对于朱子学的形而上学思维方式进行了抵制，对朱子学进行了解构，是一种对于经学的常识性研究，反映了大坂怀德堂在当时的进步作用，为近代唯物主义思想的产生奠定了基础。可以说怀德堂朱子学的解体完成于中井履轩。

社会观察

日本老年人护理的福利用具服务机制探析*

江新兴　唐雅琪**

［摘　要］日本护理保险制度下的福利用具服务构成了一个完整机制，在应对老年人护理需求的同时带来了可观的经济效益。本文主要从政府举措入手，剖析了日本福利用具服务机制，认为其从内到外构成了一个较完备的系统，特征是从使用者的角度出发，通过使用者和供给者的信息共享、相互合作，为使用者提供合适的福利用具。即使时间和场所发生了变化，福利用具服务机制也可以保障服务产品的顺利供给，有利于帮助使用者实现自立。

［关键词］日本福利用具　服务机制　使用者本位　自立支援

随着年龄的增长，老年人的身体机能开始退化，日常生活自理能力逐渐降低。福利用具作为辅助器具，可以弥补或替代老年人丧失的身体机能，是改善老年人生活质量、提高其自理能力和社会参与能力最直接、最有效的手段之一。除此以外，福利用具在减轻家庭护理负担、协助专业护理人员方面也发挥着重要作用。在日本的老年人护理事业中，福利用具服务的供给主要依靠护理保险制度来实现。日本自 2000 年 4 月开始实施护理保险制度，内容主要包括居家服务和设施服务，而福利用具的租赁和购买服务是居家服务中的重要组成部分。

如今，历经二十余年的发展和完善，护理保险制度下的福利用具服务

---

* 本文系 2018 年国家社科基金一般项目“从传统向现代社会转型的日本养老问题嬗变和启示”（项目号：18BSS033）阶段性成果。

** 江新兴，北京第二外国语学院日语学院教授，研究领域为日本社会史。唐雅琪，北京第二外国语学院日语学院硕士生，研究领域为日本社会与文化。

已形成一个相对完备的服务机制，不仅帮助众多老年人过上了高质量的晚年生活，也带来了可观的经济效益。据日本厚生劳动省调查，护理保险制度实施后，租赁福利用具的人数逐年增加，至 2020 年已经超过 180 万。[①] 此外，日本矢野经济研究所的调查数据显示，2017 年福利用具租赁服务的市场规模同比增加 5.6%，达到了 3222 亿日元。市场整体呈现出稳定发展态势，预计 2025 年市场规模将达到 3921 亿日元。[②] 由此可见，福利用具服务在应对老年人护理需求的同时，也发挥着带动相关产业发展、提高经济效益的重要作用。可以说福利用具服务已成为日本老年人护理事业中不可缺少的一部分。今后，随着日本老年人口的不断增加，可以预见福利用具服务的使用人数和市场规模还将持续增长。在此背景下，深入考察福利用具服务背后的供给机制对我国借鉴其发展经验具有启示意义。

一　制度建设提供保障

1. 相关法律的制定

1989 年之后，日本福利用具的普及速度大幅加快。这主要与日本政府积极推行居家养老、鼓励民营服务商参与养老领域有关。1989 年“黄金计划”的制定和 1990 年《老人福利法》的部分修订，不仅增加了居家养老服务的供给量，也为福利用具的普及创造了条件。

具体来讲，《福利用具法》和《护理保险法》为福利用具服务机制的运行提供了直接法律依据。在日本，长期以来福利用具没有统一的名称和定义，“福利器械”“护理器械”“护理用具”等各种名称被混乱使用。[③] 1993 年出台的《福利用具法》，首次将福利用具定义为“为身心功能低下、日常生活有障碍的老年人或身心障碍者的日常生活提供便利的用具，以及对他们进行功能训练的用具和辅助用具”。1997 年《护理保险法》的制定，标志着日本引入以契约制度为基础的护理保险来应对老年人护理问

---

① 厚生労働省：「令和元年度　介護給付費等実態統計の概況（令和元年 5 月審査分~令和 2 年 4 月審査分）」、2019 年。

② 株式会社矢野経済研究所：「2019 年版 福祉用具レンタル市場の現状と方向性」、2019 年。

③ 立花直樹：「日本における福祉用具を巡る現状と課題—ソーシャルワークと制度の視点から」.『関西福祉科学大学紀要』2010 年第 14 期：第 53—76 頁。

题。被保险者与护理服务提供者签订合同，原则上自付一成（高收入人群支付二成或三成）费用即可使用护理服务。《护理保险法》具体规定了福利用具的保险支付对象。原则上福利用具以租赁的方式供给，用于洗澡和排泄等方面的涉及个人卫生的6种福利用具可以购买（见表1）。通过护理保险制度，被保险者能够以较少的费用使用专业的福利用具，从而弥补缺失的身体机能，提高自理能力。可见，《福利用具法》明晰了福利用具的定义，《护理保险法》则具体规定了应提供的福利用具服务。

表1　日本护理保险制度中的福利用具品种

可租赁的福利用具（原则）13种	可购买的特定福利用具（例外）6种
轮椅	简易坐便器
轮椅附属品	自动排泄处理装置可替换部分
电动护理床	排泄预测支援机器
电动护理床附属品	洗浴辅助用具
防褥疮用具	简易浴池
体位变换器	移动用升降机的吊具
扶手	
斜面滑坡	
步行器	
辅助步行拐杖	
痴呆老年人活动感应器	
移动用升降机（不含吊具）	
自动排泄处理装置	

资料来源：厚生労働省老健局高齢者支援課：「『介護保険の給付対象となる福祉用具及び住宅改修の取扱いについて』の改正について」、2022年3月31日、https://www.mhlw.go.jp/content/12300000/000960589.pdf。厚生労働省老健局高齢者支援課：「厚生労働大臣が定める特定福祉用具販売に係る特定福祉用具の種目及び厚生労働大臣が定める特定介護予防福祉用具販売に係る特定介護予防福祉用具の種目の一部を改正する告示の公布について」、2022年3月28日、https://www.mhlw.go.jp/content/12300000/000960588.pdf。

2. 贯穿法律的基本护理理念

在法律框架的背后，还蕴含着日本独特的护理服务理念，即在居家养老的整体背景下，以“自立支援”为目标，提供“使用者本位”的护理服务。“自立支援”即对需要护理的老年人不仅提供单纯的生活层面的照顾，还要支援其实现自立生活；“使用者本位”即尊重使用者的个人选择，使其可从多样的供给主体中选择医疗和福利服务。[①] 1994 年，日本高龄者护理·自立支援体系研究会在《以构筑新的高龄者护理体系为目标》这一报告中提出了“新护理体系”基本理念，即帮助老年人按照自己的意愿过上自立、高质量的生活，并肯定福利用具“有助于需要护理的老年人独立生活、融入社会，也有助于减轻护理者的身体和精神负担”。[②] 新护理体系的目标是让老年人在需要护理的情况下也能保持尊严和生存价值，过上独立且高质量的生活。因此，护理者不应一味按自己的意愿进行援助，而是要站在使用者的立场上提供护理服务，即提倡“使用者本位”。通过提供以使用者为中心的护理服务实现自立支援成为日本护理保险制度的理念内涵。而在福利用具服务供给机制中，这一理念也得到了较好的落实。例如，以护理床制造、租赁为主业的大型企业法兰西床通过研究老年人的身体特点，开发出老年人独自一人也能安全、舒适地使用的电动护理床。另外，使用者在选择福利用具服务时，也将服务的质量作为重要参考标准，而不是一味被价格吸引。2009 年的《福利用具租赁价格信息供应系统调查研究事业报告书》显示，在使用者及其家属选择福利用具事务所的理由中，第一位是“护理支援人员的介绍”，第二位是“事务所应对、处理及时”，第三位是“有新品种、新功能的福利用具”，而“租赁价格便宜”仅仅排在第六位。[③] 这表明，在选择福利用具服务时，使用者更重视福利用具服务的内容，并会考虑服务是否适合自身身体状况。

在实行居家养老的社会背景下，以自立支援为目标、提供使用者本位的护理服务，这一理念得到了服务使用者和供给者的认可，最终落实在相关法律中。成文的法条明确了福利用具服务应建立什么样的机制，并为后续机制的不断完善指明了方向。

---

① 「介護保険法」、1997 年。

② 高齢者介護・自立支援システム研究会：「新たな高齢者介護システムの構築を目指して」、1994 年。

③ 一般社団法人シルバーサービス振興会：「福祉用具貸与価格の情報提供システムに関する調査研究事業報告書」、2009 年。

二　良好的环境保障服务供给

家庭、社区和医疗机构是使用护理服务的老年人所处的三种主要社会场所，日本政府通过出台相应措施，打造便于使用福利用具的良好环境，为福利用具服务的供给创造外部条件。

首先，家庭是老年人直接使用福利用具的场所，家庭环境直接影响福利用具服务的效果。然而，对老年人来说传统的日式建筑存在楼梯多、走廊和楼梯较窄等隐患，不利于安全地使用福利用具。为解决这一问题，护理保险制度将住宅改修纳入保险支付范围内。支付限额为每人一生 20 万日元，病情加重时（护理认定等级上升至 3 级时）、搬家时可以再次获得支付限额为最高 20 万日元的援助。被保险者可以利用这一服务来安装扶手、清除台阶等，创造出一个适合使用福利用具的居住环境。铃木晃曾指出："进行住宅改造和配备福利用具之后的居住环境本身就具有自立支援的意义。"[①] 随着家庭这一居住环境的改善，轮椅等福利用具的使用更加方便，老年人的移动更加自由，外出的意愿也愈发强烈。此外，有了合适的居住环境，老人就可以减轻"被照顾"的负罪感，随时上厕所、吃饭，人的基本尊严得到充分维护，也会对生活产生更多希望。

其次，老人要想在家里使用福利用具服务，除了合适的家庭环境外，还离不开所在社区的帮助。在福利用具服务机制中，产品在供应前须进行评估。评估是指综合考虑功能障碍者需要完成的活动及身体与心理状态、环境与政策等因素，为其选择合适的产品种类，并确定可获得的支持经费。[②] 而承担评估工作的就是使用者所在社区的居家护理支援事务所，具体工作人员则是护理支援人员。2014 年，日本政府对《护理保险法》进行修改，从强化保险者功能的目的出发，规定从 2018 年 4 月 1 日起护理支援

① 鈴木晃：「自立支援としての住環境整備の課題―介護保険制度の見直しを機会に　住宅改修には専門職が目的の妥当性や達成度、生活の質の改善度等を客観的に評価する視点が必要」.『GPnet』第 53 巻第 2 号：第 13—18 頁。

② 魏晨婧等：《日本辅助器具社会保障政策研究》，《中国康复理论与实践》2021 年第 8 期：第 900—907 页。

人员的指定权限从都道府县移交市町村（政令指定市、核心市除外）。[①] 此外，根据地方提案，日本政府决定自 2018 年起将指定护理支援人员的相关权限转移到其工作的城市。[②] 市町村作为保险者，对所管理地区被保险者的相关信息最为了解。随着权限的转移，市町村可以更好地把握所辖地区老年人的需求并有针对性地进行应对。因此，市町村的功能得到强化，有助于老年人在习惯的地区实现自立生活。

最后，万一老人身体状况恶化或患上急性疾病，单纯依靠家庭护理已经无法应对，老人必须接受住院治疗。在这种情况下，医疗机构与福利用具服务之间产生了联系。关于医疗机构福利用具服务的现状，日本作业疗法士协会指出，医院配备的福利用具的种类和功能较少，常常无法挑选出适合使用者身体状况的用具。另外，在选择福利用具时，具备专业知识和技术的康复人员应该积极参与其中，但现状却是专业康复人员并没有过多参与福利用具的使用过程。[③] 为此，日本作业疗法士协会开展了关于如何有效引进并运用福利用具的实证研究工作，认为应在医院内组建由多种专业人员构成的护理团队，由专业护理人员参与，以租赁的方式为每位使用者提供合适的福利用具。[④]

在当今日本提倡居家养老的背景下，医疗机构为福利用具的使用提供了一个过渡的场所。老人在医疗机构接受专业治疗和福利用具的辅助治疗，身体状况好转，达到居家疗养的标准后，福利用具的使用场所便随之变换为家庭。从患者的角度来看，向医疗机构租借福利用具，不仅自身多样化的需求得到满足，并且在出院回家后可以继续使用福利用具。这样一来，即使环境发生变化，福利用具服务的效果依然能够得到保障，从而实现了自立支援的连贯性。

---

① 「地域における医療及び介護の総合的な確保を推進するための関係法律の整備等に関する法律」、2014 年。

② 社会保障審議会介護給付費分科会：「第 143 回社会保障審議会介護給付費分科会資料」、2017 年。

③ 一般社団法人日本作業療法士協会：「自立支援促進に向けた福祉用具活用のあり方調査報告書」、2012 年。

④ 一般社団法人日本作業療法士協会：「リハビリテーション専門職による福祉用具の効果的な導入・運用に関する実証研究事業報告書」、2013 年。

整体上看，日本政府能够从使用者的角度出发，及时出台配套措施完善福利用具的主要使用环境。政策先行搭建机制框架，根据实际情况不断填补缺失内容，在此背景下，福利用具服务机制运行的客观环境得以稳定。

三　互动协作供给服务

1. 家庭中福利用具服务的供给模式

在提倡居家养老的社会环境下，老年人只需借助所在社区的力量，即可通过租赁或购买的方式在家中使用福利用具。在福利用具服务提供的过程中，社区一侧形成了护理支援人员主导、福利用具事务所协助的特色模式。

如图 1 所示，护理支援人员的主导地位主要体现在服务供给前的准备阶段。首先，在评估阶段，护理支援人员在详细收集使用者的信息后，确认使用者的状态，制定护理计划，计划内包含护理服务的内容、目标等。其次，护理支援人员召集使用者及其家人、福利用具咨询员和其他相关人员，召开服务负责人会议。通过会议，使用者、家属和不同专业人员进行交流，共享信息，讨论护理计划和福利用具服务计划的内容。服务负责人会议是护理团队会聚一堂的唯一机会，对于团队合作来说至关重要。之后，护理支援人员将护理计划和福利用具服务计划交给使用者和福利用具咨询员。接下来，福利用具事务所将按计划提供福利用具服务。

福利用具事务所除了提供福利用具外，还需要协助护理支援人员的工作。相关标准规定福利用具咨询员有义务根据护理计划单独制定福利用具服务计划。[①] 因此，其需与护理支援人员开展密切合作，获取使用者的相关信息。此外，在按计划提供福利用具后，福利用具咨询员要及时掌握福利用具的使用情况、使用者的身心状态等，并根据变化维护或调整福利用具，及时向护理支援人员告知情况，以便其调整护理计划。

由此可见，福利用具服务的供给是通过使用者和供给者的相互作用和信息共享来实现的。使用者不再处于“弱者”地位、被动地接受援助，而是可以主动地选择福利用具。为了让使用者在熟悉的家庭环境中更好地实

① 厚生労働省：「指定居宅サービス等の事業の人員、設備及び運営に関する基準（平成十一年厚生省令第三十七号）」、1999 年。

现自立生活，社区中以护理支援人员为中心的服务供给者展开合作，进行交流，着力为使用者提供合适的福利用具。

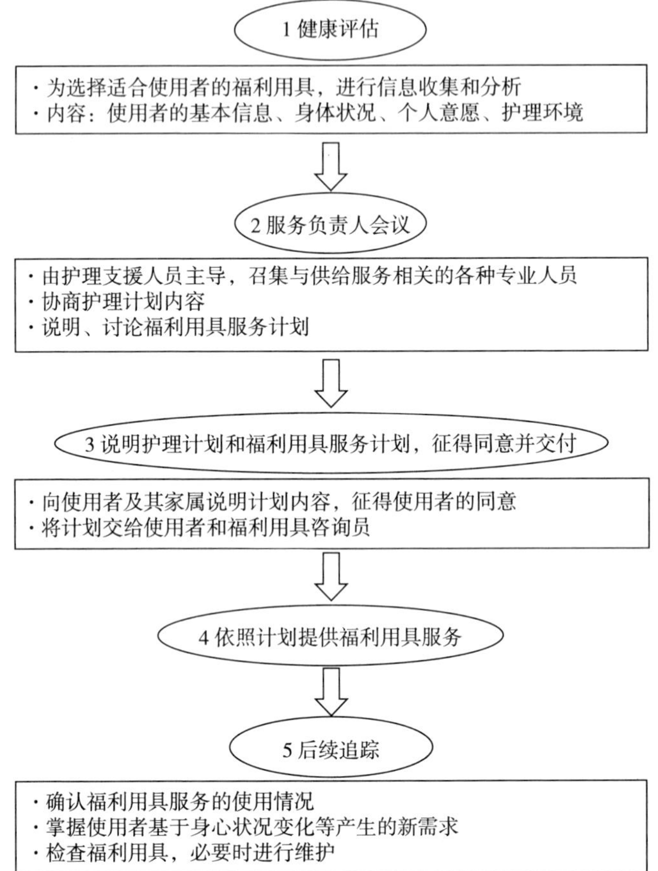

图 1　家庭中福利用具服务的供给模式

资料来源：一般社团法人全国福祉用具専門相談員協会：「福祉用具サービス計画作成ガイドライン」、2014 年。

2. 出院前后福利用具服务的供给模式

对于老年人来说，在环境发生变化时，通过继续使用福利用具来维持和提高身体机能是非常必要的。为此，日本作业疗法士协会提出，通过医疗和护理的合作，建立有利于实现自立支援的福利用具使用模式。具体来说，在医疗机构内部，主要以租赁方式向患者提供福利用具，建立以护士为首的多种专业人员的合作关系，由专业康复人员负责福利用具的导入、使用及管理。此外，在使用者出院时，专业康复人员还将与护理支援人员、福利用具出租业者合作，继续营造适合福利用具使用的良好环境。①

从图 2 可以看出，由于患者的流动性很强，医疗机构主要以租赁的方式导入福利用具。专业康复人员运用专业知识，负责福利用具的导入和使用。据此可以推断，医疗机构中福利用具和患者之间的匹配度应该要高于家庭。使用者出院时，护理支援人员再次发挥主导作用，召集使用者、家属、医生、专业康复人员、福利用具咨询员等，召开出院会议。由于使用者已经住院接受治疗，需要护理的程度较高，医生和专业康复人员有必要参加出院会议，向护理支援人员提供专业意见。出院会议为使用者和护理团队提供了共享信息、交换意见的机会，与服务负责人会议发挥着相同的作用。会后，护理支援人员参考会上提出的意见制定护理计划。基于护理计划，福利用具咨询员制定福利用具服务计划，并根据计划提供福利用具。

这一供给模式确保了住院期间和出院后福利用具使用的连续性，实现了自立支援的连贯性。通过护理支援人员主导的出院会议，医疗机构、社区、家庭这三个与福利用具相关的场所产生了相互联系。其中，社区很好地发挥了衔接作用，将福利用具顺利地从医疗机构过渡到家庭中。这样一来，即使环境发生变化，使用者也可以不间断地使用合适的福利用具。这对于持续支援使用者具有重要意义。

可以看出，日本福利用具服务的供给机制不仅适用于家庭，还能够较好地避免场所变化导致的服务供应中断问题。在这一机制的两种模式中，社区均扮演了主要角色，以护理支援人员为核心的服务负责人会议和出院会议促成了使用者和供给者的互动。这是服务供给环节中最具特色的内容，也是提供使用者本位服务的关键所在。

四　通过间接措施提高服务质量

日本政府出台的政策措施并非仅限于福利用具服务的直接使用环境和

① 公益社团法人全国国民健康保険診療施設協議会：「介護保険における福祉用具サービスをシームレスに提供するために必要な方策に関する調査研究事業　報告書」、2016 年。

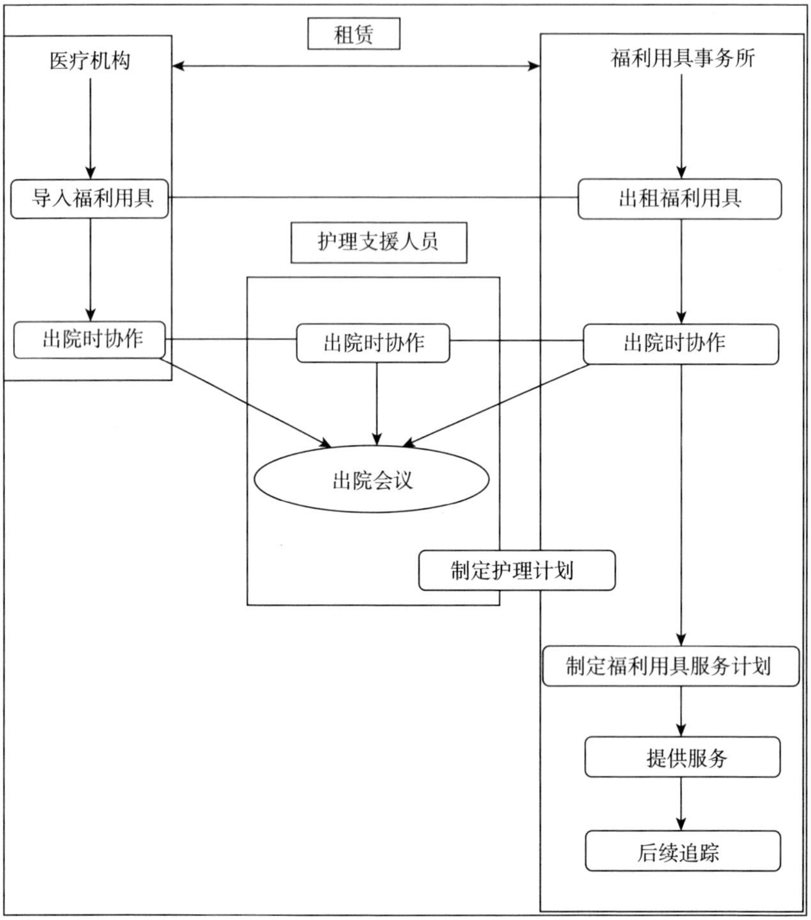

租赁
医疗机构
福利用具事务所
导入福利用具
出租福利用具
护理支援人员
出院时协作
出院时协作
出院时协作
出院会议
制定护理计划
制定福利用具服务计划
提供服务
后续追踪

图 2　出院前后福利用具服务的供给模式

资料来源：一般社团法人日本作業療法士協会：「医療・介護連携に向けた福祉用具導入マニュアル」、2014 年。

供给模式。通过完善与服务产品供给间接相关的环节，也可使整个机制的结构趋向合理。

1. 开展家庭护理人员支援事业

如前所述，家庭是老年人使用福利用具最重要的场所。在家庭中，福利用具的合理使用可以减轻家人的护理负担。与此相对应，福利用具的有效使用也离不开家人的配合。然而，少子高龄化导致护理需求持续增加，加之核心家庭化发展、女性积极参与社会等因素的影响，仅靠家庭难以应对护理需求。毋庸置疑，家庭护理人员也承受着沉重的护理负担。2018 年厚生劳动省的调查显示，关于家庭护理人员的护理负担程度，在精神上、身体上、经济上感到负担的人均在四成以上，比例较高。[①] 另外，在帮助老年人使用福利用具时，家庭护理人员需要掌握相关的专业知识和技能。为此，日本政府积极出台措施，支援家庭护理人员，提高家庭护理能力。2000 年厚生劳动省公布的《关于实施家庭护理支援特别事业的通知》计划充实对家庭护理人员的支援对策，具体包括家庭护理教室、家庭护理交流、发放护理用品等 6 项内容。[②] 其中，家庭护理教室专门面向家庭护理人员开放，由专业人员提供咨询服务、解疑释惑。这对家庭护理人员来说是学习福利用具相关知识的好地方。例如，在名古屋市综合康复事业团体的家庭护理教室中，有“轻松护理讲座”和“福利用具体验讲座”。家庭护理人员不仅可以免费参会，还能实际接触福利用具，学习福利用具和护理的相关知识。[③] 家庭护理交流则为家庭护理人员提供了融入社会的机会。在交流会上，有共同话题的家庭护理人员聚集在一起，互相排解护理带来的压力和烦恼。家庭护理人员也可以参加一日游，暂时从枯燥的护理生活中解放出来，放松身心。这样，家庭护理人员的人际关系网络得以丰富，生活变得更加多彩。

家庭护理人员支援事业给家庭护理人员创造了一个学习、放松的场所。这一措施虽然并不直接针对使用者，但其家人可以在此学习福利用具的专业知识，缓解护理压力。家庭护理人员的素质提高了，身心状态改善了，回归家庭后就可以更好地帮助老人使用福利用具，进而有助于实现老年人的自立。

2. 构建地区综合支援网络

近年来，日本政府为维护老年人的尊严，使其尽可能在习惯的环境中走到人生的最后阶段，大力推行地区综合支援网络的构建，并取得了一定成效。地区综合支援网络包含“医疗”“护理”“居住”“护理预防”“生活支援”5 个构成要素，它们相互配合、一体供给。地区综合支援网络以老人及

① 厚生労働省:「家族介護者支援マニュアル~介護者本人の人生の支援~」、2018 年。

② 厚生労働省老健局:「家族介護支援特別事業の実施について」、2000 年。

③ 社会福祉法人名古屋市総合リハビリテーション事業団:「楽らく介護講座　個人向け（R5 後期家族介護者教室）」、https://www.nagoya-rehab.or.jp/plaza/1001290/1001402.html。

其家人的意愿为大前提，从这一点也可以看出使用者本位理念的落实。

在地区综合支援网络中，地区综合支援中心作为核心机构发挥了关键作用。设立它的目的包括为所在地区的老年人提供综合咨询和权利保护、建立地区的支援体制等。地区综合支援中心的重要作用之一是搭建信息共享的平台。葛西好美等日本学者的调查结果显示，地区综合支援中心的专业人员能够掌握所管辖地区的居民情况，将支援建立在与居民的信赖关系之上。此外，为了获取地区其他相关机构的信息，更好地管理居民个人信息，地区综合支援中心会定期召开地区护理会议，畅通信息共享的渠道。①

随着地区综合支援网络的构建，福利用具服务与其他的医疗、护理、生活支援服务产生了互动。例如，北海道稚内市的一次地区护理会议就以“福利用具的使用方法和选择方法”为题进行了研讨，并邀请到北海道旭川市的两家福利用具事务所结合实际用具进行说明。② 如此一来，医疗、护理、康复等不同岗位的专业人员得以组成一个护理团队，共享相关信息，制定适合老人的护理管理方案。通过信息共享，在护理的各个阶段，即使专业人员的职业不尽相同，也始终能够根据使用者的身体状况选择合适的福利用具。

3. 提升专业人员能力和素养

福利用具终归只是器具，只有与人力相结合才能成为一项服务。如前所述，日本福利用具服务机制的最大特色便是使用者和供给者之间的互动和信息共享，这就要求服务人员不仅需要拥有专业知识和技能，还需要具备与其他专业人员合作的能力。而日本政府主要通过充实培训课程内容来提高专业人员的能力和素养。

在供给侧，护理支援人员的主导地位贯穿每一环节，这要求其具备过硬的专业能力。日本政府对护理支援人员的培训课程进行了较大的改革，在讲义和实习中均增加了与多职业协作相关的内容。另外，在专业进修课程中，也增设了“福利用具”“康复训练”“老年痴呆症”等课程，进修

---

① 葛西好美など：「地域包括支援センター専門職者による住民の自立支援に向けた多職種との情報共有について」.『東京情報大学研究論集』第 24 巻第 1 号：第 23—30 頁。

② 「地域包括支援センター活動事例集」、北海道公式ホームページ、https://www.pref.hokkaido.lg.jp/hf/khf/houkatuC/tiikihoukatujireishuu.html。

内容变得更加充实。①

另外，自2015年4月起，针对福利用具咨询员的新版培训课程开始实施，其基本方针是，在地区综合支援网络中，培养能够根据福利用具服务计划提供自立支援服务的专业人员。② 而在此之前，并无明文规定福利用具需要单独制定服务计划。培训课程改革之后，通过福利用具服务计划，可以将使用者的身心状态、选择福利用具的理由、使用目标等记录下来，将信息更准确地告知护理支援人员，提升合作效率。

此外，日本作业疗法士协会强调，医疗机构的护士、作业疗法士、理疗师等医疗专业人员需要认识到与其他专业人员进行合作的必要性，适当学习福利用具的基础知识，在实践中与福利用具经营者加强沟通。③

福利用具服务相关专业人员的培训，重点在于丰富专业知识和提高协作能力。培训课程改革后，相关专业人员的能力和素养得到进一步提升，可以为使用者提供更优质的福利用具服务。

五　福利用具服务机制的系统化

如图3所示，可将整个福利用具服务机制视为一个系统。最外层是整体机制的制度保障，《福利用具法》和《护理保险法》设定了机制的整体框架并确定了今后机制完善的方向，法律背后则是居家养老背景下“使用者本位”和“自立支援”的护理服务理念。此外，支援家庭护理人员、提升专业人员能力、构建地区综合支援网络等措施虽然没有直接以使用者为对象，但其从不同角度改善了福利用具服务供给所需的人力资源、地区环境等，最终有利于提升服务的质量。

在服务供给阶段，家庭、社区和医疗机构是直接影响老年人使用福利用具的三个场所。使用者、护理支援人员、福利用具咨询员是福利用具服

① 厚生労働省老健局：「『介護支援専門員資質向上事業の実施について』の一部改正について」、2015年。

② 一般社団法人全国福祉用具専門相談員協会：「福祉用具専門相談員の質の向上に向けた調査研究事業報告書」、2014年。

③ 一般社団法人日本作業療法士協会：「医療・介護連携に向けた福祉用具導入マニュアル」、2014年。

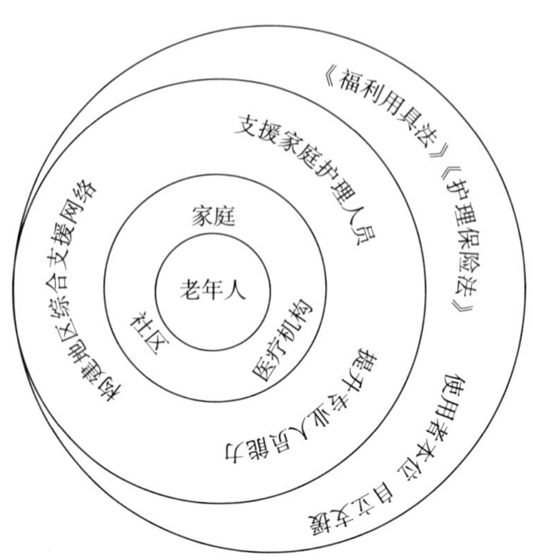

图 3　福利用具服务机制的系统化

资料来源：笔者根据福利用具服务机制自制。

务的三个主体。使用者不再处于“接受援助”的弱势地位，而是拥有选择服务的权利。另外，在供给侧，形成了以护理支援人员为中心，福利用具咨询员、医生、专业康复人员互相协助的服务模式。通过护理支援人员主导的服务负责人会议和出院会议，家庭、社区、医疗机构三个场所之间建立起联系，使用者和供给者之间实现了信息共享和互动合作。在这样的模式下，即使场所发生变化，也能够保障福利用具服务的顺利供应。

当然，这一系统并不是一成不变的，其在时间维度上也会有两点变化。一是政府会及时出台措施，充实内容、弥补不足，使整体系统结构变得更加合理。二是随着福利用具服务的供给，使用者的身心状况会发生变化，护理支援人员、福利用具咨询员、医生等社区和医疗机构的专业人员也会相应调整福利用具服务的内容，保证始终提供适合使用者的服务产品。

结　语

本文主要从政府举措入手，剖析了日本福利用具服务的供给机制。其服务模式的特点是以使用者为中心、以护理支援人员为首的多种专业人员的相互合作，本质是服务的使用者和供给者进行互动和信息共享。

在这一机制中，表层的法律和深层的护理理念保障了机制的平稳运行。如果没有法律的约束力，社会整体也没有形成共同的护理理念，每个人按照自己的意愿进行护理，政府就无法统筹社会资源进行支持，护理效率可能会大打折扣。同理，如果家庭、社区、医疗机构不相互合作，供给者不同使用者进行互动，援助力量就会被削弱，也难以提供适合使用者的服务。因此，率先出台法律，引导落实护理理念，构建互动协作的服务供给模式，这对于我国发展福利用具事业具有借鉴意义。

福利用具服务不仅可以提高使用者的生活质量，也可以减轻护理人员的负担。今后，随着日本少子高龄化的发展，护理需求将不断增长，护理专业人员的缺口较大。日本政府也在考虑将 AI 等先进技术引入福利用具领域。无论如何，福利用具服务离不开人的参与，人的力量和物的功能相结合才能更好地帮助使用者。

日本再婚禁止期制度演变考

魏　敏　张丽萍*

［摘　要］日本再婚禁止期制度自在近代立法中被确立以来，经历了多次变更。1874 年的太政官布告规定，女性在丈夫死亡或离婚后经过 300 日才可以再婚，明治民法将这一期限修改为 6 个月，2015 年日本最高法院的违宪判决推动立法将此期限调整至 100 日。看似简单的数字调整背后反映的是立法目的和保护法益的变化，即立法目的由早期的防止血统混乱转变为现在的避免婚生推定的重复；保护法益由保护后夫的知情权、决定权转变为保护儿童利益。然而，毋庸置疑的是，再婚禁止期限制了女性的再婚自由。在该制度建立近 150 年后的今天，我们有必要厘清这一制度的沿革，为思考如何完善法律上对女性的保护提供视点。

［关键词］日本　再婚禁止期　婚生推定　再婚自由

引　言

日本民法第 733 条第 1 款规定：女子自前婚解除或者撤销之日起，非经 100 日，不得再婚。这段期限被称为再婚禁止期（再婚禁止期間），或被称为待婚期、寡居期，[①] 是一种法定的婚姻障碍。2015 年日本最高法院

* 魏敏，华东政法大学涉外法治研究院副研究员，华东政法大学东亚法史研究所所长，研究领域为外国法律史、中日比较法。张丽萍，华东政法大学法律学院硕士生，研究领域为法律史。

① “待婚期”“寡居期”参见我妻荣、有泉亨　著，夏玉芝　译：《日本民法 · 亲属法》，北京：工商出版社，1996 年：第 48 页。

的违宪判决[①]的颁布推动法务省将明治民法规定的6个月的再婚禁止期改为100日，但此次判决的下达并没有平息日本关于再婚禁止期的争论，反倒再次将其推向高潮。日本学者犬伏由子在评析2015年最高法院判决时表示，最高法院判决的多数意见与政府方针一致，是在综合考虑的基础上对再婚禁止期作出的肯定。[②] 大竹昭裕在《判例研究　再婚禁止期规定的合宪性》一文中表示，即使将再婚禁止期缩短至100日，也不能消除其违宪的嫌疑。[③] 二宫周平认为根本有效的方法是修改民法中的婚生推定规则，没有必要设置再婚禁止期。[④] 藤户敬贵认为围绕再婚禁止期的争论由来已久，期待能以2015年最高法院判决为契机对再婚禁止期制度、婚生推定规则乃至整个家族法展开进一步讨论。[⑤]

虽然日本再婚禁止期制度由来已久，并且该制度自建立以来就备受争议，但我国对该制度的探讨并不多见。[⑥] 本文意在通过回溯该制度的建立和变迁，重新审视该制度的合理性和不足。再婚禁止期在日本经历了从300日到6个月再到100日的变化过程，以下按其立法沿革以及学说观点的转变，分别从三个阶段展开讨论，即明治时期至二战前、二战后至2015年最高法院判决前、2015年最高法院判决以来这三个阶段。

一　明治时期至二战前：立法缘起

1. 1874年太政官布告：300日的再婚禁止期

一般认为日本近现代意义上的再婚禁止期立法始于明治时期，[⑦] 1874

① 平成27年12月16日 最高裁判所大法廷 判決 平成25（オ）1079　損害賠償請求事件。

② 犬伏由子：「判批」.『新・判例解説 Watch 民法（家族法）』第82号：第4頁。

③ 大竹昭裕：「判例研究　再婚禁止期間規定の合憲性」.『青森法政論叢』第17号：第125頁。

④ 二宫周平：「民法改正：婚姻最低年齢・再婚禁止期間の完全撤廃・選択的夫婦別姓」.『国際女性：年報』第32号：第51頁。

⑤ 藤戸敬貴：「再婚禁止期間—短縮と廃止の距離—」.『調査と情報—ISSUE BRIEF—』第894号：第12頁。

⑥ 国内关于再婚禁止期的研究主要见于李姝卉的《推翻"再婚期禁令"的日本女性》一文。

⑦ 参见穂積重遠：『親族法』. 東京：岩波書店、1933年：第285頁。藤戸敬貴：「再婚禁止期間—短縮と廃止の距離—」.『調査と情報—ISSUE BRIEF—』第894号：第1頁。平成27年12月16日 最高裁判所大法廷 判決 平成25（オ）1079　損害賠償請求事件。

年 9 月 29 日的太政官布告规定：女性只有在丈夫死亡或离婚 300 日后才能再婚，但是，如果有两个以上的证人证明女性没有怀上前夫的孩子，则不在此限。[①] 300 日这一期限被认为是在没有法律能够确定孩子父亲的情况下，为了防止孩子父亲身份不明而必须设置的期限。[②] 早在 8 世纪，日本《大宝律令》的户婚律中就有限制寡妇再婚的条款——“居夫之丧期嫁娶者徒二年”，穗积重远认为“制定这一规定是出于道德上的考量。同现行民法（明治民法）具有相同宗旨的规定则始于明治初年”。[③] 故该太政官布告与早期的“居夫丧改嫁条”并无直接关联。彼时《法国民法典》规定了 10 个月的再婚禁止期，[④] 考虑到 1870 年日本在太政官制度局内设立了民法会议，由江藤新平组织大规模翻译《法国民法典》并编纂日本民法的工作，此外江藤新平还要求“误译亦无妨，唯需速译”，甚至提议“我们可以将《法国民法典》中写有法兰西的字样改成帝国或日本”，[⑤] 笔者推测，该太政官布告所规定的再婚禁止期是参照《法国民法典》而制定的一项临时性单行法规，同时 300 日的这一规定也很有可能是参照法国而定。

2. 两种立法方案：4 个月与 6 个月之争

日本的 1890 年旧民法与 1898 年明治民法都保留了再婚禁止期，并且其立法目的都是防止血统混乱。[⑥] 但在旧民法与明治民法的制定过程中，立法者对期限的设置多有讨论，主要存在 4 个月和 6 个月两种立法方案。

1888 年旧民法第一草案人事编第 42 条与 1890 年旧民法再调查案人事编均规定了 4 个月的再婚禁止期，即“除丈夫失踪的情形外，女子在前婚解除后 4 个月内不得再婚，这一禁令自其分娩之日起停止”。旧民法草案

---

① 参见藤戸敬貴：「再婚禁止期間—短縮と廃止の距離—」.『調査と情報—ISSUE BRIEF—』第 894 号：第 1 頁。

② 渡辺泰彦：「再婚禁止期間の再検討」.『同志社法学』第 49 巻第 6 号：第 128 頁。

③ 穂積重遠：『親族法』. 東京：岩波書店、1933 年：第 285 頁。

④ 1804 年《法国民法典》第 228 条规定：妇女在前婚解除后未满 10 个月不得再婚。

⑤ 参见渠涛：《日本民法编纂及学说继受的历史回顾》，《环球法律评论》2001 年第 3 期：第 273 页。

⑥ 熊野敏三、岸本辰雄：『民法正義　人事編　巻之壹（上下）』. 東京：新法註釈会、1890 年：第 157 頁；梅謙次郎：『民法要義　巻之四　親族編』. 東京：和佛法律學校、1902 年：第 91 頁。

人事编理由书对缩短至 4 个月的做法作出了解释：怀胎分娩的最长期限为 300 日，最短为 180 日，若妇女在离婚 4 个月后再怀胎，所生之子就不会在离婚后 300 日内出生，也就不会被认定为前夫之子。[①] 也就是说，就法律层面而言，女性在离婚 4 个月后再结婚就可以避免再婚后出生的孩子被认定为前夫之子。

要理解这一制度还需要综合考虑日本婚生推定规则所采取的怀胎主义。旧民法第 91 条将婚生推定规则规定如下：婚姻中怀胎之子为夫之子。在结婚仪式举办 180 日后以及在丈夫死亡或离婚后 300 日内出生的孩子被推定为在婚姻存续期间内受孕。[②] 根据该推定规则，在结婚 180 日后出生的孩子为现任丈夫之子，婚姻解除后 300 日内出生的孩子会被推定为前夫之子。在女性再婚时，如果不设再婚禁止期，且女性离婚后第 2 日就结婚，就会出现再婚 180 日后出生的孩子的父亲应该如何推定的问题。怀胎分娩的最短期限是 180 日，超过 180 日，在没有遗传基因鉴定技术的时代，很难判定究竟谁是孩子的父亲。设置 4 个月的再婚禁止期，这一婚生推定规则就可以有效运用。4 个月加上 180 日就超过 300 日，也就避免了“婚姻解除后 300 日内”这一前夫之子推定和“结婚仪式举办 180 日后”这一现任丈夫之子推定的重复。因此，民法起草专家们认为设置 4 个月的再婚禁止期就可以避免血统混乱，避免婚生推定的重复。

而在 1890 年公布的旧民法中，再婚禁止期又被规定为 6 个月，[③] 熊野敏三、岸本辰雄合著的《民法正义》一书对这一立法规定作了详细注释：这项禁令的立法目的是为了避免血统混乱，如果妇女在前婚解除后可以立即再婚，将无法确定解除婚姻后 300 日内出生的孩子的血统，为了防止此种不便，法律禁止再婚，期限为 6 个月。如果仅设立 4 个月的期限，会出

---

① 『民法草案人事編理由書　上卷』（出版社与出版年不明）：第 43 頁、https://www.wul.waseda.ac.jp/kotenseki/html/i14/i14_a2673/index.html。

② 旧民法第一草案中的婚生推定规则在第 149 条与 150 条。第 149 条：“婚姻中ニ懐胎シタル子ハ夫ノ子ト推測ス。”第 150 条：“婚姻ノ公式ヨリ百八十日後婚姻ノ解離ヨリ三百日内ニ生レタル子ハ婚姻中ニ懐胎シタル者ト推測ス此期間ハ時ヲ以テ計算ス。”此种计算方式与正式颁布的旧民法的条文相同，为方便理解，文中列举正式颁布的旧民法的婚生推定规则条文。

③ 1890 年旧民法第 32 条规定：除丈夫失踪导致的离婚外，女性在前婚解除后的 6 个月内不得再婚，这一禁令自其分娩之日起停止。

现女性再婚后生下前夫之子的情况，而且在怀胎6个月前无法准确诊断出是否怀胎。[①]

旧民法由于日本的“民法论战”未能施行，1898年明治民法在旧民法规定的基础上同样采取了6个月的立法方案，明治民法第767条规定：女子非自解除前婚或撤销前婚之日起经过6个月者，不得再婚；女子于解除前婚或撤销前婚之前已怀胎者，自分娩之日起，不适用前项规定。相比于旧民法的规定，明治民法将适用范围扩展至“撤销前婚”的情况并删去了丈夫失踪的例外情形，使得再婚禁止期的例外情形只包括女性分娩这一情况。在1895年第139次法典调查会上，立法者在参照先前立法与各国立法的基础上对这一制度展开了详细讨论，梅谦次郎就6个月的立法方案主要发表了以下两个观点。

其一，关于立法目的。梅谦次郎认为日本家族血统是一个非常严肃的问题，再婚禁止期的立法目的有两重，一重是防止血统混乱、出现婚生推定的重复；另一重是确保前夫之子不会在后婚婚姻中出生。[②]

其二，关于设置6个月的期限的立法考量。梅谦次郎解释说，6个月的期限是听取专家建议后确定的，只有在怀胎6个月后医生才能准确诊断出是否怀胎，这样就不会出现后夫在不知情的情况下与女性结婚的问题。[③]旧民法第一草案中拟定的4个月再婚禁止期在理论上可以防止婚生推定的重复，但是后夫不会想与怀有前夫之子的妇女结婚，因此设置6个月的期限对后夫来说是有必要的。[④] 另外，梅谦次郎认为太政官布告规定的300日的期限过长，不利于法律的施行，容易出现非法婚姻。[⑤]

---

① 参见熊野敏三、岸本辰雄：『民法正義　人事編　巻之壹（上下）』. 東京：新法註釈会、1890年：第157—158頁。

② 参见法典調查会　編：『民法議事速記録：明治二十七年四月六日起　第46卷』. 東京：日本学術振興会、1937年：第99—102頁。

③ 参见法典調查会　編：『民法議事速記録：明治二十七年四月六日起　第46卷』. 東京：日本学術振興会、1937年：第99—102頁。

④ 参见法典調查会　編：『民法議事速記録：明治二十七年四月六日起　第46卷』. 東京：日本学術振興会、1937年：第102—103頁。

⑤ 参见法典調查会　編：『民法議事速記録：明治二十七年四月六日起　第46卷』. 東京：日本学術振興会、1937年：第102—103頁。

此外，在该调查会的讨论中，穗积八束针对该立法提出了他的解读和疑问：根据法律规定，如果孩子在离婚后第 3 个月或第 4 个月出生，则女性可以在孩子出生的第 2 日再婚；女性在离婚后满 6 个月即可再婚，即使她还处于怀胎状态，6 个月是怀胎的最短周期，而从确保前夫之子不会在后婚婚姻中出生的目的来看，只有那些在 10 个月内经医生诊断没有怀胎迹象的人，才应该被允许再婚。梅谦次郎对此回答道：6 个月后，可以从外界知道女性是否怀胎，如果后夫知道这一点并愿意接受这个孩子，这当然是可以的。[①] 从梅谦次郎的解释中可以看出，虽然 6 个月的时间不足以防止前夫之子在后婚婚姻中出生，但是 6 个月的时间足以让男性知晓女性是否怀胎，该立法倾向于保护后夫的知情权、决定权。

同时值得注意的是，梅谦次郎在《民法要义》中否认了其背后蕴藏的伦理考量：虽然是为了避免血统混乱，但太政官布告规定的 300 日的期限过长，法国和其他欧洲国家多规定为 300 日，这是出于伦理上的考量，即认为在丈夫死亡后立即再婚是不道德的，这和日本古代《大宝律令》中的居夫丧改嫁条对丈夫死后改嫁者进行惩罚的精神是相同的，然而近代法律为该制度增加了一些例外条款，如允许女性在有未怀胎的诊断证明的情况下以及分娩后不用遵守，这种例外条款说明，立法的唯一目的是避免血统混乱，6 个月和 10 个月的再婚禁止期有明显的伦理差异。[②] 从梅谦次郎的这段注释可以看出，梅谦次郎强调该规定与日本早期的限制寡妇再婚的“居夫丧改嫁条”有明显差异，立法者在立法时有过深入的考量，明治民法规定的再婚禁止期并不是对法国条款的照搬，而是在考察欧洲各国和日本历史制度后制定的一条全新的、具有近代意义的法条。

3. 明治民法颁布后学界的观点

明治民法颁布后，很多学者认同了 6 个月的再婚禁止期存在的必要性，并且对防止血统混乱造成婚生推定的重复这一立法目的也表示了赞同。和

① 参见法典調查会　編：『民法議事速記錄：明治二十七年四月六日起　第 46 卷』. 東京：日本学術振興会、1937 年：第 104—105 頁。

② 参见梅謙次郎：『民法要義　卷之四　親族編』. 東京：和佛法律學校、1902 年：第 92—93 頁。

田于一认为，100 日[①]或 101 日的规定过于精确，而个体怀胎时间长短不一，为了留有余地，日本民法规定再婚禁止期为 6 个月，在这方面日本的立法优于德国、法国、荷兰和瑞士；[②] 药师寺志光表示，从道义的角度来看怀着前夫的孩子再婚是不可接受的，所以寡居期要一直持续到孩子出生，从孩子出生那一天开始可以再婚。[③] 同时还有学者强调再婚禁止期并不是出于伦理考量而制定的，如穗积重远认为立法目的不是基于道德方面的考量，而是为了防止血统混乱，在前后婚之间设置一定的间隔。[④] 牧野菊之助认为立法目的完全不是基于古代将妇女过早再婚视为不贞的德义观念。[⑤]

在明治民法制定之后的几十年里，还出现了其他批判性观点，如栗生武夫认为应将再婚禁止期的起算点定在与前夫事实上结束同居的日子，以便让妇女尽快再婚；在妇女违反法律缔结后婚时，也不应影响婚姻效力的发生。[⑥] 中川善之助主张扩大例外适用范围，女性在丈夫失踪（因丈夫生死不明三年以上而被判决离婚的）、被证实没有怀胎并经家庭法院许可的情况下，可不适用 6 个月的再婚禁止期的规定。此外，中川认为再婚禁止期内成立的婚姻（因官吏的失误而登记成立的婚姻）不应该被撤销，“这并不会干扰婚姻本身”。[⑦] 以上批判性观点集中在三个方面：再婚禁止期制度的起算点、扩大例外适用范围，以及不将再婚禁止期视为可撤销婚姻的要素。

---

① 明治民法对旧民法的婚生推定规则作了改动，明治民法第 820 条规定：妻子在婚姻中怀胎的子女，推定为丈夫的子女；自婚姻成立之日起 200 日后，或者自婚姻解除或者撤销之日起 300 日内出生的子女，推定为在婚姻中已怀胎。婚姻取消 300 日内所生孩子为前夫之子，再婚 200 日后所生之子为后夫之子，假设女性在与前夫离婚当日立即再婚，则会有一个 100 日的重复期。根据该婚生推定规则，如果是为了避免重复推定，将再婚禁止期规定为 100 日即可，新规与旧民法规定相比，重复期由 4 个月改为了 100 日。

② 和田于一：『婚姻法論』. 大阪：大阪厳松堂、1925 年：第 145 頁。转引自渡辺泰彦：「再婚禁止期間の再検討」.『同志社法学』第 49 卷第 6 号：第 227 頁。

③ 薬師寺志光：『日本親族法論 上卷』. 東京：南郊社、1939 年：第 383 頁。转引自渡辺泰彦：「再婚禁止期間の再検討」.『同志社法学』第 49 卷第 6 号：第 227 頁。

④ 穗積重遠：『親族法』. 東京：岩波書店、1933 年：第 284—285 頁。

⑤ 牧野菊之助：『日本親族法論』. 東京：法政大学、1915 年：第 212 頁。转引自渡辺泰彦：「再婚禁止期間の再検討」.『同志社法学』第 49 卷第 6 号：第 227 頁。

⑥ 栗生武夫：『婚姻立法における二主義の抗争』. 京都：弘文堂書房、1928 年：第 101 頁。

⑦ 参见渡辺泰彦：「再婚禁止期間の再検討」.『同志社法学』第 49 卷第 6 号：第 230—231 頁。

另外，也存在主张废除的观点，谷口知平是二战前唯一主张废除再婚禁止期制度的学者，认为再婚禁止期不能防止事实上的再婚，事实上它阻止了合法的再婚，使孩子成为私生子，因此应该废除，在发生婚生推定重复时，由法院确定孩子的父亲。[①] 不过这种主张废除的观点在当时并没有引起波澜，在当时的医疗水平下，法院无法准确地确定孩子的父亲，所以主张让法院确定孩子的父亲的观点并没有得到支持。明治民法颁布后，尽管有学者对再婚禁止期的具体规定提出异议、存在批判性观点，但是这一制度的存在本身得到了立法界和学界的绝大多数认可。

从上述研究来看，明治民法出于防止血统混乱以及防止前夫之子在后婚婚姻中出生的双重目的，禁止女性在一定期限内再婚以避免后婚纠纷。尽管在立法时并未考量伦理道德因素，但这一规定中蕴含了对女性再婚自由的限制，侧重保护男性的知情权和决定权。

二　二战后至2015年最高法院判决前：存废之争渐起

1. 1947年民法的修改

日本战后全面修订法律，宪法作为根本大法，呈现出全新的面貌。宪法第14条规定了性别平等：全体国民在政治、经济或社会关系中均享有平等，不得因种族、信仰、性别、社会地位或背景而受到歧视。宪法还在第24条规定了家庭生活中的个人尊严和两性平等：婚姻仅以两性的自愿结合为基础而成立，以夫妇平等权力为根本，必须在相互协力之下予以维持。关于选择配偶、财产权、继承、选择居所、离婚以及婚姻和家庭等其他有关事项的法律，必须以尊重个人的尊严与两性本质上的平等为基础制定之。基于这两条规定，日本对明治民法中的亲属编、继承编进行了大幅修改，带有浓厚封建色彩的户主制度和家制度需要被废除。而在这次修改中，6个月的再婚禁止期被延续了下来，规定在民法第733条中：女子自前婚解除或者撤销之日起，非经六个月，不得再婚；女子于前婚解除或者

① 参见渡辺泰彦：「再婚禁止期間の再検討」.『同志社法学』第49巻第6号：第230—231頁。

撤销前怀胎时，自其分娩日起，不适用前款规定。除了条文变得口语化以外，其他内容与 1898 年明治民法的规定无异。日本当局称，未修改的理由为“其修改工作没有得到充分的讨论时间，与宪法无抵触的规定维持不变”。在国会讨论民法的修改时，政府专员奥野健一表示再婚禁止期有伦理道德上的考虑，但又称该条款最主要的目的还是避免血统混乱，避免无法判断再婚所生的孩子是前夫的孩子还是后夫的孩子。[①]

2. 二战后的三种学说

随着新宪法的颁布、医疗科技的进步以及婚姻观念的转变，20 世纪后期，学界关于再婚禁止期的观点开始转变，主要可以划分为三种学说，即维持说（6 个月）、废除说与缩短说（100 日）。

维持说认为应当维持 6 个月的再婚禁止期，如大森政辅认为 100 日左右很难从外部判断是否怀胎，有可能在不知道怀胎的情况下再婚，因此为防止由此产生的后婚纠纷、保护后夫的利益，有必要维持 6 个月的再婚禁止期。[②] 泷泽聿代认为 6 个月的再婚禁止期是日本自明治民法以来的传统，可视为一种民族伦理。[③] 维持说的理由大致与明治民法立法者的考量相同。

废除说主张废除再婚禁止期制度，这一学说在二战后得到了中川善之助、谷口知平、福地阳子、我妻荣、中川淳等很多学者的支持，而且很多学者的态度由先前的认同转变为支持废除。谷口知平是二战前唯一主张废除的学者，他表示二战后要继续主张。中川善之助的观点由二战前的要求修改转变为要求废除。穗积重远与我妻荣的观点与先前相比发生了转变，穗积重远对二战后民法的修订工作发表了意见，认为可以接受废除再婚禁止期制度；我妻荣的立场由修正民法时的认可（“这是婚生推定的问题……不违反男女平等”）转变为支持废除（“废除再婚禁止期的限制会

① 参见最高裁判所事務総局　編：『民法改正に関する国会関係資料』. 東京：最高裁判所事務総局、1953 年：第 160 頁。

② 林良平、大森政輔　編：『注解判例民法 4（親族法・相続法）』. 東京：青林書院、1992 年：第 47 頁。加藤英世、松村弓彦：「再婚禁止期間」.『法律のひろば』第 49 巻第 6 号：第 34 頁。转引自渡辺泰彦：「再婚禁止期間の再検討」.『同志社法学』第 49 巻第 6 号：第 236—237 頁。

③ 滝沢聿代：「民法改正要綱試案の問題点　上」.『法律時報』第 66 巻第 12 号：第 75 頁。渡辺泰彦：「再婚禁止期間の再検討」.『同志社法学』第 49 巻第 6 号：第 237 頁。

更明智”)。[①]

支持废除说的理由主要如下：其一，禁止女性法律上的再婚并不能阻止事实上的再婚关系，“真正需要的是事实上的间隔”,[②] 这一点在二战前就有学者提起过；其二，为了避免罕见的婚生推定的重复，禁止女性在一定期限内再婚是不合理的；[③] 其三，女性可能怀上丈夫以外的男人的孩子；[④] 其四，再婚禁止期背后隐藏着传统父权思想的控制，是父系血统主义的表现。加藤美穗子认为，“在6个月的禁止期的规定中可以看到家长式意识的存在，在旧民法和明治民法的理性目标外增加了一个男性保护目标”。中川善之助认为：理论上和实际上都不可取的再婚禁止期制度之所以没有受到太多指责，根源在于不赞成寡妇再婚的父权思想，当然这种意识在今天不会占据支配地位，但是在人们习惯性思维的深处，存在着这种家长制，即使没有被意识到，我猜想这一点很容易被婚生推定冲突的简单计算所遮蔽，从而使人们对女性再婚的时间限制没有感到丝毫不妥。[⑤] 同时，中川善之助反对撤销再婚禁止期内缔结的婚姻，“关于再婚禁止期内缔结的婚姻可以被撤销的规定，即使宣布婚姻被撤销，也不能避免婚生推定重复的冲突，这种撤销仍然具有一种报复的意味，是对女性提前再婚的一种惩罚。”[⑥] 能够看出，尽管明治民法立法者否认了再婚禁止期背后的伦理考量，但是这一对父权制思想的批判，成为废除说的重要理论支撑。

缩短说认为再婚禁止期的目的是避免婚生推定的重复、维持后婚稳

① 参见藤戸敬貴:「再婚禁止期間—短縮と廃止の距離—」.『調査と情報—ISSUE BRIEF—』第894号：第4頁。

② 中川善之助:『新訂親族法』. 東京：青林書院新社、1968年：第175頁。转引自渡辺泰彦:「再婚禁止期間の再検討」.『同志社法学』第49巻第6号：第244頁。

③ 加藤美穂子:「再婚制限廃止への一試論」.『法学新報』第83巻第10・11・12号：第336—337頁。

④ 藤戸敬貴:「再婚禁止期間—短縮と廃止の距離—」.『調査と情報—ISSUE BRIEF—』第894号：第4頁。

⑤ 中川善之助:『新訂親族法』. 東京：青林書院新社、1968年：第175頁。转引自渡辺泰彦:「再婚禁止期間の再検討」.『同志社法学』第49巻第6号：第243頁。

⑥ 中川善之助:『新訂親族法』. 東京：青林書院新社、1968年：第175頁。转引自渡辺泰彦:「再婚禁止期間の再検討」.『同志社法学』第49巻第6号：第243頁。

定，但根据民法第 772 条[①]婚生推定规则，设置 100 日的时间长度即可。主要理由如下。其一，再婚禁止期制度有其存在合理性，如久贵忠彦认为“再婚肯定会引发婚生推定重复的冲突，需要回答谁是孩子的父亲这一问题”，“考虑到孩子的福祉，应尽可能地防止亲子关系的模糊性，再婚禁止期具有阻止提前再婚的作用”，“男女具有肉体和生理上的差异，这种针对性做法是妥当的，将其直接认定为违反男女平等原则是不可取的”。其二，超过 100 日的部分并不合理，“鉴于现代医学的水平与明治时期有很大的不同，以及社会对怀胎分娩的认知的普遍提高，没有必要多加一个时期，超出的这一时期可能涉嫌违宪。”同时，久贵忠彦否定了废除再婚禁止期后发生婚生推定重复时由法院审理的做法，久贵忠彦认为“避免出现疑问、发生纠纷是法律应有的姿态，作为解决对策的这一做法并不妥当，再婚双方（女性和后夫）应理解这一制度，为了即将出生的孩子的幸福，决定再婚应谨慎”。[②] 缩短说肯定了避免婚生推定重复的立法目的，同时认为应将再婚禁止期缩短至保证目的的实现的最低限度（100 日），提议增加与缩短为 100 日相关的法定例外适用情形。

3. 1995 年最高法院判决的司法实践

20 世纪 90 年代的司法实践再次将对这一法律规定的探讨推向了高潮。1988 年 12 月 1 日，日本广岛居民藏本育美与前夫调解离婚。1989 年 3 月 7 日，藏本育美与其后夫藏本正俊提交结婚申请，但该结婚申请因藏本育美还处于再婚禁止期、违反了民法第 733 条的规定而未被受理。于是藏本育美与藏本正俊根据以下两点向法院提出民法第 733 条违宪的诉讼，要求就国会、内阁的立法不作为行为作出国家赔偿：①民法第 733 条再婚禁止期的规定是根据男尊女卑的观念、厌恶女性再婚的父权思想制定的，即使发生婚生推定的重复，也可以通过再婚时的未怀胎证明或者亲子鉴定结果推翻推定结果，故不能以避免婚生推定的重复为由限制女性再婚；②根据民

---

① 民法第 772 条规定：妻子在婚姻中怀胎的子女，推定为丈夫的子女；自婚姻成立之日起 200 日后，或者自婚姻解除或者撤销之日起 300 日内出生的子女，推定为在婚姻中已怀胎。该婚生推定规则与明治民法第 820 条内容相同。

② 久貴忠彦：「再婚禁止期間をめぐって—広島地裁平成 3 年 1 月 28 日判決を契機に—」.『ジュリスト』第 981 号：第 37—39 頁。

法772条的婚生推定规则，100日的再婚禁止期就够了，6个月的再婚禁止期是过度限制。广岛地方法院一审判决认为再婚禁止期是基于男女的生理差异设置的，6个月的时间长度不能被认为不合理；广岛高等法院二审判决再婚禁止期制度合宪，但是不否认缩短至100日的观点并表示要在立法中加以考虑。

但是，日本最高法院却认为民法第733条的立法目的在于“回避婚生推定的重复，于未然时防止围绕父子关系发生争议”，是基于合理理由导致的对男女的不平等的对待，并不违宪。①

在进行司法判决的同时，法务省于1991年在法制审议会民法部会身份法小委员会进行了婚姻制度等的修改审议，并在1996年法制审议会上完成了“修正民法一部分的法律案纲要”，该纲要的要点如下：①消除男女合法婚龄的差别，缩短再婚禁止期；②导入夫妻别姓制度；③夫妻分居5年即视为感情破裂；④婚生子与非婚生子继承份额的平均化等。② 可见法务省这时的倾向为缩短再婚禁止期，但由于日本自民党保守派的反对，这项法案并未向国会提交，而未提交的另一个重要原因就是担心夫妻别姓制度的导入有可能造成家族的崩溃。由于日本各党派的意见各不相同，修改再婚禁止期制度的立法提案在此之后也一直未能成功提交到国会。因此，自明治民法以来，日本再婚禁止期的具体内容基本没有变动，这一情况直至2015年最高法院颁布违宪判决才发生改变。

三　2015年最高法院判决以来：新世纪的转折

1. 时隔20年的司法判决：2015年最高法院判决

6个月的再婚禁止期在日本持续了118年，在缩短与废除的声音交织中，终于在2015年迎来了转折，此次转折的契机是2015年最高法院的违宪判决。该案件的具体事实如下：2006年冈山县女性居民X因家暴开始与丈夫分居，因丈夫不同意离婚，所以提起了离婚诉讼，在分居两年后，2008年丈夫才与之达成离婚诉讼和解。X在分居期间认识了另一名男性并

---

① 平成7年12月5日 最高裁判所第三小法廷 判決 平成4（オ）255 損害賠償。

② 赵立新：《战后日本的民法修改与家制度》，《河北法学》2005年第12期：第123页。

怀上了孩子，但因6个月的再婚禁止期，无法与该男性办理结婚登记。不能及时办理结婚登记，意味着根据民法第772条婚生推定规则，这个孩子要被推定为前夫之子，尽管她与前夫已经分居两年。这件事情给X造成了精神上的痛苦。从2011年8月起，她以再婚禁止期制度存在对女性的歧视为由先后两次向法院提起诉讼要求赔偿。然而，一审法院和二审法院认为再婚禁止期的立法出发点和宗旨是有合理性的，驳回了她的诉讼请求。①

2015年，X将此案诉至日本最高法院，X主张民法第733条中的6个月再婚禁止期规定违反了宪法第14条第1款和第24条第2款的规定，国家没有采取立法措施修改该规定，要求国家对其精神损失进行赔偿。X的上诉代理人作花知志基于以下理由进行申诉：①再婚禁止期制度基于道德理由强制女性寡居，是不合理的，是对女性的歧视，虽然它的立法宗旨是避免婚生推定的重复，但近年来DNA鉴定技术的发展已经使父子关系确定的问题变得容易，只要扩大以确定生父为目的的诉讼②的适用对象等，即可确定父子关系，设立再婚禁止期限制女性婚姻自由的做法没有合理性。②按照民法第772条的规定，只需要考虑这两个期间可能发生重叠的100日，所以再婚禁止期超过100日的部分，从逻辑上看是不合理的，过度限制了女性的婚姻自由。

自再婚禁止期制定以来，女性的婚姻自由权终于被提出，然而，法院的多数观点支持了缩短说，并将立法目的从以前的避免血统混乱、保护后夫利益转变为保护儿童的利益，使再婚禁止期在日本有了继续存在的合理依据。同时，法院否认了伦理考量的影响，认为该制度的立法目的在于防患于未然，避免重复推定女性再婚后出生的孩子的父亲，避免由此产生的父子关系纠纷。法院认为尽早明确父子关系非常重要，出于这样的立法目的而制定的再婚禁止期，其合理性是可以被认同的。尽管科技的进步、DNA鉴定技术的成熟使得可以通过技术的手段来判定父子关系，但是在婚生推定重复期间出生的孩子需要经历诉讼才能确定父亲，其间需要经历一系列审

① 平成24年10月18日 岡山地方裁判所 判決 平成23（ワ）1222 損害賠償請求事件；平成25年4月26日 広島高等裁判所 岡山支部 判決 平成24（ネ）336 損害賠償請求事件。

② 民法第773条规定：对于女子违反第733条第1款（再婚禁止期）的规定、在再婚后进行分娩的情形，在依前条规定（婚生推定规则）不能确定子女的父亲时，由法院确定子女的父亲。

判程序，在审判期间，孩子将处于一种无法确定父亲的状态，对于孩子而言无法确定父亲的状态持续一定时间可能会产生各种影响，故避免婚生推定的重复可以减少这类诉讼，更好地保护孩子利益。由此法院宣布民法第733条第1款中规定的100日的再婚禁止期是有合理依据并且不违反宪法的，而超过100日的部分违反了宪法规定。

不过在此次审判中，最高法院内部也存在强烈的反对意见，反对意见认为再婚禁止期制度本身违宪，应该被废除。山浦善树法官表示，首先，再婚禁止期本身就涉及性别歧视，违反了宪法规定的两性平等条款。随着科技进步，在已经能够利用相对廉价且普遍使用的技术准确确定子女身份的现在，就应该废除只约束女性的再婚禁止期。其次，“避免婚生推定重复，从而防止发生父子关系纠纷，防止血统混乱”的立法目的本身也很不合理，这样的立法目的具有强烈的父权制和封建血统色彩。再婚禁止期的相关历史论述从未声援女性的权利，实施过程也充满了对女性的歧视。再婚禁止期不论是从最初的300日减少至6个月，还是如今可能要减少为100日，这个过程要么维护父亲的权利，要么保护孩子的权利，却鲜有人提出甚至考虑女性的权利。婚生推定重复期间出生的孩子占比很小，很多的女性却会因再婚禁止期制度而受到无端限制。最后，DNA鉴定技术具有高效可靠性，从儿童长期利益出发，短期的父亲不明不会对孩子造成多大的不利影响。利用科学技术来鉴定孩子的真正父亲，才是对孩子最好的保障。[①]

可以看出，再婚禁止期制度的背后涉及的是女性再婚自由、男性的父亲身份利益以及儿童利益保护三方的冲突。尽管女性的再婚自由已经被提上日程，但法益的保护对象并没有向日本女性倾斜，只是由以保护后夫的知情权、决定权为重转向了以保护儿童利益为重。

2. 法务省的立法选择：100日的再婚禁止期

迫于2015年最高法院的违宪判决，法务省开始着手立法的修改工作。此外，针对只限制女性的再婚禁止期制度，联合国消除对妇女歧视委员会于2016年3月7日发表了“最终见解”，认为日本民法中的夫妇同姓、女性离婚后的再婚禁止期等规定属于性别歧视，要求日方尽快修改。就日本

① 平成27年12月16日 最高裁判所大法廷 判決 平成25（オ）1079 損害賠償請求事件。

女性在离婚后面临再婚禁止期，而男性则被允许立即再婚这一立法现状，联合国消除对妇女歧视委员会敦促日本方面完全废除该规定，而不是仅仅缩短女性的再婚禁止期。[①] 2009 年联合国消除对妇女歧视委员会就曾提出同样的修改建议，随着这次严厉劝告的发出，日本法务大臣在记者招待会上表示，对于该委员会的“最终见解”提出的建议，各负责部门将会在慎重讨论的基础上，根据需要妥善处理。[②] 在缩短与废除的声音交织中，法务省最终将民法第 733 条修改如下。女子自前婚解除或者撤销之日起，非经 100 日，不得再婚。前款规定，不适用于下列情形：女子解除或者撤销前婚时未怀胎的情形；女子解除或者撤销前婚后分娩的情形。

此次修改将在日本已有 118 年历史的 6 个月再婚禁止期改为 100 日，同时增加三种例外情况：与前夫再婚；因丈夫生死不明三年以上而被判决离婚；丈夫被宣布失踪后解除婚姻。新规于 2016 年 6 月 7 日正式实施。

在 2016 年 5 月的第 190 次国会（常会）上，法务省围绕修改立法的考量作了解释。

首先，如何应对联合国要求废除的建议以及各国纷纷废除的趋势。[③] 对此，日本法务大臣表示，从优先考虑孩子的观点来看，为了尽早确定孩子父亲、使孩子在出生后就拥有一个稳定的父子关系，100 日再婚禁止期的存在是有必要的。废除该规定的国家，其离婚制度和父子关系确认等相关制度与日本不同，单纯从再婚禁止期制度考察各国废除其的趋势是不妥当的，例如德国、法国要求将一定时间的分居作为离婚的要件，或者在离婚时要求法院参与，因此需要很长一段时间才能走完离婚程序，这样就会大大减少再婚禁止期所要防止发生的父子关系确认纠纷。而日本采取的是协议离婚制度，离婚时不要求法院参与，协议完成便能立即离婚，因此有必要更加慎重地审视再婚禁止期存在的意义。[④]

---

① 佐藤一明：「女性の再婚禁止期間民法 733 条は憲法 14 条、24 条に違反するか」.『日本経大論集』第 46 卷第 1 号：第 66—67 頁。

② 佐藤一明：「女性の再婚禁止期間民法 733 条は憲法 14 条、24 条に違反するか」.『日本経大論集』第 46 卷第 1 号：第 67 頁。

③ 西班牙 1981 年废除，奥地利 1984 年废除，德国 1998 年废除，瑞士 2000 年废除，法国 2005 年废除。参见藤戸敬貴：「再婚禁止期間—短縮と廃止の距離—」.『調査と情報—ISSUE BRIEF—』第 894 号：第 7 頁。

④ 「第 190 回国会参議院法務委員会会議録第 17 号」、2016 年 5 月 31 日。

其次，就再婚禁止期的立法目的，法务省表示，100 日的计算依据是民法第 772 条婚生推定规则，设立宗旨是防患于未然，防止婚生推定的重复，尽早确定法律上的父子关系。[①]

最后，围绕山浦善树法官主张全部违宪并认为可以通过 DNA 鉴定技术尽快确定父子关系的意见，法务省表示应该重新审视明治时代的婚生推定规则，并对婚生推定规则的意义作了解释。法务省认为：民法第 772 条根据一般经验法则推定妻子在婚姻中怀胎的孩子是丈夫的孩子，根据该规定能够提前确定父子关系，能够更好地为孩子谋求利益，200 日与 300 日的数字是在 1898 年明治民法时就确定的，是参考了一般怀胎与生育周期与其他国家婚生推定时间而制定的。如果在通过 DNA 鉴定技术确定血缘上的父亲后再来确定孩子法律上的父亲，那么在孩子法律上的父亲无法确定的时候，孩子的利益无法得到保障。法务大臣表示，尽早确定孩子法律上的父亲非常重要，孩子出生后就需要接受监护、教育、抚养，但负有义务的基本上是孩子的父母。因此，如果孩子的法律父亲不固定，孩子出生时就有可能无法得到稳定的监护、教育、抚养。婚生推定规则使孩子一出生就能够有一个稳定的父子关系，从整体上看婚生推定规则带来的利益是巨大的。[②]

由此可见，法务省的立法解释与 2015 年最高法院判决的多数意见保持一致，基于婚生推定规则，日本选择保留 100 日的再婚禁止期。不过，因婚生推定规则已经暴露出来的弊端，此次会议上，法务大臣也提出今后要对婚生推定的应有状态进行研究。故婚生推定规则在未来的发展趋向将直接决定日本再婚禁止期的存废。

3. 婚生推定规则问题的暴露与再婚禁止期的废除

再婚禁止期制度自明治时期立法之初就与婚生推定规则存在紧密关系，自 2016 年法务省作出立法修改之后，婚生推定的重复问题成为废除再婚禁止期必须要面临的最大现实阻碍。

日本现行的婚生推定规则始于明治民法，这种以外观主义、自然血缘关系为基础的婚生推定规则有利于维护家庭内的和平，可以直接设立稳定的父子关系，具有积极意义，自明治民法规定后在日本民法中一直被保

① 「第 190 回国会衆議院法務委員会会議録第 19 号」、2016 年 5 月 20 日。

② 「第 190 回国会衆議院法務委員会会議録第 19 号」、2016 年 5 月 20 日。

留。尽管法律一直在提升非婚生子女的法律地位、保障其合法利益，但古老的婚生推定规则还是暴露出了新的问题，其问题集中在无户籍儿童、DNA 检测与亲子关系确定，以及代孕所生子女的亲子关系确定等方面。

目前最受关注的就是无户籍儿童问题。根据法务省的调查，截至 2022 年 1 月，日本的无户籍者共有 825 人，其中 70%的人都存在因婚生推定规则而无法取得出生证明的问题。根据婚生推定规则，在离婚后 300 日内出生的孩子，即使孩子生父不是前夫，也将被视作前夫的孩子加入其户籍。即使妇女不愿意将孩子加入前夫的户籍，也只有前夫有权提出婚生子女否认之诉。因此，如果出于家暴等原因妇女并不希望前夫知道她的地址以及孩子的存在，孩子就难以进行户籍登记，而无户籍者在日本会有许多利益无法得到保障，如不能行使选举权、不能申请发放护照、不能在金融机构开设账户等，在升学和就业等场合也会受到不利影响。[①]此外，离婚、再婚的增加，受孕后再婚的夫妻越来越多及辅助生殖技术的出现，都使得日本古老的婚生推定规则饱受诟病。

2019 年 7 月，日本民法（亲子法）委员会召开会议，提出要对亲子法进行审议调查，以及要从无户籍者的立场出发，重新审查婚生推定规则。2022 年 2 月编制的最新的《民法（亲子法）等修改纲要》对婚生推定规则以及再婚禁止期提出了修改方案，认为应将民法第 772 条婚生推定规则修改如下：①妻子在婚姻中怀胎的子女，推定为该婚姻中丈夫的子女。女性在婚前怀胎、婚姻成立后产子作同样推定。②在①的情形下，自婚姻成立之日起 200 日内所生的子女，推定为婚前怀胎；自婚姻成立之日起 200 日后或者自婚姻解除或者撤销之日起 300 日以内出生的子女，推定为婚姻中怀胎。③在①的情形下，女性在怀胎和生子之间有两段以上婚姻的，则推定该子女为最近一段婚姻中丈夫的子女…… [②]由于婚生推定规则涉及的内容过多，对其立法修改的合理性以及实际效用暂不作讨论。但根据该修改方案的第 3 款规定，发生婚生推定重复时，孩子不需要经历一系列的审

---

① 前澤貴子：「民法上の親子関係を考える—嫡出推定・無戸籍問題・DNA 検査・代理出産—」.『調査と情報—ISSUE BRIEF—』第 858 号：第 4 頁。

② 参见法務省：「民法（親子法制）等の改正に関する要綱案」、2022 年 2 月 1 日、https://www. moj. go. jp/shingi1/shingi04900001_00120. html。

判程序就可以被推定为最近一段婚姻中丈夫的子女，也就是说女性再婚后生下的孩子会被直接推定为现任丈夫的孩子。据此立法，婚生推定重复的问题将不复存在，再婚禁止期制度的立法依据就此消失。因此，该纲要在提出修改婚生推定规则后，又提出了再婚禁止期的修改方案，具体如下。“废除再婚禁止期：①删除民法第 733 条。②在删除民法第 733 条的同时，应重新修订以下内容：①民法第 773 条应适用于违反民法第 732 条规定而结婚的妇女在生育时的情况。②删除民法第 744 条第 2 款中有关再婚禁止期的记载。③删除民法第 746 条。”[①]

目前该纲要已经于 2022 年 2 月成功提交给日本法务大臣，并于 2022 年 12 月 10 日在国会获得通过，国会表示将在 2024 年夏天前正式施行。虽然编制该纲要是出于保护儿童利益的考量，目的是解决无户籍儿童的问题，但执行了近一个半世纪的再婚禁止期制度事实上将因此正式失效，日本女性的再婚平等权将得以实现。

结　语

从 1874 年太政官布告规定女性只有在丈夫死亡或离婚 300 日后才能再婚，到 1898 年明治民法出于防止血统混乱以及前夫之子在后婚婚姻中出生的双重目的为女性设置 6 个月的再婚禁止期，再到 1947 年民法的修改对这一制度进行的保留，日本的再婚禁止期自日本近代法诞生之时起就一直存在。在日本近代法史上，它可以被称为“古老”的制度。

随着两性平等观念的兴起以及医疗技术的进步，日本学界开始重新审视再婚禁止期这一制度的合理性，主要存在废除说和缩短说两种批判性的观点。2015 年最高法院违宪判决的颁布促使法务省将 6 个月的再婚禁止期调整为 100 日，同时其立法目的从防止血统混乱转变为避免婚生推定的重复、保护儿童利益。由于婚生推定规则存在固有弊端，日本对婚生推定规则的具体内容作出了调整，推定在婚生推定重复期间出生的孩子为最近一段婚姻中丈夫的子女，随着婚生推定规则的修改，日本再婚禁止期的立法

① 参见法務省：「民法（親子法制）等の改正に関する要綱案」、2022 年 2 月 1 日、https://www.moj.go.jp/shingi1/shingi04900001_00120.html。

依据不复存在。

再婚禁止期制度涉及女性的再婚自由、男性的父亲身份利益、儿童利益保护三方面的冲突，再婚禁止期长度以及立法目的的调整背后体现的是价值判断的变化。明治时期，6 个月的再婚禁止期是为了保护后夫的知情权、决定权，二战后随着新宪法的颁布、女性权利意识的觉醒，批判性观点随之而来，但出于保护儿童利益的考虑，2015 年最高法院仅作出超出 100 日的部分违宪的判决。最新消息显示，再婚禁止期制度将随着婚生推定规则的修改于 2024 年 4 月正式失效。可以说，通过修改婚生推定规则废除再婚禁止期制度是一种非常保守的做法，而且修改过程极其缓慢，不过虽迟未晚，历时近一个半世纪，日本女性的再婚平等权终于将要实现。

动画与科技

从动画《攻壳机动队》看“人”与“技术”的关系

徐思远*

[摘　要] 本文通过对1995年日本动画《攻壳机动队》中特定的内容进行观察分析，尝试找出其中对于“人”和“技术”这两个概念的关系的表达并将这一关系放到现实中，在传统技术和现代技术的框架之下来看这部动画中传达出来的作者对于这一关系的理解。此外，本文还将借助作者想表达的意思，寻找“人”与“技术”在现有关系之外的可能的相处方式。

[关键词] “人”与“技术”　现代技术　共生关系　日本动画

引　言

1995年日本导演押井守将漫画家士郎正宗的漫画作品《攻壳机动队》电影化，在全球引起了长期的热议。直到今天，在谈论人工智能、仿生人或者生命的时候，如果加入了动画这一元素，都会提起这部作品。这部动画除了给观众展现了一个未来高度技术化网络化的人类社会的面貌以外，还通过故事向观众提出了关于人、意识和生命的哲学问题。其独特的视角和叙事方式让它一上映就成为日本动画的经典作品。电影中有一个比较有意思的问题，就是关于人到底怎样才算“人”的质问。这部动画中，“人”是一个模糊的概念，与欧洲传统思想中的定义有着很大的区别。探讨这种与众不同的概念也是本文写作的主要原因。

* 徐思远，德国耶拿大学博士生，研究领域为文化和教育。

1. 核心问题和写作目的

本文的核心问题是：动画《攻壳机动队》中的“人”是什么样的，跟现实中人们对于“人”的认识有什么相似性或者相异性？进一步扩展，它给观众展现出来的“人”的侧写跟现代科技的关系又是怎样的？

自 16 世纪、17 世纪至今，随着几次科技革命，欧洲的科技研究水平发生了几何级数式的飞跃。这不仅仅让“自然”这个原本属于造物主的领域变成了可以被量化的“物”，催生了“人”与“自然”的对立性，也动摇了“人”在西方传统思想中的神圣地位，使其失去了灵性，变成了“物”。此外，人类通过使用技术制造机械为自己服务，催生了一个新的对立性：“人”与“机械”。[①] 从这种对立中甚至还发展出了对技术的恐惧，这点在欧美各个时期的文学作品、电影里都能找到踪迹，早期作品有弗里兹·朗（Fritz Lang）的《大都会》和查理·卓别林（Charlie Chaplin）的《摩登时代》，现代作品有弗兰克·赫伯特（Frank Herbert）的《沙丘》系列小说和沃卓斯基兄弟（The Wachowskis）执导的电影《黑客帝国》系列等。通过这些作品所代表的各个时期人的心性，可以看到一个脉络，即“人”跟“技术”的二元对立。

但是这并不表示在欧洲只有“人与技术的对立”这一种探讨。早在 19 世纪末就有关于人与人造之物的其他可能性的探讨，比如法国作家奥古斯特·维利耶·德·利尔-亚当（Auguste Villiers de L' Isle-Adam）在他的小说《未来夏娃》[②] 里就探讨过人跟机器之间的关系。德国教育学家凯特·梅耶-德拉沃（Käte Meyer-Drawe）于 1996 年出版了一本关于人与机械的关系的书，[③] 在欧洲传统的“人”与“技术”的二元对立的思想之外，另辟蹊径，给读者展示了二者间形成共生关系的可能性，以及在这种背景下，“人”这个概念的独特性。

本文的写作目的不是解决或者论证现实中某个具体或者特定的问题，而是展示一部日本动画经典作品中关于“人”的表达，以及探讨它跟现实

---

① “机械”（Machine）在这里是“技术”（Technology）的实体化，文中会同时使用两者来表示同样的意思。

② Auguste Villiers de L' Isle-Adam, *Tomorrow's Eve*, Translated by Robert Martin Adams, Urbana/Chicago/London: University of Illinois Press, 2001.

③ Käte Meyer-Drawe, *Menschen im Spiegel ihrer Maschinen*, München: Wilhelm Fink, 1996.

中的“人”之间的关系。

2. 本文主要内容

本文以动画《攻壳机动队》中四个独特的场景/对话作为切入点，从中概括出几个重点的关键词，通过结合动画的世界观和设定来看这些关键词是怎么表达“人”这个概念的，得出一个关于“人”的侧写。本文从这个侧写出发，将其跟现实作一个比较，分析“人”与“机械”或者说“人”与“技术”之间的关系。

因此本文第一部分将动画《攻壳机动队》放在中心位置，选取其中几个场景和关键词，探讨这部动画是如何展现相关内容的；第二部分将围绕“人”与“机械”的关系，对动画和现实进行比较；第三部分将简要探讨现实中“人”与“技术”的“对立”和“融合”两种关系。

一 《攻壳机动队》

1995 年的动画电影《攻壳机动队》是同名漫画的电影版，此后《攻壳机动队》系列还有很多不同形式的作品诞生，其世界观逐渐得到补充和完善。比如《攻壳机动队 Stand Alone Complex》系列，包括电视动画、原创光盘动画（OVA）、小说和漫画，从不同角度丰富了原作品中事件、人物和世界的设定，使得《攻壳机动队》作为一个系列，逐渐变得非常庞大。由于篇幅有限，本文主要探讨 1995 年由英国的漫画娱乐（Manga Entertainment）进行海外发售的英文版，同时参考日文原版。其 2008 年的重制版《攻壳机动队 2.0》，虽然在镜头画面的表达上使用了新的技术，但剧情几乎没有变化，所以本文不探讨这个版本。

1. 动画主要内容

《攻壳机动队》的世界被设定于未来，人类技术高度发达，在仿生人、脑机接口和互联网等技术上取得了突破；甚至人的精神和意识，也可以通过与身体分离而脱离束缚，被随意地迁移，比如动画主角草薙素子就是只保留了电子脑，完全使用人造义体的存在。但与此同时人类的生活并没有完全享受到科技进步带来的收益，贫富分化、信息去中心化等原因使得犯罪持续存在。犯罪分子通过使用高科技和互联网，进行新形式的信息犯罪，使得对其进行打击的组织也不得不专门化和精锐化。在动画的故事中，为了应对新形态的犯罪和恐怖活动而成立的“公安9课”（Public Security Section 9/公安9課）就是这么一个组织。故事围绕这个组织对于一桩涉外案件的调查，逐渐揭开代号为“Project 2501”的事件的真相，以及犯罪嫌疑人“傀儡师”（Puppet Master/人形使い）的真实身份和诉求。

案件本身始于“公安9课”对一个叫“傀儡师”的网络黑客侵入并控制他人的电子脑的事件的调查。随着调查的深入，他们逐渐发现这个网络黑客的罪行其实只是一个更大的事件的表象，其中涉及“公安6课”、外交部的阴谋。经过调查，他们确实抓获了“傀儡师”，但是却发现这个所谓的“傀儡师”竟然源自外交部的一个机密程序“Project 2501”，并非一个实际存在的人。这个程序在过往执行机密任务的过程中逐渐在庞大的网络信息海洋中产生了自我意识，进而脱离了设计者的控制，而外交部则想通过消灭这个错误程序的方式来掩盖整个事件。

“傀儡师”在信息网络中获得了关于草薙素子的信息，它认为草薙素子作为一个完全放弃原有身体，只保留电子脑的存在，跟自己非常相像，所以想将自己的意识与草薙素子融合，摆脱自己作为一个电脑程序受到的束缚，进而真正成为一个生命体。虽然外交部和“公安6课”设计了程序陷阱来捕获“傀儡师”，但没有成功，“傀儡师”故意让自己落入“公安9课”的手里。

虽然外交部和“公安6课”采取了特别行动，从“公安9课”手中抢走了“傀儡师”，并且在最后成功地将“傀儡师”的躯体消灭，但它也达到了跟草薙素子的意识融合在一起、作为真正意义上的网络生命体的目的，草薙素子被判定为在任务中失踪。动画结局是这个融合了两个意识的存在获得了全新的可能性，作为一个新形态的生命存在于网络之中。

2. 关于“人”的主题的对话

动画中讨论“人”这个主题的对白并不多，有四段对话涉及这个主题：“公安9课”对环卫工人的审讯，[①] 草薙素子潜水后跟巴特的对话，[②] “傀儡

① 约第26分钟开始，持续1分30秒。

② 约第30分钟开始，持续2分钟。

师”在“公安9课”的自述①和最后“傀儡师”跟草薙素子的对话。②

在“公安9课”对实施网络犯罪的环卫工人进行审讯的时候，通过对白可以得知环卫工人的记忆已经被“傀儡师”篡改了。这名环卫工人一直以为自己的行为只是为了潜入妻子的电子脑看看为什么妻子要跟他离婚。但其实现实中的他并没有妻女和家庭，关于自己过去经历的记忆，其实都是外部赋予的。给他提供黑客技术的犯罪分子也被用同样的手段植入了虚假的记忆。

草薙素子在待命的时候潜水，被同僚巴特询问在水下是什么感觉。草薙素子向巴特讲述了自己关于什么是“自我”的看法。草薙素子认为每个“人”都有各种各样的独特属性，这些属性将自己跟他人区分开来，进而诞生了一个“我”。在这个“我”意识到自己的存在之后，产生了“自我”并将自己限定于这个“自我”所规定的框架之中。

“傀儡师”在面对“公安9课”的荒卷大辅和来回收它的“公安6课”时，表达了自己对于何为“人”和“生命”的看法。在它看来，所谓的“人”，也不过是由基因这样的独一无二的“记忆”所表达出来的存在。而现代科技已经可以让人的记忆被外化，比如上文提到的植入虚假的记忆。那么像它这样的产生于“信息海洋”、由网络信息所表达出来的存在，也应当被视为“人”，这也是它一直以来的目的。

最后一段是动画临近尾声时，草薙素子与“傀儡师”进行的交流。“傀儡师”讲道，它自己作为一个产生于“信息海洋”中的生命，归根结底还是一个电脑程序。虽然可以不断复制自我，但是这种复制并没有办法让自己通过产生多样性来避免毁灭。它虽然没有实体，但是作为一个意识，希望能跟草薙素子的意识融合，由此诞生的全新的意识，与生命繁衍一样，既蕴含之前的两个个体，又不是这两个个体的简单相加。而原来的它，则可以无须担心毁灭，达到死亡的目的。

这四段对话都不是很长，最长的也就是5分钟，里面涉及的信息跟动画里其他的对话相比在内容上具有明显的区别：其他对话基本都是普通的交流对话，但是这四段是在进行“描述”或者“讨论”。从它们的主要内

① 约第48分钟开始，持续2分钟。

② 约第68分钟开始，持续5分钟。

容中可以归纳出以下四个关键词：“记忆”“信息”“自我（意识）”“生命”。接下来本文将从这几个关键词入手，寻找其中所展示的“人”的侧写。

3. “记忆”和“信息”

动画里描述的“记忆”，是一种跟人不再紧密联系的关系，它可以被替换，并且让接受的人深信不疑。就像“傀儡师”对环卫工人所做的一样。在这个设定之下，“记忆”是一种“物”，是机械性、数字性（Digital）的，即它可以像数字信号一样被原样复制和精确修改。这样的“记忆”，就如“傀儡师”所说，只不过是一种信息。这样的“记忆”已经失去了跟人的本质的联系，被外在地固化了。

“信息”在动画中可以被视为整个世界中一切人类活动的基础：无论他是谁，无论他干什么，都可以被视为在跟信息互动。动画中主角们在执行任务时，最重要的工作就是收集信息来分析判断目标的行动，并作出相应的反应。犯罪分子通过改变信息来达到目的，“傀儡师”的行为更是通过网络来操纵信息。或者说，在动画中与“人”相关的事情，都可以通过“信息”来进行转换，比如“傀儡师”说的科技对人的记忆的外化。

4. “自我（意识）”

草薙素子对于“自我”的看法，如果结合上文提到的“信息”的重要性来看，跟“傀儡师”的“人”不过是信息的集合的看法如出一辙。从草薙素子对巴特的讲述来看，个体跟个体是不同的，而“自我”诞生于一切定义“我”这个个体的信息。从个体外在角度来看，每个个体的各种独特的方面，比如面孔、声音和经历等，就是定义这个个体的“信息”，没有它们，将无法区分各个个体；从个体内部的角度来说，只有当这个个体意识到了这些信息的独一性的时候，才会产生自我意识，“我”的概念才会诞生，而这个自我也就会被这些独一无二的信息所确定下来。

5. “生命”

在设定中，“傀儡师”作为一个人造的程序，在网络的“信息海洋”中产生了自我意识，本身是没有身体的。但是在它想要成为“人”的目的中，包含着一个对于生命的诉求，想要通过达成“生命”所特有的属性——“类比性”（Analog）和“死亡”来成为“人”。

“傀儡师”作为一个电脑程序，本身并不具有类比性。就像它自己说的，程序可以被复制，但是信息的复制是数字性的，在复制的过程中不会出现多样性，也就不会出现个体的差异。在它看来，没有这种差异，无论复制多少次也无法改变“可以被一个电脑病毒毁灭”的事实。而“人”正是因为其类比性，才使得每个个体都与其他个体有区别。生命也是如此，在生命的繁衍过程中，下一代无论继承了多少上一代的特性，都不会与上一代一模一样，而是既包括上一代的特性，又不是这些特性的简单相加。

同样，正因为程序的数字性，才使它可以完整地复制自我。对于它来说，数字性导致它的存在就只有“有”和“无”的区别，这样的它从某种意义上来说是永恒的。因此在与草薙素子的意识融合以后体验死亡，就是它成为“人”的最后一步。动画最后，它并没有阻止外交部和“公安6课”的特别部队将自己的本体消灭，这样就彻底完成了从诞生到死亡的循环，也完成了从“它”到“他/她”的转变过程。

6. 动画中的“人”

就像“傀儡师”在“公安9课”面对“公安6课”的人时说的，科技到目前还无法定义“人”，所以对于“人是什么样的”这个问题，在动画中导演并没有给出一个明确的答案。但是从上文四段对话中，已经可以通过零碎的信息，看到动画中的“人”具有什么样的属性。

动画中的“人”并不一定会具有一个“身体”，其所拥有的身体只是一个普通的人造物和机械装置。但是“人”拥有“自我意识”这个属性，通过它来感知自己作为独立个体的存在。这个“自我意识”也可以被广义地理解为精神或者灵魂。就像动画英文标题“Ghost in the Shell”所表达的，“在躯壳（Shell）之中的灵魂（Ghost）”。身体坏了可以修补、更换，但是灵魂是唯一的。

尽管动画中人类高度信息化、数字化，但是“人”依旧是一个具有“类比性”的概念，即没有一个个体跟另一个个体是一样的。从环卫工人的遭遇能够看出，“人”所接触的信息化的环境不一定是真实的，记忆可以被修改。但是这些大量的信息所生成的那个“自我”具有认识自己独特性的能力，因此草薙素子、甚至从网络的信息海洋中生成的“傀儡师”，都具有能够认识到自己与众不同的“自我意识”。这种能力使得“人”不会对自己产生怀疑，就像环卫工人那样失去了对自己的判断能力，某种意义上来说，他跟一个电脑程序没有什么区别。

像草薙素子的身体这样的外在的物质可以被多次复制，只要存储灵魂的电子脑不被破坏，她这个个体就被视为活着。而作为活着这个过程的终点，死亡就成了作为个体的“人”最后的一个行为。虽然个体的“人”必然会经历死亡，但是广义的“人”仍旧能通过对构成每个个体的属性进行融合来达到延续的目的，并且就像“傀儡师”在最后一段对话中对草薙素子说的，它的本体会经历死亡，但是它能够延续下去，而不是像程序一样被单纯地复制。这样的死亡将“人”从“机械”的属性中解脱出来，让“人”不会蜕变成单纯的人造之物。

综上所述，动画《攻壳机动队》给我们展现的“人”，尽管通过科学技术的帮助摆脱了身体的束缚，但是仍旧对于个体性、灵魂的唯一性以及自我的延续有着强烈的诉求。这个诉求和它的达成，也成为区分“人”与“机械”的标志，从核心来说，是“类比性”跟“数字性”的区别。

二　动画和现实的比较

虽然动画《攻壳机动队》作为一部科幻作品，其内容属于幻想，而且其描述的世界跟现实有着很大的区别，比如网络生命体、记忆修改都属于天方夜谭般的情节，但是动画作品作为人类文化的一部分，虽然是由人所创造的，但是在这个过程中，也塑造了人。这种人与文化的相互作用性，①使得动画无论如何幻想，也无法脱离作者所处的文化环境。所以动画跟现实在这个意义上有一定的可比性。

日本是一个很早就走上发展现代技术之路的发达国家，科技对其日常生活的渗透更早、时间更长。在日本有许多技术创新相比欧洲更早地被民用化，比如手机无线网络、自动化等。所以这部日本的动画作品，为窥视日本社会中“人”与“机械”（以及它所代表的科学技术）的关系，提供了一个很好的视点。

① Otto Friedrich Bollnow, *Otto Friedrich Bollnow: Schriften: Studienausgabe in 12 Bänden. Band 1: Das Wesen der Stimmungen*, Würzburg: Königshausen & Neumann, 2009, pp. 215—226.

1. 相同点

现实中，在欧洲传统思想的框架下，人的灵魂跟身体是两个独立的概念：柏拉图在他的《斐多篇》[1] 里，借苏格拉底之口讨论了“灵魂不朽”的问题；欧洲中世纪基督教提出了肉体与灵魂二元思想；笛卡尔提出了“身体与精神的二元论”[2]。笛卡尔在这种二元论中，给人的灵魂和精神赋予了绝对性，并通过这种绝对性让灵魂和精神与人的身体分离：灵魂虽然与身体相连，但却与身体是两个截然不同的概念，[3] 前者是永恒的，而后者则在尘世间。[4] 从这点看，这部动画所描绘的“人”，跟这种思想有着很大的相似性；同时这部动画的主题就是讨论灵魂与身体的关系。所以它跟欧洲传统思想中的“人”有所契合。

在动画中，尽管科技达到了前所未有的高度，但是仍然能够看出“人”跟作为“物”的世界、技术和机械的对立关系，即上文提到的“类比性”和“数字性”的对立。一些主题，如繁衍、多样性和死亡，仍旧只属于“人”，只是动画的设定将“人”的这些属性抽象化了而已，本质并没有改变。

2. 不同点

这种灵魂与身体的可分离性也正是这部动画与现实的不同之处所在。这部动画将“人”这个概念通过科幻的手法进行了扩展，其不同于现实中对于“人”的特定的理解，即“人”是一个灵魂（或者称为“精神”）和身体的共同体。在现实中，与这个描述不相符的，皆为外部的“物”。但是动画将“人”的物质的部分交给科学技术（比如对人的身体的工业化生产），使其变成了一种工具，跟机械没有本质的区别，使得“人”的概念只存在于灵魂这个领域。身体可以被替换，进一步展现了它的工具特性，身

---

① Platon, *Phaidon*, Translated by Friedrich Schleiermacher, Stuttgart: Reclam, 1994.

② René Descartes, *Meditationes de Prima Philosophia*, Translated by Christian Wohlers, Hamburg: Felix Meiner, 2008, pp. 47—68.

③ René Descartes, *Von der Methode des richtigen Vernunftgebrauchs und der wissenschaftlichen Forschung*, Translated by Lüder Gäbe, Hamburg: Felix Meiner, 1978, p. 48.

④ Käte Meyer-Drawe, *Menschen im Spiegel ihrer Maschinen*, München: Wilhelm Fink, 1996, p. 73.

体因此彻底失去了它在现实中的神秘感，与“机械”一样成为“物”，[①] 完全是用于达成目的的工具。这一点是跟现实的最大区别，虽然在神经学、医学或者营养学领域，人的身体确实因为科技进步被客观化了，但是灵魂与身体的共同体这一观念，仍旧是很牢固的。

此外，动画中没有明确的“人”与“机械”之间的界限，随着“人”身体的物化和人工智能的使用，其边界也变得模糊了起来。动画并未在传统意义上严格定义什么是“人”，什么是人工智能（机械）。甚至其主题之一就是人工智能，如动画中的“傀儡师”，也会产生和“人”一样的对自我意识的诉求并且采取行动来达成这个目的。而现实中，机械，比如机器人或者人工智能，仍然被明确地跟“人”区分开，技术被视为一种由人创造并能够为人所用的工具。

总的来说，动画设定中的“人”在这两点上与现实有明显的区别。它们展现了一种不同的“人”与“机械”，以及“人”与“机械”所代表的“（现代）技术”之间的关系。

三　现实中的思考

动画《攻壳机动队》中对于这种不再需要身体的“人”，以及“人”与“机械”的界限的模糊化描写，看起来非常激进，但从本质上来说，其反映的是一种在现代技术环境下“人”与“机械”融合共生的关系，这种关系可以进一步扩展到一种对待现代技术的态度，即现代技术不再仅仅是人的工具，而人也不再是传统意义上绝对的创造者。

1. 传统技术和现代技术

技术作为一个概念，由人所创造，也一直被认为是为人使用的工具。恩斯特·卡普（Ernst Kapp）的技术哲学将技术视为人的器官的投影[②]（器

① Käte Meyer-Drawe, *Menschen im Spiegel ihrer Maschinen*, München: Wilhelm Fink, 1996, p. 177.

② Ernst Kapp, *Grundlinien einer Philosophie der Technik*, Hamburg: Felix Meiner, 2015, p. 53.

官投影论）；阿诺德·格伦（Arnold Gehlen）从人是有缺陷的生物[①]这一观点出发，认为技术是补足这一缺陷的手段。为了生存，人使用技术延伸自己的身体，补偿脆弱的身体做不到的事情。人类永恒的实践行为本身，从这种意义上来说就是一种技术的体现，通过实践不断将技术发展、固化和凝练，形成了工艺，也就是关于技术的学说。机械这类人造之物，都是为了一个服务人的目的而被制造出来的，比如锤子是为了敲打，刀是为了切割等；同时，机械作为工具，其存在是为了弥补人类自身的不足，比如锤子的把手是为了延伸人的手臂的长度，金属锤头是为了解决手在敲击的时候不够坚硬的问题。在这个意义上，人类对于技术的追求，是为了延伸自身的可能性。传统的技术确实让人达成了这个目的，使人可以认识并改造世界，也让人逐渐能够凌驾于世间万物之上。但是这样的技术所生产的机械，有着一定的局限性，因为它们仍然无法摆脱对“自然”的依赖，比如无论耕种工具从古代开始如何改进，遇到旱涝依然会减产。所以以生产工具为目的的技术，和由此生产的机械，虽然能够满足人的需求并且提升人的能力，但也只是停留在物质的层面，“人”依然被限制在自然的框架下。

近四百年来，随着自然科学的飞速发展，人获得了一些以前没有的能力，世间万物都能被更细致精准地观察和解析，更重要的是，现实中的一切都变得能被计算出来。并且在这之后更进一步，人甚至还对一些只存在于数学和物理计算中的现实进行了研究，比如对现代理论物理的研究。这种“现实”无法像“眼见为实”所说的那样被人所感知和体验，但它又不是虚无缥缈的，而是确实存在的。路德维希·海克（Ludwig Heieck）把它称为“次级现实”，跟一直以来能够被人所感知和体验的“初级现实”相对应。[②] 与这样的自然科学相结合，技术也随之进化成了“现代技术”，就像海德格尔的技术理论[③]所说的，“传统技术”跟“现代技术”存在着本质上的区别：前者是一种工具，人对其运用使其符合自身目的的工具理

① Arnold Gehlen, *Der Mensch: seine Natur und seine Stellung in der Welt*, Wiebelsheim: AULA-Verlag, 2004, pp. 31—39.

② Ludwig Heieck, *Bildung zwischen Technologie und Ideologie: zur Herausforderung der Bildung durch die Technik und den Nationalismus*, Heidelberg: Quelle & Meyer, 1969, pp. 23—27.

③ Martin Heidegger, *Gesamtausgabe: I. Abteilung: Veröffentlichte Schriften 1910—1976: Band 7: Vorträge und Aufsätze*, Frankfurt a. M.: Vittorio Klostermann, 2000, pp. 7—36.

性；而后者则不再仅仅是生存所必需的工具，而是一种“关系网”，[①] 由现代技术产生的这种关系网，将一切都置于其中。“人”也不例外，“人”不再是创造者和技术的使用者，而是变成了一种关系网和其中的信息的管理者，自身也变为其中的一个部分。现代技术和由此生产的机械，让束缚人的东西从自然变成了人的想象力，这一点可以从化学、物理等自然科学领域的飞跃式进步（比如合成材料、人造食物等）中看到一些端倪。现代技术的这种特性，也使“人”逐渐变成了“物”，比如上文提到的德拉沃的书中所描述的德累斯顿的德国卫生博物馆里的“玻璃人”。[②] 它有着透明的玻璃皮肤，所有器官都能被人仔细观察。这样“人”失去了神圣的地位，因为人体也被变成了一种机械。反过来，人为了让机械更好地运作，越来越多地尝试将原本属于“人”的一些属性赋予机械这种人造之物，将原本属于自己的一些工作交托给机械和技术，比如对于人工智能、机器学习等课题的研究。

2. “人”与“技术”的共生关系

这种新型的“人”与“技术”的关系，并不是一种简单的“人”与“技术”的合并，而是一种共生的关系。“人”需要现代技术来进一步提升自己，而现代技术则需要“人”来管理它所产生的关系网。动画《攻壳机动队》中展示的情景，跟这个非常相似。动画中的人类社会已经发展到了一个高度，在这里，“人”将自己的身体变成一种机械，这样就能更高效地与“技术”带来的优势协同运作，如脑机接口；而动画中的现代技术和由此生产的机械，比如其中高度发达的互联网，需要“人”的使用来产生和维护其中的各种信息，其中最特别的，就是“傀儡师”这个人工智能程序，它的存续需要借助“人”的诸多特性。

3. 总结

将从动画《攻壳机动队》中选出来的四段对话与现实进行比较并观察其所带有的含义，可以看到，这部动画在讨论“灵魂与身体”、“人”与

---

① 海德格尔在《关于技术的追问》中使用的表述是“Bestellen”，这个词在中文里被翻译成“订置”。但是这种翻译不太好理解，所以这里笔者暂且根据上下文的意思译为“关系网”。

② Käte Meyer-Drawe, *Menschen im Spiegel ihrer Maschinen*, München: Wilhelm Fink, 1996, pp. 141—177.

“机械”的关系的同时，也展示了一个与众不同的视角，在其中“人”与“技术”互相依存，建立了共生的关系。这种视角与欧洲传统思想中的“人”与“技术”的关系（人作为高于技术的存在，创造、使用和支配技术）不同，而是从现代技术与传统技术的本质区别的角度出发，展示了现代技术的运作模式和“人”在这种新的模式中的可能性。

结　语

正如本文在引言部分提到的，本文的目的并不在于通过动画《攻壳机动队》表达的思想解决现实中的一些问题，而是通过对日本动画中这个具体案例的观察，来寻找“人”和“机械/技术”的其他相处方式。同时将其作为一个基础，让这种观察可以扩展到其他关于“人”的领域。

动画《攻壳机动队》描述了一种与现实中“人”与“机械”的对立关系不同的共生可能性。在这种可能性之中，“人”的内在显现出了“机械”所具有的特性，而“机械”也逐渐变得像“人”。这种模糊的边界，使得人有可能在传统技术提供的提升的基础上，通过现代技术得到更进一步的升华。现代社会中“人”与“技术”的新形态的关系，有可能成为一个崭新的视角。

当然，本文只分析了《攻壳机动队》1995 年剧场版动画一部作品，整个系列还包含了其他种类不同的作品，如电视动画、漫画和小说等。而且，日本动画作为一个产业，描绘“人与机械”的关系这一主题的作品并不仅限于这一个系列。《攻壳机动队》这个系列只是其中微小的一部分，此外还有“巨大机器人”“空想科幻”等众多主题。它们都可以作为观察日本这个在现代科技中沉浸式发展的社会的样本。

日本漫画机器人形象的源流与手冢治虫初期科幻漫画中的机器人

孙旻乔*

[摘　要]《铁臂阿童木》(《鉄腕アトム》，1952—1968 年)是日本漫画大师手冢治虫最出名的长篇漫画作品。作品主角——人形机器人阿童木，虽然经常被当作日本机器人漫画的开端，但本文认为阿童木这一机器人形象，是作者手冢治虫将以往机器人形象进行总结归纳，并在二战后的文脉中“再创作”的产物。本文梳理了从日本摩登时代的“机器人热”到二战期间漫画中机器人创作，再到手冢初期科幻漫画中机器人形象的演变过程。本文以手冢治虫初期科幻漫画作品为主要分析对象，关注手冢对机器人的想象与日本二战前、二战期间机器人形象的异同，结合每个时期不同的社会文脉，分析了漫画中机器人形象不断变化的历史原因。

[关键词] 日本漫画　机器人　科幻漫画

引　言

《铁臂阿童木》(《鉄腕アトム》，1952—1968 年)是日本漫画大师手冢治虫最出名的长篇漫画作品。作品主角——人形机器人阿童木，也是日本漫画史上经典的机器人形象之一，给当时的许多日本年轻人留下了深刻印象，并启发了诸多后进日本漫画家。

日本漫画史研究者竹内长武指出，手冢的创作“将战前的大众文化、少

* 孙旻乔，北京第二外国语学院日语学院讲师，研究领域为日本漫画史、科幻漫画。

年小说的要素嫁接到了战后的漫画文化之中”①。在评价手冢的功绩时，不能忽视手冢所开创的新型漫画创作形式与二战前大众文化、战争期间的少年小说等先行创作间的联系。而阿童木在继承了日本战前、战争期间登场的机器人的特征的同时，也传达出手冢对机器人这一科幻命题的新思考。

本文的目的，是将《铁臂阿童木》作为日本科幻漫画发展史中的一环，厘清日本漫画中机器人形象的发展和变化过程。本文在梳理日本二战前、战争期间漫画中机器人形象的基础上，以手冢治虫初期科幻漫画作品为主要分析对象，关注手冢对机器人的想象与日本二战前、二战期间机器人形象的异同，并分析导致机器人形象发生变化的具体原因。

一　日本漫画机器人形象的源流与战争时期的机器人作品

1929 年前后，日本正处于昭和初期的摩登时代，来自欧美的文化和科学技术大量传入日本，机器人也作为来自欧美的发明出现在公众的视野中。日本机器人文化研究者井上晴树指出：“进入昭和时代后，日本出现了以昭和六年（1931 年）为顶点的‘机器人热’。以戏剧的翻译和上演为开端，落语、诗歌、小说、随笔、漫画、广播放送、儿童剧、童谣、会议演说、绘画、插画、报纸文章、杂志文章、评论、手工、广告等各种载体上都可见到机器人的身影，新词词典和百科词典中也出现了机器人的词条。”② 而由日本创作者塑造的机器人漫画形象也正是在“机器人热”中诞生的。

日本创作者的机器人漫画，最早可追溯到漫画家田河水泡于 1929 年到 1931 年连载于杂志上的漫画《人造人》（《人造人間》，1929—1931 年）。田河水泡原名高见泽仲太郎，毕业于日本美术学校（现日本美术专门学校），师从日本商业美术先驱杉浦非水。在学校深造期间，田河深受当时流行于日本美术界的前卫艺术影响，并加入了前卫艺术团体 MAVO，进行了一系列抽象画艺术创作。从美术学校毕业后，田河为生计放弃前卫艺术，

① 竹内长武：『手塚治虫：アーチストになるな』. 京都：ミネルヴァ書房、2008 年：第 263 頁。

② 详见井上晴樹：『日本ロボット創世記：1920～1938』. 東京：NTT 出版、1993 年：前言。

使用笔名“田河水泡”开始从事杂志连载漫画的创作，而《人造人》正是其出道后的第二部作品，也是第一部长期连载作品。

在《人造人》这部作品中，田河创造出一个介于木偶和机械之间的机器人形象。这名被称为“ガムゼー”（以下简称“Gamu”）的机器人拥有近似儿童的外形和孩童般天真烂漫的性格。他经常因理解能力的不足而作出违反社会常理的事情引人发笑，并给创造他的科学家带来许多不必要的麻烦。田河着重刻画出 Gamu 滑稽的一面，同时又用细腻的笔触展现出 Gamu 逐渐向人类转变的过程。起初，Gamu 只是一台没有感情的机器，但随着作品连载，Gamu 不仅展现出喜怒哀乐，在作品结尾处他甚至获得了身为“人类”的自我意识。

在“机器人热”期间，为日本人所属的机器人形象大多接近于“robot”一词的出处，也就是捷克斯洛伐克作家卡雷尔·恰佩克的戏剧《罗素姆的万能机器人》（Rossum’s Universal Robots，日本首演 1924 年）的劳动机器人，或是德国电影《大都会》（Metropolis，日本首映 1929 年）[①] 中登场的女性机器人。这些机器人通常作为人类文明的敌人登场，最后都走上了与人类对抗和自我毁灭之路。然而，田河却没有遵循西方文本将机器人作为“敌人”和“他者”描述的固有规则，而是对机器人这一科学技术的产物展现出了十足的“善意”。本文认为，这种“善意”与田河自身的前卫艺术创作经历有着密不可分的关系。

在 20 世纪 20 年代日本的艺术领域中，以板垣鹰穗为代表的一批日本前卫艺术家和理论家表现出对源自欧洲的机械艺术的关注，以及对机械所体现出的美，也就是“机械美”的肯定与向往。

例如，板垣鹰穗在论文《机械文明与现代美术》（1929 年）中指出，“‘越是合理的存在就越美丽’这样的话，曾被认为是科学家们的独断，但如今，合理性已经成为一种新的审美规范”[②]。而对于板垣而言，机械正是“合理美”的代言者。艺术家仲田定之助则表示，“从电车、火车、军舰、汽船、汽车、飞艇、飞机、铁桥、大型起重机、工厂、仓库、高层建筑、

① 由于本文同时出现德国电影《大都会》和手冢的漫画《大都会》，下文将前者写作《大都会》（电影），将后者写作《大都会》（漫画）以作区分。

② 板垣鷹穂：「機械文明と 現代美術」.『思想』第 83 号：第 68 頁。

熔炼炉、发电机、印刷机等现代工业的产物中，生活在现代的人们能够感受到一种本质的美”①，并将这些机械所体现出的“美”的本质归纳为“明晰、单纯、精确”② 三种意向。而日本新感觉派文学家之一的新居格也受《大都会》（电影）的启发，指出“神明曾经被当作人类的完美形态备受崇拜，而如今，机器人夺取了神明的宝座，成为人们的向往”③。

如上所述，昭和初期的日本艺术界存在一种推崇“机械美”的风潮，而机器人冰冷、强大、迅捷、理性的形象也被作为一种适应近代社会生活需求的“完美”身体表现，受到当时的艺术家和文化精英的推崇。在美术学校期间，田河曾亲自参与机械艺术的创作④，可推测他在作品中对机器人的“善意”受到了推崇机械美、向往身体机械化的前卫艺术的影响。但是，在创作 Gamu 的时候，田河并没有拘泥于追求极致的理性、力量和速度的前卫艺术的表达方式。

在对机器人超人的身体性能进行大胆想象的同时，田河也写实地刻画出机器人内在的身体感受和情感变化，并赋予了机器人趋近于人类的性格和癖好。Gamu 拥有不死的机械躯体，这带给他无穷的力量，但他却会喝醉、会腹泻、会悲伤，在作品的尾声，他甚至学会了流泪，并像人类一样恐惧死亡。可以说，Gamu 的形象既反映出田河对于机器人这一新鲜事物的向往，又充满少见于同时代其他机器人形象身上的“人情味”。

然而，随着战争的爆发，日本的摩登时代结束。日本舆论环境深受战争影响，日本创作者笔下的机器人形象也不可避免地远离了《人造人》中富有人情味的想象。

1931—1945 年，机器人角色频繁出现在以《少年俱乐部》为首的儿童杂志上。在儿童杂志刊登的众多内容中，海野十三等日本早期科幻小说家创作的科幻小说，以及岛田启三、林田正等漫画家创作的短篇儿童漫画与机器人的关系最为密切。

海野十三原名佐野昌一，毕业于早稻田大学理工学部，出道于日本摩

① 仲田定之助：「新形態美説」.『アトリエ』第 6 卷第 5 号：第 2 頁。

② 仲田定之助：「新形態美説」.『アトリエ』第 6 卷第 5 号：第 2 頁。

③ 新居格：『クリスタリンの人生観』.『新潮』第 26 卷第 8 号：第 87 頁。

④ 详见 MAVO 同名杂志『MAVO』1924 年创刊号。

登时期的著名侦探小说杂志《新青年》，早期的创作以侦探小说为主，战争期间将创作阵地转移至《少年俱乐部》等儿童杂志，创作了大量以军事、战争、探险为题材的长篇小说，被称为“日本科幻之父”。

机器人形象频繁登场于海野十三战争期间发表的长篇小说中，且其创作的机器人形象拥有一个共同的特征，即该机器人既拥有强大的攻击力，又拥有与人类近似的外形。例如，在《人造人エフ氏》（《人造人間エフ氏》，1939 年）中出场的机器人“エフ氏”便拥有和主角如出一辙的少年外表。而在《地球要塞》（《地球要塞》，1940 年）中登场的另一名机器人“オルガ姫”在外观上也与少女无异。可以看出，在这些作品中，海野所创造的机器人形象已具备包括阿童木在内的日本机器人形象的两个主要特征，即外表上与人类的相似性和作为武器的暴力性。不仅是小说，拥有同样特征的机器人形象也频繁出现在战争时代的儿童漫画中。和海野十三的小说一样，登载于《少年俱乐部》上的儿童漫画作品中的机器人形象同样被绘制成了拥有人类外观的武器。

无论是科学小说还是儿童漫画，战争时代登场的机器人形象都与摩登时代存在着巨大的差别。在战争的语境下，科学技术被视作提高战斗力、取得战争胜利的最重要手段，机器人们不再拥有情感和身体感受，而是越来越暴力、越来越频繁地被塑造成拥有人类外形的破坏性武器。

二　手冢治虫的初期科幻漫画与机器人创作

手冢治虫出道于日本战败后的第二年，也就是 1946 年。在出道之初，手冢的创作以登载于报纸上的四格漫画为主。1947 年，手冢以酒井七马的原作为蓝本创作出一本名为《新宝岛》（1947 年）的“赤本漫画”①。这部作品受到了儿童读者的喜爱与追捧，在日本掀起了“赤本漫画”风潮，手冢也凭借这部作品成了炙手可热的人气漫画家。

《新宝岛》获得成功之后，手冢在五年之内绘制了近 30 部单行本创作，这些作品中，科幻漫画占有很大的比例。例如，被誉为“手冢初期科

① “赤本漫画”泛指那些出现于日本战败之后，由大阪非正规出版社出版的单行本漫画。由于这些单行本漫画的封皮通常以红色为主色调，所以被称为“赤本漫画”。

幻漫画三杰作”的《遗失的世界》(《ロスト・ワールド》, 1948年)、《大都会》(《メトロポリス》漫画, 1949年) 和《未来世界》(《来るべき世界》, 1951年), 以及《火星博士》(《火星博士》, 1947年)、《地底国的怪人》(《地底国の怪人》, 1948年)、《月世界绅士》(《月世界紳士》, 1948年)、《魔法屋》(《魔法屋敷》, 1948年)、《一千年后的世界》(《一千年後の世界》, 1948年)、《大空魔王》(《大空魔王》, 1948年)、《有尾人》(《有尾人》, 1949年) 等都是科幻漫画。这些作品涉及外太空探索、时间旅行、外星人、世界末日等一系列科幻作品的常见命题, 而在手冢这些初期科幻作品中, 机器人, 以及通过科学实验创造出来的人工生命的形象也频繁登场。

需要强调的是, 虽然创作时间集中在1946—1950年, 但在这些初期创作中, 手冢对于机器人的想象不断翻新, 手冢通过机器人表现出对生命与科学、战争与和平的思考也在不断变化。而阿童木首次登场的作品《阿童木大使》(《アトム大使》, 1951年), 既是手冢机器人题材反复实践的成果, 同时也是手冢对机器人题材的另一次全新尝试, 是手冢机器人创作的“转折点”。

下面, 本文将把手冢初期科幻漫画的创作分为三个阶段, 分别阐述不同时期手冢科幻漫画中机器人形象的异同。

1. 从《幽灵男》(1945年) 到《火星博士》

虽说手冢是1946年才作为漫画家正式出道的, 但在那之前, 手冢已经进行了许多漫画的创作练习。其中一部习作《幽灵男》描绘了正义的科学家御茶水博士与邪恶科学家贡多拉博士的斗争。在这部作品中登场的两名重要角色,“コブラ姫”(蝎子公主) 和“プポ氏”(Pupo氏) 正是机器人。

作品中, 蝎子公主和Pupo氏是一对对立的角色。蝎子公主是一名拥有娇美外表和刁蛮个性的女性机器人 (见图1), 而Pupo氏虽然拥有人类的身体但却没有人类的五官 (见图2)。蝎子公主是独一无二的, 而同型号的Pupo氏机器人足有五百台。蝎子公主作为贡多拉博士的手下和情人被制造出来, 通过暴力手段管理Pupo氏, 而Pupo氏则作为奴隶负责重体力劳动, 被贡多拉博士奴役和虐待。

图 1　蝎子公主

资料来源：手塚治虫：「幽霊男」.『手塚治虫文庫全集　手塚治虫漫画全集未収録作品集（3）』. 東京：講談社、2016 年：第 133 頁。

图 2　Pupo 氏

资料来源：手塚治虫：「幽霊男」.『手塚治虫文庫全集　手塚治虫漫画全集未収録作品集（3）』. 東京：講談社、2016 年：第 70 頁。

蝎子公主和 Pupo 氏受到了从摩登时代起出现在日本大众文化中的两种常见的机器人形象的影响。蝎子公主和《大都会》（电影）中的女性机器人有诸多相似之处。而 Pupo 氏的形象则更接近于机器人文学的原点，也就是《罗素姆的万能机器人》。无论是其作为劳动奴隶的身份，还是最终反抗人类的命运，Pupo 氏的身上都能看到卡雷尔·恰佩克所描绘的机器人的影子。手冢也曾在文章中提到，“在战败后的一段时间里，卡雷尔·恰佩克的作品集十分打动我，《山椒鱼战争》和《昆虫生活》（戏曲）这样的作品，让当时抱着厌世情绪的我受到了很大的震撼”①。实际上，除《幽灵男》之外，手冢的漫画作品《集合吧人类!》（1967 年）就是以卡雷尔的小说《山椒鱼战争》（1935 年）为蓝本绘制的。

虽然《幽灵男》原作的一部分在日本战败前后的混乱中遗失，但这部习作对于手冢的初期创作十分重要。手冢出道初期的数部科幻漫画，比如《火星博士》就借鉴了《幽灵男》的部分剧情和人物设定。《火星博士》中登场的女性机器人“ピイ子”正是《幽灵男》中蝎子公主的翻版。

从《幽灵男》到《火星博士》，手冢的机器人创作停留在模仿阶段。然而，虽说《幽灵男》借鉴了《大都会》（电影）和《罗素姆的万能机器人》这些日本摩登时代的机器人创作，但手冢对机器人的想象却和战争时

---

① 手塚治虫：「SFと 私「つづき」」. 手塚治虫：『手塚治虫漫画全集 389 別巻 7 手塚治虫エッセイ集③』. 東京：講談社、1997 年：第 11 頁。

代频繁登场的作为“军国战士”的机器人形象相去甚远。与那些将机器人描绘成武器，并通过机器人幻想军国胜利的作品相反，《幽灵男》的机器人角色传达出手冢强烈的厌战情绪，而这种厌战情绪和手冢在战争末期的体验是分不开的。

从1944年起，手冢被迫进入给身体素质较差无法参军的青年开设的强制修炼所，那之后又被迫在军需工厂参加生产劳动。重体力劳动和食物供给的不足导致年轻的手冢身体情况每况愈下，手冢在其日记、自传和自传性质的漫画《纸堡》（《紙の砦》，1974年）都详细记述了他这段艰辛的战争体验。

手冢曾在日记中感慨道：“对于没日没夜都必须面对无表情的机器的我来说，哪怕只有十分钟二十分钟，能够身处在自然之中也是一种无上的喜悦。这种喜悦只有完全被人工环境包围的人们——也就是每日都被动员着劳动的我们——才能感觉得到吧？”①

从这段自传中不难读出手冢对被迫在军需工厂进行强制劳动的不满。而《幽灵男》中出场的Pupo氏，正如上文所言，也是作为奴隶，面临着劳动到死的命运。在《幽灵男》中，Pupo氏对主角御茶水博士坦言道：“我们这五百名机器人被强迫着没日没夜地劳动，被虐待，只能孤独地等待死亡的降临，与其如此，还不如被谁破坏掉来得痛快。”②

Pupo氏厌恶无休止的劳动，想要获得自由。结合手冢对战争末期强制劳动的回忆不难揣测，在塑造Pupo氏时，手冢带入了自己的处境和情绪。而正如Pupo氏所展现的，手冢的想象与二战期间常见于少年小说和儿童漫画中的机器人截然相反。手冢漫画中的机器人被描绘成军国主义的牺牲品。

2. 从《地底国的怪人》到《大都会》（漫画）

在经历了《新宝岛》的成功之后，手冢连续创作了多部长篇单行本漫画。其中，《地底国的怪人》与“手冢初期科幻漫画三杰作”的地位十分特殊。在《地底国的怪人》中，手冢没有遵循“儿童漫画必是大团圆结局”的思维定式，而是将故事的一名主角“耳男”（耳男）设计为悲剧性

① 手塚治虫：「思い出の日記——昭和二十年——」. 手塚治虫：『手塚治虫漫画全集395 別巻13 手塚治虫エッセイ集⑥』. 東京：講談社、1997年：第64頁。

② 手塚治虫：「幽霊男」. 手塚治虫：『手塚治虫文庫全集　手塚治虫漫画全集未収録作品集(3)』. 東京：講談社、2016年：第88頁。

角色，以耳男的自我牺牲和死亡作为故事的结局，这样的描写给当时的年轻漫画读者带来了相当大的震撼。而在初期科幻漫画三杰作中，手冢则完成了从模仿、改编到原创的自我完善过程，开始走上独立创作的道路。

机器人角色及经由科学实验诞生的“人工生命”在这四部作品中频繁出现，并占有十分重要的地位。首先，《地底国的怪人》中登场的悲剧性角色“耳男”就是一名在科学实验中诞生的、拥有兔子外表和人类自我的人工生命。在《遗失的世界》中，与耳男拥有相同外形和身世的人工生命以“ミイちゃん”（小咪）为名登场。除此之外，本作的女主角“アヤメ”（Ayame）也是由植物改造而成的人工生命。而《大都会》（漫画）则是一部以机器人“ミッチイ”（米奇）为主角的科幻漫画。

在《地底国的怪人》、《遗失的世界》和《大都会》（漫画）中，手冢笔下的机器人拥有了新的特征。本文将这个阶段手冢机器人形象的特点总结为“命运的悲剧性”和“自我认知的不确定性”。

首先，这个阶段手冢作品中的机器人或人工生命通常作为悲剧形象登场。除了上文所提到的耳男之外，小咪、Ayame和米奇的命运也均以死亡或背井离乡的悲剧收尾。其中特别值得一提的是《大都会》（漫画）的主角米奇（见图3）。这名角色，无论是其少年的外形还是其无敌的身体机能都与阿童木有着极高的相似性，因此通常被认为是阿童木的前身。但是，这名角色却面临着与被视为英雄的阿童木截然不同的命运。

图3　米奇

资料来源：手塚治虫：『手塚治虫全集44　メトロポリス』. 東京：講談社、1998年：第36頁。

在《大都会》（漫画）中，米奇作为引发混乱的武器被制造出来，拥有非凡的破坏力，但却阴差阳错地被作为人类养育长大。与《罗素姆的万能机器人》、《大都会》（电影）或是海野十三的少年小说中出现的机器人不同，米奇从登场之初就拥有着清晰的作为“人类”的自我认知。而整部作品所表现的，正是这种自我认知被一步步摧毁的过程。

起初，米奇将自己当作一名普通的儿童，试图融入同龄人之中，并和同龄人一样对家庭、父母抱有强烈的依恋，“寻找失踪的父母”也成了他展开冒险的目的。可在冒险的过程中，米奇逐渐意识到了自己的“另类”。他比朋友们拥有更强大的力量，能够飞行，他的性别可以在外界作用下发生改变。而当幕后黑手雷德博士揭露其真正的身份，并表示他没有父母的时候，他作为“人类”的自我意识完全被摧毁了。在那之后，他成了机器人大军的领袖，带领其他机器人反抗人类，但最终却因为身体的设计缺陷功亏一篑、死于非命。

相比《幽灵男》，米奇的形象更加鲜明，性格更加复杂。米奇被描绘成同时拥有天使容貌和恶魔般破坏力的存在，而他的自我认知也在“人类”与“机器”、“男”与“女”、“善”与“恶”之间徘徊。自我认知的不确定性导致了米奇的暴走，并最终使其自我毁灭。而这种自我认知的不确定性也普遍可见于耳男、小咪等其他角色身上。

但需要强调的是，手冢并非为了博人眼球才刻意赋予故事角色以悲剧的命运。在以上诸多作品中，导致机器人角色自我认知的混乱和命运悲剧的始作俑者无一例外都是科学技术和滥用科学技术的人类。手冢通过科幻漫画的创作传达出自身对于科学技术的思考，而机器人角色的悲剧也正反映出手冢在这段时期对于科学技术的悲观态度。

笔者认为，这种悲观和日本战败前后的科学宣传政策有着密切的联系。

在战败后，日本政府和媒体将战败的原因归为自身科学技术上的落后和民众科学意识的浅薄①，但实际上，二战期间的日本并不能说是一个“不讲科学”的国家。相反，战争期间，日本政府对科学重要性的宣传已

① 広重徹：『科学の社会史　近代日本の科学体制』. 東京：中央公論社、1973 年：第 112 頁；John W. Dower, *Embracing Defeat: Japan in the Wake of World War II*. New York：W. W. Norton & Company，2000.

经渗透到了日本国民生活的点滴之中。

例如，在 1938 年 10 月颁布的文件《有关改善儿童读物的指示纲要》（「児童読物改善ニ関スル指示要綱」，以下简称《纲要》），就明确要求儿童读物的出版方和创作方“限制刊载空想故事，将其减少到目前的半数以下，……用科学知识补充空想物语空出的版面”①。《纲要》还要求包括《少年俱乐部》在内的儿童杂志更多地发表介绍科学知识的科普类文章，并要求儿童读物“在真实、有趣地介绍科学知识的同时，涉及能够给予儿童科学启迪的艺术作品，比如介绍炸弹、坦克、飞机等原理和本质的文章”②。

从《纲要》内容可以看出，日本政府虽然强调科学的重要性，但在战争期间，科学研究最重要的目的就是战争的胜利。“科学”和“战争”这两个词语被绑定在了一起，甚至连在儿童读物中都不例外。受到《纲要》影响，1938 年以后的少年杂志上，科普类文章的比例大幅度增加，而且这些科普类文章也都或多或少地涉及战争、军队、武器的命题。战争后期甚至出现了例如《机械化》《航空少年》等一批由日本军方组织出版、专门介绍和宣传军队及武器知识的杂志。

手冢在少年时期对科学技术是有憧憬的。在自传中，他曾讲起儿时参观大阪电器科学馆、阅读科普书籍的美好回忆。③ 但是，在战争的环境下，科学技术被与战争绑定，成了取得战争胜利最重要的手段。而到了战争末期，对于手冢这样的日本普通民众来说，B52 轰炸机、原子弹等先进科学技术的产物更是成了带来苦难的元凶。

因此，在初期的科幻作品中，手冢所展现出的，更多是一种对于科学，特别是对于以战争为目的的科学的反感和警惕。在其初期科学漫画三杰作中，“科学”与“生命”成了一对矛盾的符号，先进科学技术多半会带来对生命的残害和毁灭。而作为被科学创造出来的生命，机器人自然也就成了手冢作品中最复杂、最矛盾的存在。

3.《阿童木大使》与“英雄主义机器人”的诞生

在经历了《地底国的怪人》、《大都会》（漫画）等初期长篇科幻漫画

---

① 佐伯郁郎：『少国民文化をめぐって』. 大阪：日本出版社、1943 年：第 154—155 頁。

② 佐伯郁郎：『少国民文化をめぐって』. 大阪：日本出版社、1943 年：第 154—155 頁。

③ 手塚治虫：『手塚治虫漫画全集 383 別巻 1 手塚治虫エッセイ集①』. 東京：講談社、1996 年：第 20 頁。

的创作后，手冢的创作技术日趋成熟。1950 年起，手冢开始将创作阵地从大阪的赤本漫画领域向东京的儿童杂志转移。在进军东京儿童杂志领域的第二年，手冢再次展开了新的科幻漫画创作，而这一次从他笔下诞生的，正是那名叫做“阿童木”的机器人。

阿童木首次登场的作品，是 1951 年起连载于杂志《少年》（光文社）上的《阿童木大使》（1951 年）。在这部作品中，阿童木仅作为一名配角出现，但却出乎意料地获得了杂志读者们的关注和喜爱。在杂志编辑的建议下，手冢着手创作以阿童木为主角的漫画，并于 1952 年 4 月开始在同杂志上开始连载，这部作品便是《铁臂阿童木》。

可以说，《阿童木大使》是整个阿童木系列的起点，而比起连载长达十年以上的《铁臂阿童木》，这部作品更直接地反映了手冢塑造“阿童木”这一角色的初心。

在《阿童木大使》中，两个生活在不同星球却拥有相同长相的人类群体相遇，因邪恶科学家天马博士的挑唆而发生对立。阿童木作为天马博士死去儿子的替代品被创造出来，却因为无法像真正的儿童一样成长而遭到厌恶，被天马博士卖到了马戏团。阿童木发现了天马博士的阴谋，试图阻止却惨遭失败。在经历重重困难之后，阿童木最终以自己的头部做抵押，换来了两个星球人类之间的和平。

阿童木虽然外形与儿童相似，但本质却是拥有强大破坏力的武器。在漫画创作中，手冢没有对阿童木作为武器的暴力性进行过多的掩饰。而“机器人”与“武器”这两种符号的关联性，正是在二战时期日本的少年小说和儿童漫画中建立起来的。也就是说，虽然手冢十分反感战争，但阿童木身上依旧残留着日本二战期间机器人形象的影子。

但需要强调的是，阿童木不再像战争中那样，被塑造成为了帝国的胜利而奋战的“军国战士”。实际上，在初期科幻题材的漫画中手冢极少提及“国家”这一概念，更对日本、美国、苏联等具体国家形象讳莫如深。[①]无论是《幽灵男》《地底国的怪人》，还是《遗失的世界》、《大都会》（漫画）和《阿童木大使》中都没有出现具体的民族和国家。取代二者的是一

① 以上提及的科幻漫画里，只有《未来世界》中明确出现了以冷战双方的美国、苏联为原型的国家概念。

个高于民族和国家的、概念模糊的共同体——人类。

在《大都会》等作品中，机器人往往作为被人类排挤、迫害的“他者”或人类的敌人登场，而阿童木被赋予了一种新的超能力，即分辨“善”与“恶”的能力。这就导致在作品中，阿童木的行为拥有绝对的正确性，他因此成为保护人类、引导人类的“正义英雄”。

从《阿童木大使》开始，手冢不再甘于将机器人塑造成科学的牺牲品，而是开始以一种更积极的态度看待科学技术。这样的创作态度的转变，与日本战后新科学体制的建立、科学研究的非军事化不谋而合。[①] 在新时代，科学与战争被完全切割开来，成为国家复兴的重要手段，而作为科学技术产物的阿童木身上也出现了一种新的性格，也就是“英雄主义”的性格。

值得一提的是，阿童木虽然被塑造成了救人于水火、维护世界和平的“正义英雄”，但同时，他的性格也兼具儿童的特质。作为一名儿童，“寻求家庭温暖”、“维护亲密关系”（父子关系、朋友关系）等情感需求成为阿童木最大的战斗初衷。而这种以私人情感为出发点，将私人情感与“维护正义”等宏大叙事直接挂钩的故事构架也常见于后世诸多日本动漫作品之中。例如，动画《新世纪福音战士》（1995 年）和漫画《最终兵器女友》（2000 年）便是代表。

因此，虽然日本机器人动漫在战后数十年的发展中已经逐渐脱离《铁臂阿童木》所构筑的基本叙事框架，但从以上角度来看，也许手冢治虫的影响远比当代研究者所推断得更加深远。

结　语

日本学者大塚英志指出，当今日本漫画的表现手法“是在名为‘近代’的历史中构筑起来的”[②]。日本人对于机器人的想象能够追溯到日本战前的大众文化。阿童木这一机器人形象，是作者手冢治虫将以往机器人形

① 三菱総合研究所：『「科学技術イノベーション政策史」に関する調査分析：科学技術政策史概論』. 東京：三菱総合研究所、2015 年：第 32—33 頁。

② 大塚英志：『まんがでわかるまんがの歴史』. 東京：KADOKAWA、2017 年：第 293 頁。

象进行总结归纳，并在“战后”的文脉中“再创作”的产物。阿童木的诞生也和作品创作前后的日本社会文化状况密不可分，是历史的产物。本文梳理了日本漫画中机器人形象的源流和发展，并结合相关历史对手冢初期科幻漫画中的机器人形象进行了具体分析。

在阿童木之后，日本漫画、动画等流行文化中连续不断地诞生出新的机器人形象，如今，日本也被公认为“机器人大国”。在今后的研究中，笔者将继续关注日本机器人形象的生成，并对不同时代日本机器人进行进一步分析与探讨。

教育教学现场

基于双重情境理论的日语引用从句参照时间考察*

宋　欣　牛　坤**

［摘　要］本文运用双重情境理论，从言说动词和思考动词入手考察日语引用从句的参照时间问题。通过考察发现，言说动词引导的直接引语和间接引语从句中的参照时间分别是引用从句情境中说话人的说话时间和引用句情境中说话人的说话时间。思考动词中，相对客观判断动词引导的从句参照时间受到人称的影响，主语为第一人称时参照时间为引用句情境中说话人的说话时间，主语为第三人称时参照时间为思考动词所示行为的发生时间；主观臆断动词引导的从句参照时间不受人称变化的影响，为思考动词所示行为的发生时间。

［关键词］引用从句　双重情境　参照时间　说话时间

引　言

引用是指说话人在某一时空讲话、思考的内容在另一时空被同一说话人或他人转述的言语行为。① 日语引用从句的参照时间问题历来受到日语

* 本文系 2018 年度教育部人文社会科学研究规划基金项目“现代日语动词的时空性特质及其语言表征研究”（项目号：18YJA740041）阶段性成果。

** 宋欣，吉林大学外国语学院日文系副教授，研究领域为日语语言学、认知语言学；牛坤，北京语言大学外国语学部日语语言文学专业博士生，研究领域为日语语言学。

① 日本语学会（2018）关于“引用”作出如下定义：「ある話者がある時空間において発話・思考した（あるいは、発話・思考する）ことを別の時空間において同じ話者、あるいは、別の話者が引いて用いる言語的行為」。文中内容为笔者译。详见日本語学会編：『日本語学大辞典』. 東京：東京堂出版、2018 年：第 60 頁。

学界的关注。在相关研究中，寺村秀夫关于引用从句参照时间的观点被广泛认可。他认为："引用从句的时态与引用从句作为独立句成立时的时态保持一致，即引用从句的参照时间既不是主句谓语描述事件的发生时间，也不是说话时间。"[①] 针对寺村的观点，三原健一提出了不同的看法。[②] 三原在考察英日两种语言的时间体系[③]时，引入汉斯·赖兴巴赫（Hans Reichenbach）的"三个时间点"概念[④]，提出了"视点原理"[⑤]，并依据该原理，对不同类型从句的参照时间进行了考察。其中关于引用从句的参照时间问题，三原认为与以往的研究不同，引用从句中存在一种只将说话时间视为参照时间的类型，而其他引用从句的参照时间究竟是主句时间还是说话时间，须遵循视点原理。此后，桥本修指出三原基于视点原理提出的引用从句参照时间结论中存在的问题，对日语引用从句的参照时间重新进行了讨论。[⑥] 桥本认为，与定语从句不同，说话时间不能作为引用从句的参照时间。严格来说，引用从句的参照时间也不是主句时间，主句时间只是引用从句表

① 寺村秀夫：『日本語のシンタクスと意味Ⅱ』．東京：くろしお出版、1984 年：第 187 頁。

② 三原健一：「「視点の原理」と従属節時制」．『日本語学』1991 年第 10 号：第 64—77 頁。

③ 三原健一：『時制解釈と統語構造』．東京：くろしお出版、1992 年：第 22—23 頁。

④ Hans Reichenbach 于 1947 年提出了"三个时间点"的概念：事件时间点 E（point of event）、参照时间点 R（point of reference）、说话时间点 S（point of speech），并借助这三个概念来解释英语的时间系统。详见 Reichenbach. H：*Elements of Symbolic Logic*. New York：the Free Press，1947，p287—298。

⑤ 三原健一：「「視点の原理」と従属節時制」．『日本語学』1991 年第 10 号：第 70 頁。
視点の原理：
A 主節・従属節時制が異なる時制形式の組み合わせとなる時、従属節時制形式は主節時視点によって決定される。
B 主節・従属節時制が同一時制形式の組み合わせとなる時、従属節時制形式は発話時視点によって決定される。
视点原理：
A 主句、从句时态是不同时态形式的组合时，从句时态形式由主句时间决定。
B 主句、从句时态是相同时态形式的组合时，从句时态形式由说话时间决定。
（笔者译）

⑥ 桥本修（1995）初步涉及日语引用从句参照时间问题（橋本修：「現代日本語の非制限節における主節時基準現象」．『文芸言語研究（言語篇）』1995 年第 27 卷：第 107—124 頁）。此后他关于"引用从句参照时间"问题撰文进行了详细论述（橋本修：「引用節の基準時」．『文芸言語研究（言語篇）』1996 年第 29 号：第 25—39 頁）。2013 年，桥本在《日语学习与研究》（2013 年第 4 期第 20—25 页）上发表的论文「従属節テンスの基準時選択における、主節時の優位性」再次提到相关问题。

面上的参照时间，引用从句真正的参照时间是引用从句所构建的情境中的现在时。但是由于这一时间大多与主句时间一致，所以引用从句的参照时间一般被认定为主句时间。砂川有里子关注到引用句独特的句式特征和引用动词的语义特征对引用从句语用环境的影响，提出了“双重情境”理论，即将一个说话内容植入另一说话内容中，通过考察分析不同类型的引用动词在引用句中的语用特点，指出了在双重情境下引用句时间和引用从句时间的相对性。①

基于以上相关研究，本文依据砂川有里子提出的双重情境理论②，主要对言说动词和思考动词引导的引用从句的参照时间问题进行讨论。

一 双重情境理论

砂川有里子的双重情境分别指引用从句情境和引用句情境。引用句的特点是将引用从句情境植入引用句情境中。

例如，花子向别人讲述她受太郎邀请一起旅游的经历时说，

(1) 太郎は旅行に行こうと私を誘ってくれた。③

(太郎邀请我去旅行。)

例（1）的引用从句情境是太郎的说话情境。在该情境中，说话人太郎对听话人花子说“旅行に行こう”。如果仅看从句部分不考虑主句的谓语动词，太郎所表述的内容“旅行に行こう”既可以理解为说话人太郎对听话人花子发出的邀请“一緒に旅行に行きましょう”，也可以理解为说话人太郎自身的意愿表达。由此可见，说话人太郎所表达的含义尚不明确。但是主句的谓语动词“誘ってくれる”起到了明示其含义的功能。也就是

① 砂川有里子：「引用文における場の二重性について」.『日本語学』1988年第9号：第14—29頁。

② 砂川有里子（1988）首次提出“双重情境”理论。砂川有里子：「引用文の構造と機能—引用文の3つの類型について」.『文芸言語研究（言語篇）』1988年第13巻：第73—91頁。

③ 砂川有里子：「引用文における場の二重性について」.『日本語学』1998年第9号：第17頁。

说，主句是花子向第三方讲述受太郎邀请的情境。因此，引用句的谓语动词是联系从句情境和引用句情境的纽带。砂川将例（1）的双重情境进行分析，并图解如下。

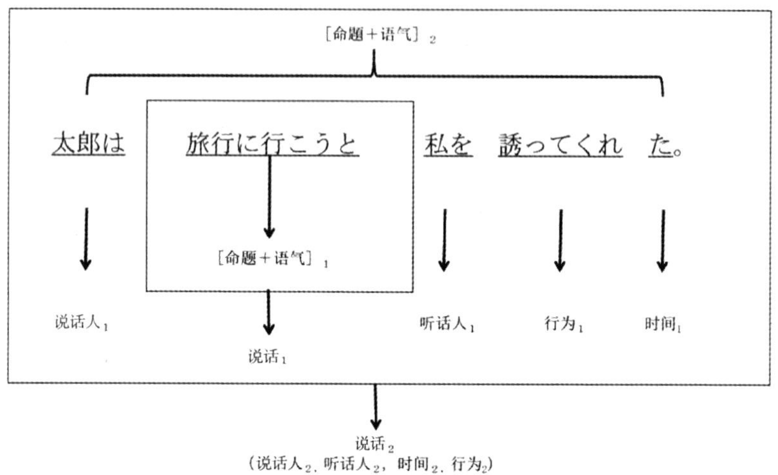

图 1　言说动词构建的双重情境①

图 1 中，方框说话$_1$ 是引用从句，是太郎的说话情境。说话人$_1$ 是太郎，听话人$_1$ 是花子，行为$_1$ 表示太郎进行“邀请”这一言语行为，时间$_1$ 表示引用从句情境的发生时间。方框说话$_2$ 是引用句，是花子的说话情境，说话人$_2$ 是花子，听话人$_2$ 是除花子和太郎之外的第三方，行为$_2$ 表示花子的说话行为，时间$_2$ 表示真实情境中花子的说话时间。如上所示，引用从句情境被植入引用句情境之中，构成了双重情境。在整个句子中存在两个说话时间，即从句情境中说话人$_1$ 的说话时间和引用句情境中说话人$_2$ 的说话时间。

砂川还指出，思考动词参与构建的双重情境与言说动词参与构建的双重情境稍有不同。

（2）私は旅行に行こうと思います。②

（我想去旅行。）

---

① 砂川有里子：「引用文における場の二重性について」.『日本語学』1988 年第 9 号：第 17 頁。原文图中内容为日语，笔者将其译为中文。

② 砂川有里子：「引用文における場の二重性について」.『日本語学』1998 年第 9 号：第 18 頁。

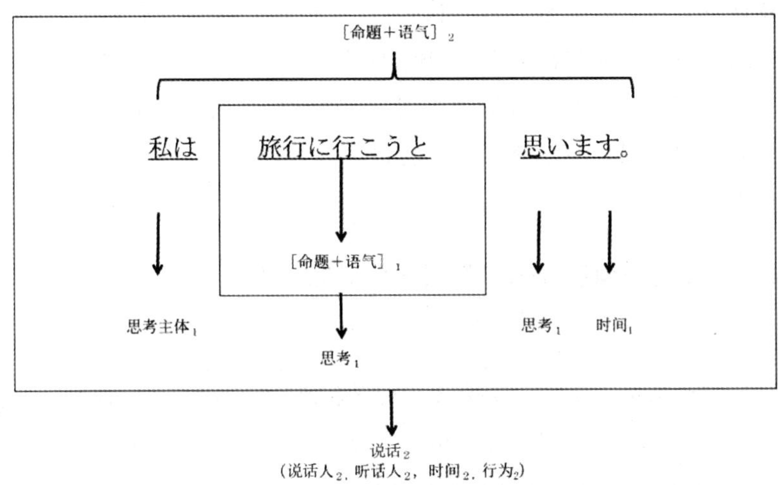

图 2　思考动词构建的双重情境①

如图 2 所示，思考动词所构建的引用从句情境中，不存在说话人$_1$ 和听话人$_1$，方框思考$_1$ 是引用从句情境，又可称为思考情境，思考主体$_1$“私”进行思考行为，时间$_1$ 是思考动词所示行为发生的时间。方框说话$_2$ 是整个句子的说话情境，是说话人“私”向听话人讲述自己的思考内容的说话行为，时间$_2$ 是真实情境中说话人$_2$ 的说话时间。例（2）中，思考主体$_1$ 和说话人$_2$ 是同一主体，思考情境时间$_1$ 和主句的时间$_2$ 重合，都是说话人“私”的现在说话时间。

由此可知，引用句的双重情境具有一定的复杂性，主句动词的性质和特点是分析引用从句情境和引用句情境的关键所在。本文基于双重情境理论，从言说动词和思考动词两方面，考察引用句中引用从句情境的时间与引用句情境时间的关系，进而剖析引用从句的参照时间问题。

二　言说动词引导的引用从句的参照时间

言说动词是表示说话行为的动词，如“言う”（说）、“話す”（说）、“聞く”（问）、“答える”（回答）、“しゃべる”（说）等。有些言说动词

① 砂川有里子：「引用文における場の二重性について」.『日本語学』1988 年第 9 号：第 18 頁。原文图中内容为日语，笔者将其译为中文。

强调说话行为的语音样态，如“呟く”（嘟囔）、“叫ぶ”（叫喊），有些言说动词表示说话行为与行事行为同时进行，如“脅迫する”（胁迫）、“説得する”（说服）、“誘う”（邀请）等。言说动词引导的引用从句可分为间接引用和直接引用，一般含有引号的句子为直接引语，不含有引号的句子为间接引语。

（一）言说动词引导的直接引语的时态分析

（3）私がそう言い終わるや、側にいた山村が、「ああ、おれだって自信がある。望むなら相手になってやるぞ」と怒鳴る。[①]

（我话音未落，站在我身边的山村就怒吼道：“啊，我有信心。你要是愿意的话，我可以做你的对手。”）

例（3）中的直接引语表示说话人$_1$“山村”对听话人$_1$“我”说的话。在引用从句情境中山村表达了自己的意愿，说话时间是现在时间，从句谓语动词时态使用表示非过去的“ル”形。[②] 在引用句情境中，说话人$_2$“我”向第三方听话人$_2$描述山村向他怒吼的情景，说话时间是现在时间，主句谓语动词的时态也是表示非过去的“ル”形。尽管在事件发生的时间顺序上存在客观的先后顺序，但是对于主句说话人$_2$“我”而言，为了强调引用从句情境的再现，使用直接引语的表述方式来叙述当时的情境，令人产生身临其境之感。由于是再现当时的情境，引用从句的参照时间是“山村”当时的说话时间。

① 日本国立国语研究所语料库：『現代日本語書き言葉均衡コーパス』（BCCWJ）LBd6_00017。

② 根据南不二男（1974）对于日语从句的划分，引用从句属于四种从句类型中的 D 类，即在引用从句的谓语部分可以出现包括“‘ボイス’（态）、‘アスペクト’（体）、‘丁寧さ’（客气程度）、‘肯否’（肯定否定）、‘テンス’（时）、‘対事的モダリティ’（对命题语气）、‘対人的モダリティ’（对听话人语气）”在内的语法范畴。详见南不二男：『現代日本語の構造』. 東京：くろしお出版、1974 年。在所有类型的从句中，引用从句的从属程度最低，独立程度最高。为了便于讨论，本文在例句选取方面，避免选择引用从句谓语部分出现较多有标复杂语法范畴的例子。引用从句谓语的时态形式，非过去形式称为“ル”形，过去形式称为“タ”形。

(4) 案内役の杉本秀太郎が、「昨夜にくらべてまたぐんと咲いた」とつぶやく。つまりこの人は、毎晩、円山の花見をしているのである。①

(导游杉本秀太郎低声说:“和昨晚相比，又开了很多花。”也就是说，这个人每天晚上都去圆山赏花。)

(5) 捜査官は、「東北里招待所の何号だった」と聞くのである。また、私が訓練の内容を話すと、(中略)「行軍訓練のときは何キロの背嚢を背負った?」と質問する。②

(搜查官问:“是东北里招待所的几号?”然后，我说了训练的内容后，(略) 搜查官问我:“行军训练的时候背了多少公斤的背包?”)

例(4)和例(5)的引语从句情境中，有着明显的时间标记“昨夜、とき”，引用从句情境中的说话人$_1$“杉本秀太郎”“捜査官”说话时，“花が咲いた”“何キロの背嚢を背負った”已经成为事实，从句中谓语动词的时态是表示过去的“タ”形，时间标记“昨夜、とき”都是相对于说话人$_1$说话时间的过去时间，由此可以推断从句时态的参照时间是从句情境中说话人$_1$的说话时间。但是主句谓语动词的时态却是表示非过去的“ル”形。我们认为引用句情境的说话人$_2$在叙述过程中为了使听话人产生现场感，主观上认为已经发生的引用从句情境与引用句情境同时成立，以强调引用从句情境的再现。

(6) 田中は昨日、「明日、お宅へうかがいますよ」と言った。③

(昨天，田中说:“我明天去贵府拜访您。”)

(7) 整列していると、身知らぬ小柄な少尉が出て来て、「今夜の

---

① 日本国立国语研究所语料库:『現代日本語書き言葉均衡コーパス』(BCCWJ) LBc9_00036。

② 日本国立国语研究所语料库:『現代日本語書き言葉均衡コーパス』(BCCWJ) OB4X_00026。

③ 日本語記述文法研究会　编:『現代日本語文法⑥・第11部複文』. 東京:くろしお出版、2008年:第33頁。

指揮は、おれがとる」と叫んだ。①

（列队时，一位陌生的、身材矮小的少尉站了出来，喊道：“今晚由我来指挥！”）

例（6）中，引用从句和主句部分都出现了显性时间标记。引用从句情境中，“明日”是说话人$_1$“田中”说话内容中的时间标记，是相对于“田中”说话时间的将来时间标记，因此从句中的时态使用了表示非过去的“ル”形。主句中的显性时间标记是“昨日”，是引用句情境中说话人$_2$向听话人$_2$讲述的内容，相对于说话人$_2$现在的说话时间，主句的时态受过去时间标记词“昨日”的限定使用了表示过去的“タ”形。例（7）中，引用从句情境中的“今夜”是相对于说话人$_1$说话时间的将来时间标记，谓语动词“とる”在这一时间词的限定下使用表示非过去的“ル”形，从句的参照时间是引用从句情境中说话人$_1$的说话时间。主句谓语动词使用表示过去的“タ”形，表示主句中说话人$_2$的说话时间与引用从句情境的发生存在时间上的先后关系。

由此我们可以推断，言说动词引导直接引语时，主句谓语时态是表示非过去的“ル”形时，表明引用句情境中的说话人$_2$强调引用从句情境的再现；主句谓语时态是表示过去的“タ”形时，表明引用句情境中的说话人$_2$强调引用从句情境在其说话时间之前成立。从事件的发生顺序来看，直接引语从句情境发生的时间是在引用句情境发生之前，而从句的时态却并没有受到主句时态的影响。据此，言说动词引导的直接引语的参照时间是引用从句情境中说话人$_1$的说话时间，直接引语从句中谓语动词时态的确定不受主句时间的影响，具有独立性。

（二）言说动词引导的间接引语的时态分析

在间接引语中，说话人$_2$往往从自身角度重组说话$_1$中的人称、时间、事件等语言表达形式。与直接引语再现情境的特征不同，间接引语由于是说话人$_2$转述当时的情境，分析引用从句的参照时间时较为复杂。

① 日本国立国语研究所语料库：『現代日本語書き言葉均衡コーパス』（BCCWJ）PB33_00506。

(1) 太郎は旅行に行こうと私を誘ってくれた。[①]
(太郎邀请我去旅行。)

例(1)的引用从句情境中，太郎向花子发出了“一起去旅行”的邀请。在引用句情境中，说话人$_2$花子向第三方转述了这一事实。从主句的时态来看，主句以花子的说话时间作为参照时间，这一事件发生在她向第三方转述的说话时间之前，主句使用的是表示过去的“タ”形。但是，引用从句中并没有明显的时态标记，在主句的说话人转述的过程中，引用从句情境中说话人$_1$的表达形式发生简化，这样增加了判断从句参照时间的难度。我们通过分析引用从句和引用句的双重情境发现，尽管太郎的邀请这一言语行为发生在花子的叙述之前，但引用从句中太郎的邀请意愿一直延续到花子向第三方讲述这一事件的说话时间。由此可以推断，引用从句的参照时间是引用句说话人$_2$的说话时间。

(8) どうしても連れて行くと言い張る。[②]
(执意说要带去。)

(9)《キメラ》への協力を条件に、わたしは東馬に自由を与えると約束した。[③]
(以协助《奇美拉》为条件，我答应给东马自由。)

(10) 数日後、クリントン政府はインドネシアの将軍たちにゲームが終ったと指示した。[④]
(几天后，克林顿政府向印度尼西亚的将军们下达了游戏结束的指令。)

---

① 砂川有里子:「引用文における場の二重性について」.『日本語学』1998年第9号：第17頁。

② 日本国立国语研究所语料库:『現代日本語書き言葉均衡コーパス』(BCCWJ) OB4X_00050。

③ 日本国立国语研究所语料库:『現代日本語書き言葉均衡コーパス』(BCCWJ) PB19_00523。

④ 日本国立国语研究所语料库:『現代日本語書き言葉均衡コーパス』(BCCWJ) PB23_00768。

例（8）、例（9）的引用从句动词“連れて行く”“与える”使用了表示非过去的“ル”形，而主句谓语动词时态却分别是表示非过去的“ル”形和表示过去的“タ”形。还原例（8）的引用从句情境和引用句情境，引用从句情境描述了说话人$_1$的意志和主张，引用句情境中说话人$_2$站在自身立场转述引用从句的情境，说话人$_2$的说话时间为现在时间，也是引用从句的参照时间。例（9）中主句谓语动词“約束する”发生在说话人$_2$说话时间之前，从句的“自由を与える”发生在主句说话人$_2$说话时间之后。例（10）的引用从句和主句的时态都是表示过去的“タ”形，在主句的说话人$_2$描述过去的事情时，从句的参照时间是说话人$_2$的说话时间。

（11）田中は昨日、今日、私の家へ来ると言った。①

（昨天，田中说今天到我家来。）

例（11）的引用从句情境中，说话人$_1$“田中”说要到听话人$_1$“我”家来。引用句情境中，说话人$_2$“我”向第三方转述“田中”的话。例（11）中出现了两个时间标记词“昨日”和“今日”。与直接引语不同，间接引语由于是转述情境，“昨日”限制主句谓语动词“言う”，从说话人$_2$“我”现在的说话时间来看，这是田中昨天说的话，因此，主句的时态使用表示过去的“タ”形。“今日”限制的是从句谓语动词“来る”，从说话人$_2$“我”现在的说话时间来看，田中来自己家是现在即将发生的事情，因此从句时态使用的是表示非过去的“ル”形。无论是“今日”还是“昨日”，两者参照时间都是引用句情境中说话人$_2$“我”的说话时间。

通过以上分析可知，由于间接引语表示情境转述，引用句情境中的说话人站在自身的立场对引用从句的情境重新进行语言编码，因此间接引语从句的参照时间是引用句情境中说话人$_2$的说话时间。

三　思考动词引导的引用从句的参照时间

思考动词具有主观性的特点，表示思考主体根据客观事物进行思考、

① 日本語記述文法研究会　編：『現代日本語文法⑥・第 11 部複文』. 東京：くろしお出版、2008 年：第 33 頁。

推理、判断的心理过程，思考内容具有相对客观性和真实性。如“判断する”（判断）、“思う”（想）、“考える”（认为）、“信じる”（相信）、“察する”（判断）、“分かる”（理解）等，这类思考动词可称为“相对客观判断动词”。此外，有些思考动词主观性较强，思考内容具有非真实性，如“錯覚する”（错觉）、“思い込む”（臆想、深信）等，这类思考动词被称为“主观臆断思考动词”①。

（一）相对客观判断动词引导的引用从句的时态分析

相对客观判断动词的特点是根据某些相对客观存在的依据进行思考、判断，与思考主体和思考情境有着紧密的联系。判断和思考的内容是思考主体的心理过程，具有主观性，但是思考动词构建的引用句却具有将这种主观性客观化的功能，这与整个句子的人称密切相关。本节从第一人称和第三人称的角度分别讨论相对客观判断动词引导的从句的参照时间问题。

1. 主语是第一人称情况下的参照时间

引用句情境一般表示叙述，思考主体和叙述主体是否相同对引用从句参照时间的选择产生一定影响。

(12) この際、わたしは決断して生活保護の適用を優先した。その結果、将来の就労意欲と生活の安心が保たれると判断した。②

（这时，我下定决心，优先申请了生活保障。我觉得这能够保障我未来的工作热情和安心地生活。）

例（12）中，思考主体和叙述主体为同一主体“我”。主句谓语动词“判断する”的时态是表示过去的“タ”形，表示主句的说话人“我”作出判断的时间早于“我”向听话人叙述自己判断内容的时间。在引用从句

① 砂川有里子（1988）将思考动词分为「判断動詞」、「思い込み動詞」两种。本文沿用砂川的分类，根据动词的特点分别译为“相对客观判断动词”和“主观臆断思考动词”。详见砂川有里子：「引用文における場の二重性について」.『日本語学』1988年第9号：第14—29頁。

② 日本国立国语研究所语料库：『現代日本語書き言葉均衡コーパス』（BCCWJ）PB53_00340。

中，出现了显性时间词“将来”，这一时间词用于限制引用从句中的谓语动词“保たれる”，时态使用表示非过去的“ル”形。从引用句和引用从句的双重情境来看，引用句的说话人同时也是相对客观判断动词引导的引用从句中的思考主体“我”，引用句情境中说话人的说话时间为现在时间，这既是说话人“我”作出判断这一行为的参照时间，也是引用从句中思考内容情境的参照时间。

2. 主语是第三人称情况下的参照时间

（13）予備校生の顔が強張った。牛尾は彼がなにかを知っていると直感した。[①]

（补习学校的学生表情僵硬不自然。牛尾有种直觉，感觉他知道些什么。）

（14）容疑者の罪の意識は薄いが、警察は筋弛緩剤投与などの一連の行為で男性患者の死期を早めたと判断した。[②]

（嫌疑人的犯罪意识很淡薄，警方判断，是由于注射肌肉松弛剂等一系列行为导致男性患者提前死亡。）

例（13）、例（14）中，思考主体和说话人为不同主体。当思考主体是第三人称的情况下，引用句叙述情境中说话人向听话人转述思考主体的思考情境，这一转述行为发生在思考情境成立之后。主句谓语动词时态多是表示过去的“タ”形。在例（14）的引用从句情境中，警察作出的判断内容是已经发生的事件，从句谓语动词时态是表示过去的“タ”形。根据双重情境理论，我们推断引用从句的参照时间是思考主体“警察”在思考情境中根据客观情况作出判断的时间，也就是相对客观判断动词所示行为的发生时间。

---

① 日本国立国语研究所语料库：『現代日本語書き言葉均衡コーパス』（BCCWJ）PM12_00072。

② 日本国立国语研究所语料库：『現代日本語書き言葉均衡コーパス』（BCCWJ）PN2i_00014。

（二）主观臆断思考动词引导的引用从句的时态分析

主观臆断思考动词表示思考主体思考的内容是错觉或臆想的内容，具有非真实性的特点，如“思い込む”（以为、深信）、“想定”（假设）、“錯覚する”（误以为）等。

1. 主语是第一人称情况下的参照时间

（15）他は本物だから、この一枚も当然本物だと錯覚する。[①]

（其他的是真的，所以误以为这一张理所当然也是真的。）

（16）敵がノルマンディーに上陸したとあらかじめ想定してみた。[②]

（预先设想敌人在诺曼底完成登陆。）

（17）私は子供が事故に巻き込まれたと思い込んでいた。[③]

（我深信孩子已经被卷入了事故中。）

例（15）中，引用句情境中的说话人“我”向听话人叙述“我”的思考内容的说话时间与思考情境中思考主体“我”的思考时间一致。主句、从句谓语动词时态都是表示非过去的“ル”形，引用从句的参照时间既是主观臆断思考动词的行为发生时间，同时也是引用句叙述情境说话人的说话时间。

例（16）、例（17）的情况与例（15）稍有不同。例（16）中的主句说话人“我”向听话人叙述了自己的设想，构成引用句叙述情境。以主句中说话人“我”的说话时间“现在”作为时间参照，思考动词“想定する”这一思考行为发生在叙述之前，主句谓语动词使用了表示过去的“タ”形。从句情境中，思考主体“我”设想了“敌人在诺曼底完成登陆”这一内容，从句谓语动词使用了表示完成的“タ”形，此时受动词“想定する”的语义

① 日本国立国语研究所语料库：『現代日本語書き言葉均衡コーパス』（BCCWJ）LBf9_00184。

② 三原健一：「「視点の原理」と従属節時制」．『日本語学』1991年第10号：第75頁。

③ 砂川有里子：「引用文における場の二重性について」．『日本語学』1988年第9号：第23頁。

限制，从句中的“上陸した”并非已实现的事实，而是一种假想性的动作实现。也就是说，现实中是否真正实现登陆尚未可知。同理，例（17）的主句说话人“我”以为孩子已经被卷入事故中，思考内容是思考主体认定的既成事实，但实际上也存在没有卷入的可能性。例（16）、例（17）引用从句中思考情境的时态都受到思考动词行为发生的影响，当主观臆断思考动词的行为发生时，会产生臆想或假设情境的实现。

综上所述，当从句的思考主体和引用句中说话人相同，均为第一人称时，主观臆断思考动词引导的从句的参照时间是该动词所示行为的发生时间。

2. 主语是第三人称情况下的参照时间

（18）自己顕示欲の強い篤樹は、誰かがあたしに女との旅行のことをしゃべったので、あたしがいやみを言い出したと思い込んだ。①

（自我表现欲很强的笃树，以为是有人跟我说了他和女人去旅行的事，我才说了些挖苦的话。）

（19）犯人はアリバイ工作のため、2 月 19 日は金沢に行ったと隣人に思い込ませようとした。②

（犯人为了提供不在场证明，想让邻居相信他 2 月 19 日去了金泽。）

例（18）、例（19）中，句子主语是第三人称“篤樹”“犯人”，说话人站在客观角度来讲述发生的事件。例（19）中，“犯人”想让思考主体“隣人”相信他 2 月 19 日去了金泽这件事。在从句的思考情境中，思考主体“隣人”相信的内容中有表示具体时间的“2 月 19 日”，对从句中的谓语动词时态进行限制，使用表示过去的“タ”形表明犯人在 2 月 19 日去了金泽，不在现场。由此看来，“2 月 19 日”是从句的参照时间。但是，引导这一思考情境的主观臆断动词“思い込む”的语义特征使得思考内容存在与事实相悖、虚假的可能性。当这一主观臆断思考动词所示行为发生时才能确定思考内容的实现，因此从句的参照时间也受主观臆断思考动词

① 日本国立国语研究所语料库：『現代日本語書き言葉均衡コーパス』（BCCWJ）PM41_00129。

② 三原健一：「「視点の原理」と従属節時制」.『日本語学』1991 年第 10 号：第 74 頁。

所示行为发生时间的制约。

（20）1月の上旬に、犯人はアリバイ工作のため、2月19日は金沢に行ったと隣人に思い込ませようとした。しかし2月1日の現時点では、隣人が本当にそう思い込むかどうかは五分五分である。①

（1月上旬，犯人为了提供不在场证明，试图让邻居相信他2月19日去了金泽。但是现在是2月1日，邻居是否真的相信，只有一半的可能性。）

例（20）中出现的三个显性时间词分别是不同情境中的参照时间。“1月の上旬”是说话人讲述这一事件时说出的具体时间，句末谓语部分使用表示过去的“タ”形，表明以说话人的说话时间作为参照，“1月の上旬”是过去时间标记。“2月19日”是引用从句中的具体时间，也是从句情境的参照时间。“2月1日”也是说话人讲述内容中出现的具体时间，句末使用表示非过去的“ル”形，从整句的叙述情境推测，以说话人的说话时间“现在”作为参照，“2月1日”是现在的时间标记。通过这些不同情境的具体参照时间，我们可以得出结论：犯人说自己2月19日去了金泽是谎言。

综上所述，当思考主体与说话人不是同一主体，且思考主体为第三人称时，主观臆断思考动词引导的引用从句的参照时间是主观臆断思考动词的行为发生时间，同时句中出现的显性时间标记也可以作为参照时间。

结　语

本文基于双重情境理论，从言说动词和思考动词入手，对引用从句的参照时间问题进行了考察，得出以下结论。

言说动词引导的直接引语从句的参照时间是引用从句情境中说话人$_1$的说话时间，引用从句中的谓语时态不受主句时间以及说话人$_2$说话时间的影响，具有独立性。间接引语是说话人$_2$转述说话$_1$的情境，说话人$_2$站

① 橋本修：「引用節の基準時」.『文芸言語研究（言語篇）』1996年第29号：第30頁。

在自身的立场对说话$_1$的情境进行语言重组，因此间接引语从句的参照时间是引用从句情境中说话人$_2$的说话时间。

思考动词引导的引用从句的参照时间与句子的人称密切相关。当主语为第一人称时，相对客观判断动词引导的引用从句的参照时间是引用句情境中说话人$_2$的说话时间。当主语为第三人称时，引用从句的参照时间是相对客观判断动词所示行为的发生时间。主观臆断思考动词的情况下，无论主语是第一人称还是第三人称，引用从句的参照时间都是主观臆断思考动词所示行为的发生时间，思考内容具有非真实性，同时句中出现的显性时间标记也可作为参照时间。

表 1　引用从句的参照时间

引用动词类型		动词引导的引用从句类型	引用从句的参照时间
言说动词		直接引语	引用从句情境中说话人$_1$的说话时间
		间接引语	引用从句情境中说话人$_2$的说话时间
思考动词	相对客观判断动词	主句主语为第一人称	引用从句情境中说话人$_2$的说话时间
		主句主语为第三人称	相对客观判断动词所示行为的发生时间
	主观臆断思考动词	主句主语为第一人称	主观臆断思考动词所示行为的发生时间
		主句主语为第三人称	

从句式构造看日语歧义句的发音问题

郭献尹*

[**摘　要**] 日语的语调分为表示叙事的陈述语调、具有强调意涵及传递重要信息的焦点语调、带有语气的情意语调。其中，焦点语调除了可以传递语句里的重点信息外，还可以用来表达书写法一致但语义不同的歧义句。日语学习者在习得语法的同时，能否利用语音确切反映句式构造是相当重要的课题。歧义句的语音可视化可以让学习者有效认识焦点语调上音调曲线的差异。

[**关键词**] 焦点语调　歧义句　句式构造　音调曲线

引　言

"语调"基本的定义为一个语句里的高低起伏，透过声音的上升或下降，除了可以表达说话者的想法与情感，亦可反映话语的重点信息与语句的句式构造。在沟通上，语调占有很重要的地位。而日语的语调，根据前人研究，可分为三类：（1）表示叙事的陈述语调；（2）具有强调意涵及传递重要信息的焦点语调；（3）带有语气的情意语调。[①] 其中，焦点语调处于语句间，又称为"句中语调"。情意语调处于语句末尾，通常伴随"语

---

* 郭献尹，玄奘大学应用日语学系助理教授，研究领域为日语语言学及日语教学。

① 磯村一弘：『国際交流基金 日本語教授法シリーズ2 音声を教える』. 東京：国際交流基金、2012 年：第 108—116 頁；刘佳琦：《日语语音学教程》，上海：华东师范大学出版社，2013 年：第 88—109 页；郭獻尹：『台湾人日本語学習者を対象とした韻律レベルの音声研究-イントネーションを中心に-』. 台北：大新書局、2018 年：第 29 頁。

气词”一同出现，又称为“句末语调”。情意语调可以传递说话者的想法与情感，在沟通交流中发挥很大的作用，为目前日语语调研究主要的探讨对象。此外，焦点语调亦与沟通交流有密切的关联，在疑问词疑问句及歧义句上可以得到印证。[①] 下面以“疑问词疑问句”为例来加以说明。

Q：昨日誰と電車で東京へ行きましたか。

（昨天跟谁搭电车去了东京呢?）

A：昨日田中さんと電車で東京へ行きました。

（昨天跟田中先生搭电车去了东京。）

对应 Q 的问句，A 的回答应当是将疑问词“谁”的答案“田中先生（即焦点词汇）”加入焦点语调，提高强调发音。倘若将“昨天”、“电车”或“东京”加入焦点语调，便不符合问话者索求的信息。这样的焦点语调称为“信息强调”。它与说话者个人恣意地将语句里多个词汇加入焦点语调的“对比强调”不同。[②]

本文所探讨的“歧义句”是书写法一致，但语义不同的语句，重点在于母语者如何利用焦点语调来加以区辨。为了辅助学习者习得焦点语调，本文采用语音可视化的教学方式，以有效提高学习者对歧义句的认识。学习者在接受指导后，可以观察到他们在焦点语调上的改变。

一　前人研究综述

本节介绍有关歧义句焦点语调的代表性研究。郡史郎透过语音实验观察母语者的焦点语调，归纳了以下结论：（1）焦点词汇后，其他词汇的词调会被弱化。此外，焦点词汇后的助词或该词汇的末尾有时会伴随强调上升调。（2）焦点语调无法从书面语句推测。然而，疑问词疑问句这样的句

① 郭献尹：『台湾人日本語学習者を対象とした韻律レベルの音声研究—イントネーションを中心に—』. 台北：大新書局、2018 年：第 155—178 頁。

② 城生佰太郎、福盛貴弘、斉藤純男：『音声学基本辞典』. 東京：勉誠出版、2011 年：第 376 頁。

式构造却容易被推测出焦点语调的位置。[①] 换言之，整个语句里，焦点词汇的音调曲线会因为焦点语调而被凸显。此外，本文探讨的歧义句不像疑问词疑问句的句式构造，可以透过疑问词的线索来推测焦点语调的位置，其习得更为困难。例如：刘佳琦以“自転車で逃げる泥棒を追いかける”的歧义句为例，说明焦点语调可以区辨书面语句的两种语义。[②] 以下语句里画底线的词汇为焦点词汇。

A 自転車で逃げる泥棒を追いかける。
（骑脚踏车去追逃跑的小偷。）
B 自転車で逃げる泥棒を追いかける。
（去追骑脚踏车逃跑的小偷。）

两语句的差别在于骑脚踏车的动作主语不同，A 句为警察，B 句为小偷。由此可知，倘若不使用焦点语调，便无法区辨歧义句。

杨诎人进行语调产出实验发现，母语者以韵律边界后短语的基频高低变化来消除歧义，学习者则是利用无声波间断的长短来消除歧义，这是由于母语（汉语）负迁移的结果。[③] 简言之，分辨日语的歧义句时，母语者将焦点词汇加入了焦点语调，学习者则是利用停顿，说明两者使用了不同的策略。吴春燕利用焦点词汇出现在句首、句中及句末的方法，进行语调产出实验。她发现学习者与母语者相比，其焦点语调低于母语者，无法传递强调的意图。[④] 以上回顾了前人研究，可以发现两项共通点：（1）他们从实验语音学的角度来进行语音产出实验；（2）学习者跟母语者在区辨歧义句时使用不同的策略。同时，两者的焦点语调也有不同的表现。本文则

① 郡史郎：「4-2 日本語のイントネーション—型と機能—」. 国広哲弥、廣瀬肇、河野守夫編：『日本語音声 2 アクセント・イントネーション・リズムとポーズ』. 東京：三省堂、1997 年：第 184 頁。

② 刘佳琦：《日语语音学教程》，上海：华东师范大学出版社，2013 年：第 100 页。

③ 杨诎人：《日语学习者的歧义句语调实验研究》，《现代外语》2010 年第 33 卷第 1 期：第 89—97 页。

④ 吴春燕：《日语学习者强调句语调的生成研究》，《日语学习与研究》2009 年第 6 期：第 20—25 页。

是关注教学上的应用，通过进行语音感知实验和语音产出实验，目的是协助学习者了解歧义句的句式构造，并掌握如何利用焦点语调来区辨歧义句。

二　歧义句焦点语调的语音实验

本节将介绍歧义句焦点语调的语音实验设计及受试对象，并进一步分析其实验结果。

1. 实验设计

本文采用的实验分为指导前的语音感知实验及语音产出实验、指导后的语音产出实验。指导前的语音感知实验是为了掌握学习者听辨歧义句的背景知识；指导前与指导后的语音产出实验则是为了了解学习者产出歧义句的语音变化。

实验的受试对象为以汉语为母语的学习者六人（男女各三人，以 CM 代表男性，CF 代表女性），平均年龄二十一岁，为非日语专业的学习者。其中，CM1 及 CF1 的日语学习年限为五年（两人均通过日本语能力测试一级）；CM2、CM3 及 CF2 为三年；CF3 为两年。

众所周知，日本语能力测试无法测定学习者的口说能力，加上教学现场鲜少有系统性地指导歧义句。因此，本文参考郭献尹的歧义句①，设计了较为简单的实验语句作为语音感知实验及语音产出实验的测试句（见表 1）。表 1 中 A-2、B-2 及 C-2 的句式构造为“连体修饰句”，D-2 及 E-2 的句式构造为“并列句”。表 1 里 A 的歧义句为购买钱包时间点的不同，A-1 钱包为以前所购买，A-2 钱包为昨天所购买；B 的歧义句为骑脚踏车主语的不同，B-1 为警察，B-2 为小偷；C 的歧义句为照片拍摄地点的不同，C-1 拍照地点不在公园，C-2 拍照地点在公园；D 的歧义句为形容长相漂亮的对象不同，D-1 为女性，D-2 为男性及女性；E 的歧义句为形容宏伟的建筑物不同，E-1 为寺庙，E-2 为寺庙及神社。附带一提，表 1 里画底线的词汇为焦点词汇，“↑”为提高强调发音的符号，“•”为焦点语调后的停顿。

① 郭献尹：『台湾人日本語学習者を対象とした韻律レベルの音声研究—イントネーションを中心に—』. 台北：大新書局、2018 年：第 158 頁。

表 1　本文的测试句

A	A-1	↑昨日 • 買った財布を無くしてしまいました。 昨天弄丢了以前买的钱包。
	A-2	↑昨日買った財布を • 無くしてしまいました。 弄丢了昨天才买的钱包。
B	B-1	↑自転車で • 逃げる泥棒を追いかけます。 骑脚踏车去追逃跑的小偷。
	B-2	↑自転車で逃げる泥棒を • 追いかけます。 去追骑脚踏车逃跑的小偷。
C	C-1	↑公園で • 撮った写真をみんなに見せました。 在公园里给大家看拍到的照片。
	C-2	↑公園で撮った写真を • みんなに見せました。 给大家看在公园里拍到的照片。
D	D-1	↑綺麗な女と • 男がいます。 有一个漂亮的女人，还有一个男人。
	D-2	↑綺麗な女と男が • います。 有一对漂亮的男女。
E	E-1	↑京都に大きいお寺や • 神社などがあります。 京都有大的寺庙，还有神社。
	E-2	↑京都に大きいお寺や神社などが • あります。 京都有大的寺庙及大的神社。

2. 指导前的语音感知实验

本小节利用测试句 A-2、B-2、C-1、D-2 及 E-1，进行学习者的语音感知实验。其中，包含连体修饰句两句、非连体修饰句一句、并列句及非并列句各一句。实验在安静密闭的空间里进行，由笔者播放母语者女性（以下称 JF）的录音，让学习者圈选符合测试问卷上的语句翻译（见表 2）。其后，笔者进一步确认学习者对歧义句所掌握的背景知识及感知问题。

表 2　指导前的语音感知实验

1. 弄丢了昨天才买的钱包。 ①昨日買った財布を無くしてしまいました。 ②昨日買った財布を無くしてしまいました。 （此题正确答案为②）

其实验结果如下：（1）学习者仅 CM1 全数正确，CF2、CM2 及 CM3 各答错一题，CF3 答错三题，CF1 答错四题。（2）学习者 CF1 为日本语能力测试一级合格者，却无法感知歧义句，出现了与 CM1 不同的结果。CF3 的日语学习时间最短，感知错误比较多。（3）访谈时，学习者 CM1 表示自己利用停顿作为判断焦点词汇的线索。这也印证了学习者在感知（本实验）及产出[①]歧义句时，采用停顿作为区辨的策略。CF2、CM2 及 CM3 则是用猜测或直觉选择翻译，并非实际了解歧义句，可见歧义句的指导有其必要性。

3. 指导前的语音产出实验

本小节将表 1 里的测试句随机排列，进行学习者个别的语音产出实验。实验前，笔者给予学习者十分钟的准备时间，并且在同一个安静密闭的空间里进行一对一的录音。具体做法为让学习者看着测试问卷上①及②的汉语，依顺序录制日语歧义句的发音（见表 3），录音结束后，再进行学习者与母语者歧义句焦点语调的分析和比较。

表 3　指导前的语音产出实验

3. 公園で撮った写真をみんなに見せました。
①给大家看在公园里拍到的照片。
②在公园里给大家看拍到的照片。

指导前，学习者的焦点语调有几个问题。

（1）学习者无法区辨歧义句。例如表 1 里 E 的两个语句，学习者产出的语音看不出焦点语调的差异。学习者 CF1 在 E-1 与 E-2 的音调曲线仅呈现自然下降的现象，没有焦点语调及停顿（见图 1 与图 2）。朱春跃指出，焦点语调后经常会出现停顿。[②] 从语图得知，学习者在语音产出上出现了错误。

另外，母语者 JF 在 E-1 与 E-2 的焦点词汇上提高强调发音，其后伴随停顿（以下用 p 表示）。因此，两语句的焦点语调出现差异（见图 3 与图 4），即两语图在 p 之前被提高强调的范围并不相同，图 3 到寺庙为止，

① 杨诎人：《日语学习者的歧义句语调实验研究》，《现代外语》2010 年第 33 卷第 1 期：第 89—97 页。

② 朱春跃：《语音详解》，北京：外语教学与研究出版社，2008 年：第 228 页。

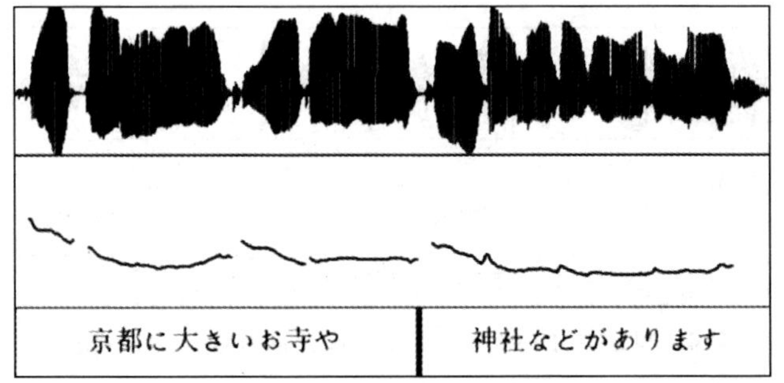

图 1　指导前学习者 CF1 的"E-1 京都有大的寺庙，还有神社"

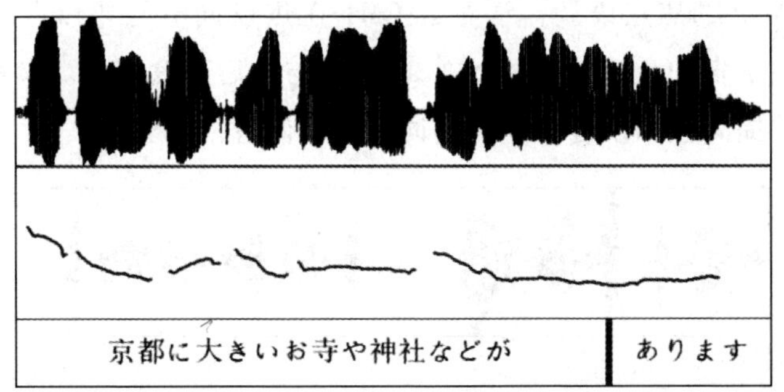

图 2　指导前学习者 CF1 的"E-2 京都有大的寺庙及大的神社"

图 4 则是涵盖到寺庙与神社。此外，非焦点词汇的词调被弱化，其音调曲线不高过焦点词汇的音调曲线，即 p 后比 p 前要低。这与前述郡史郎①与杨诎人②的看法一致。

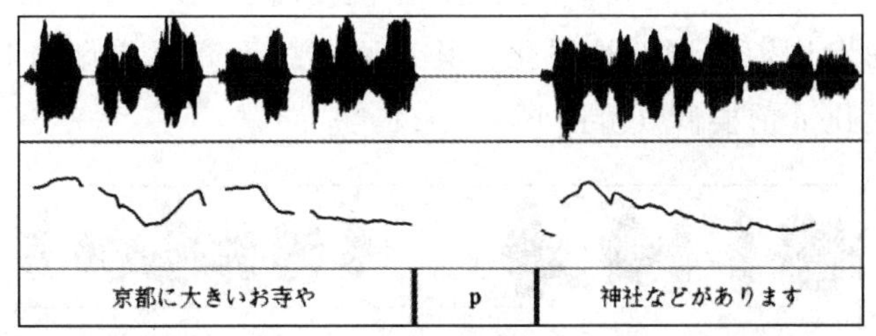

图 3　母语者 JF 的"E-1 京都有大的寺庙，还有神社"

---

① 郡史郎：「4-2 日本語のイントネーション—型と機能—」. 国広哲弥、廣瀬肇、河野守夫　編：『日本語音声 2 アクセント・イントネーション・リズムとポーズ』. 東京：三省堂、1997 年：第 184 頁。

② 杨诎人：《日语学习者的歧义句语调实验研究》，《现代外语》2010 年第 33 卷第 1 期：第 89—97 页。

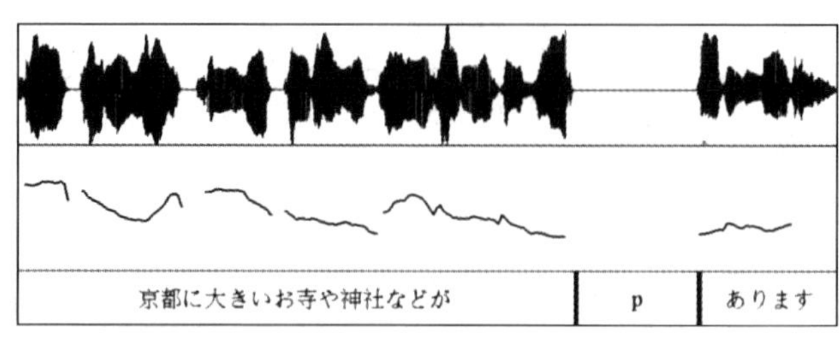

图 4　母语者 JF 的“E-2 京都有大的寺庙及大的神社”

（2）学习者即便了解歧义句，语音产出时也只有停顿，而没有焦点语调。例如 A-2 的焦点语调，学习者 CM1 在焦点词汇与非焦点词汇的音调曲线呈现差不多的高度（见图 5），即 p 前与 p 后高度接近。换言之，焦点词汇并未被提高强调发音，非焦点词汇的词调也未被弱化。

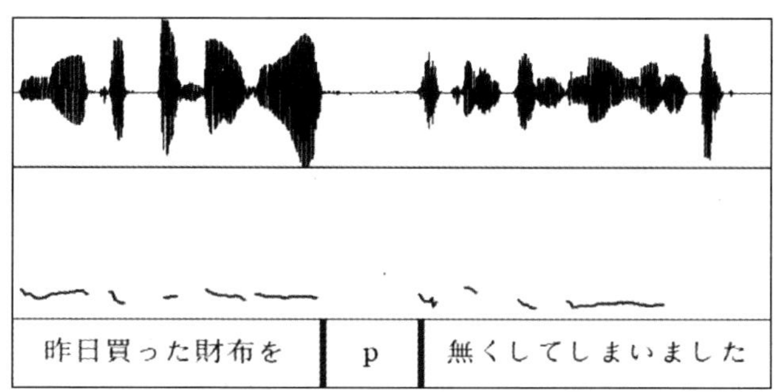

图 5　指导前学习者 CM1 的“A-2 弄丢了昨天才买的钱包”

另外，母语者 JF 在 A-2 的焦点词汇上提高强调发音，其后伴随停顿。此外，非焦点词汇的词调被弱化，其音调曲线不高过焦点词汇的音调曲线，即 p 后比 p 前要低（见图 6）。

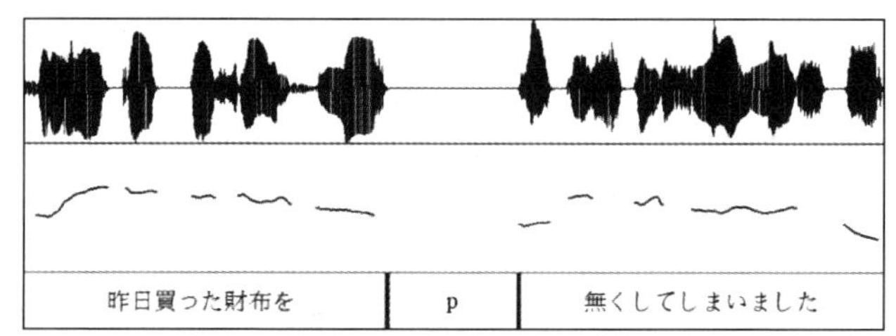

图 6　母语者 JF 的“A-2 弄丢了昨天才买的钱包”

（3）焦点词汇倘若不是连体修饰句，其焦点语调对学习者而言，产出较为简单。例如 A-1、B-1 及 C-1 的焦点词汇较短，学习者在接受指导前，比较容易正确产出其焦点语调。

反之，(4) 焦点词汇倘若为连体修饰句，其焦点语调的范围较大。对学习者而言，要将焦点词汇提高强调发音就比较困难。例如 A-2、B-2 及 C-2。

4. 指导后的语音产出实验

本文在进行指导后的语音产出实验前，先实施次节的语音可视化教学。为了方便比较，先说明学习者接受指导后的语音变化。附带一提，本小节的语音产出实验将测试句的顺序重新排列，进行方式同第 3 小节。

指导后，学习者的焦点语调有了改变。以下举例语图分述说明。

(1) 学习者可以区辨歧义句的两个语义。从语句整体的音调曲线来看，焦点词汇的语调高过非焦点词汇的语调，焦点语调显而易见。同时，焦点词汇后出现了停顿。经指导后，首先，学习者 CF1 与母语者 JF 的语图相近，其音调曲线可以反映两个不同的语句（见图 7 与图 8）。其次，透过播放语音档的方式，我们可以确认两语句在发音上的不同。

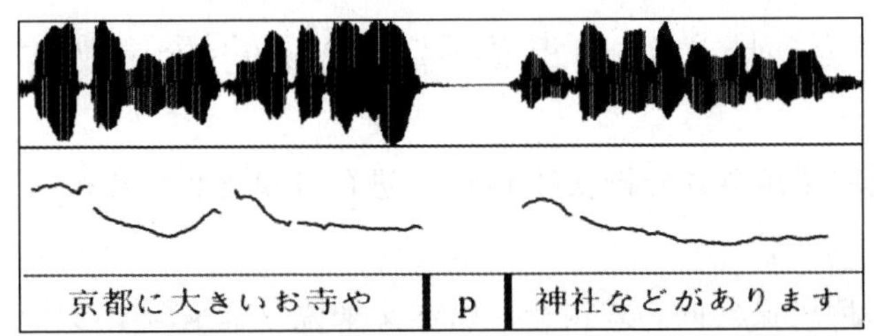

图 7　指导后学习者 CF1 的"E-1 京都有大的寺庙，还有神社"

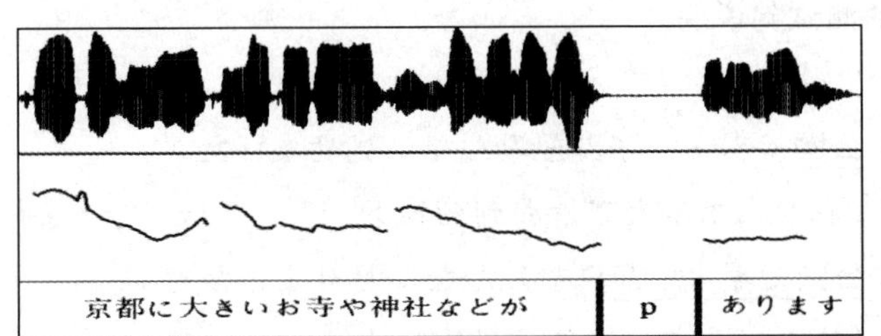

图 8　指导后学习者 CF1 的"E-2 京都有大的寺庙及大的神社"

(2) 学习者对连体修饰句的语调有了改善。经指导后，首先，学习者 CM1 在连体修饰句（即焦点词汇）的音调曲线高过非焦点词汇的音调曲线，即 p 前比 p 后要高。焦点语调比接受指导前更为明显（见图 9）。其次，透过播放语音档的方式，我们可以确认 p 前与 p 后在发音上的不同。

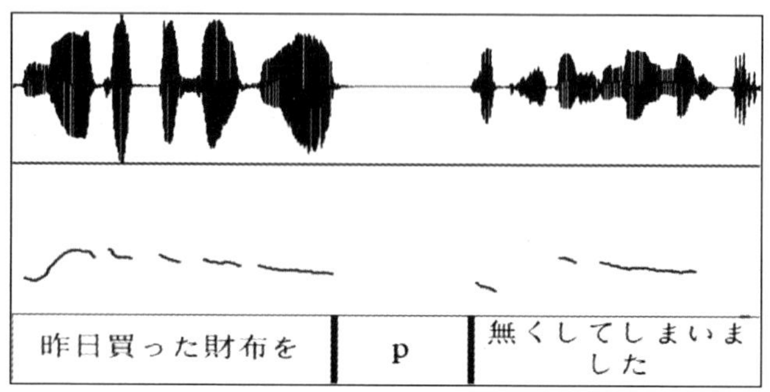

图 9　指导后学习者 CM1 的“A-2 弄丢了昨天才买的钱包”

（3）学习者在非焦点词汇的词调被弱化。从图 7~9 可知，学习者在接受指导后，非焦点词汇的音调曲线呈现自然下降的现象，这表示非焦点词汇的词调被弱化。此外，透过播放语音档的方式，我们也可以观察到非焦点词汇的音量随着发音时气流的递减而逐渐转弱。

三　歧义句焦点语调可视化的语音教学

本节说明使用语音分析软件 Praat，进行可视化的语音教学，其指导步骤如下。

（1）说明歧义句的句式构造。以本文来说，就是向学习者说明连体修饰句与非连体修饰句、并列句与非并列句的语句结构，以下使用表 1 里 C-1 与 C-2 的测试句说明。

A 公園で撮った写真をみんなに見せました。
（在公园里给大家看拍到的照片。）
B 公園で撮った写真をみんなに見せました。
（给大家看在公园里拍到的照片。）

A 句为非连体修饰句，焦点词汇为“公园”，想传达的信息是“看照片的地点”。反之，B 句为连体修饰句，焦点词汇为“公园里拍下的照片”，想传达的信息是“给大家看了什么东西”。为了让学习者了解歧义句，必须先让他们学会解读句式构造。

（2）听辨歧义句的不同。笔者使用母语者的音档，让学习者听辨歧义句的两种语义。此阶段的指导，可采用播放整个语句音档的方式。指导时，让学习者关注焦点词汇与非焦点词汇在语调变化上的差异、停顿的位置。

（3）语音可视化的观察。为了弥补（2）中听觉无法捕捉语音现象的缺点，笔者利用语音分析软件 Praat，进行可视化的语音教学。此阶段的指导，采用先播放整个语句的音档，再单独播放焦点词汇与非焦点词汇区段音档的方法。透过一边听音档一边看音调曲线的语音可视化教学，达到认识歧义句焦点语调的目的。听觉上让学习者感知语调上的变化，视觉上让学习者观察焦点语调的语音现象及停顿的位置（见图 10 与图 11）。

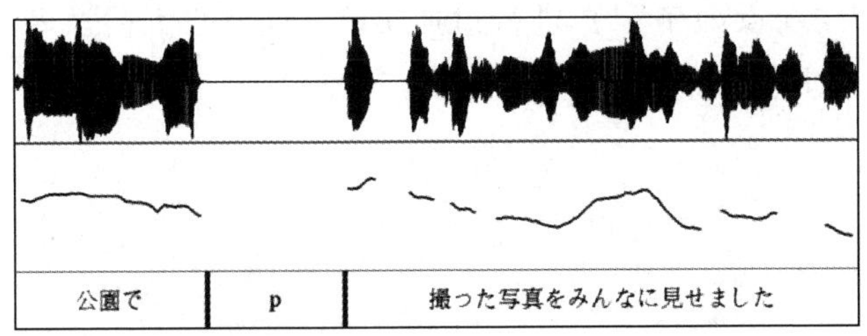

图 10　母语者 JF 的"C-1 在公园里给大家看拍到的照片"

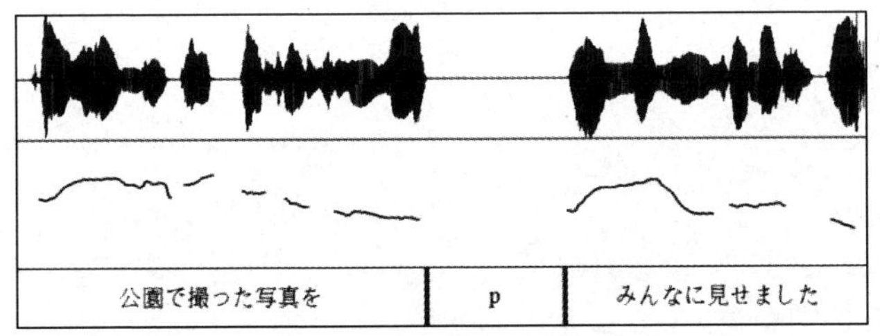

图 11　母语者 JF 的"C-2 给大家看在公园里拍到的照片"

（4）歧义句发音的训练。经由上述听觉与视觉的指导说明，学习者已经可以充分理解两个语句在焦点语调上的不同。因此，本阶段的指导重点放在"产出"。为了有效表达歧义句，不论是哪个语句，都必须透过焦点语调，将焦点词汇提高强调发音。实际指导时，笔者让学习者留意焦点语调的音高与说话速度、停顿的位置及非焦点词汇的词调弱化，有效让学习者正确产出歧义句的焦点语调。指导后，笔者再次进行语音产出实验，其结果及说明见前述第 4 小节的内容。

结 语

本文探讨了与沟通交流有关的歧义句焦点语调，从句式构造说明书写法一致但语义不同的两个语句。同时，文章利用实验语音学的手法，分析焦点词汇与非焦点词汇在语调上的变化、停顿的位置，并提出日语教学时的应用。学习者在接受听觉与视觉的教学后，学会如何利用焦点语调与停顿区辨歧义句的两种语义，以及如何正确表达本次实验设计的歧义句。通过本文提出的指导方法，可有效提高学习者对歧义句句式构造的认识，进而解决歧义句的发音问题。今后笔者将使用其他难度较高的歧义句（例如“黒い目の大きな女の子”）进行追加实验，同时扩大受试者人数，期盼提供指导歧义句焦点语调更全面的参考。

新国标视阈下基于复合型人才培养目标的日语报刊选读教学模式探究*

陈宝剑　谢　荣**

[摘　要] 自新国标实施以来，在全球互联网日益兴盛的今天，日语报刊选读课程要通过时效性强的网络及时了解全世界最新发生的事件，授课过程中要根据新国标的要求及复合型人才培养目标，培养学生的分析能力、创新能力和信息获取能力。把融合社会热点的网络资料引入日语报刊教学过程中，提供具有实际意义的、有价值的语言训练，可以大大激发学生的学习兴趣、拓宽学生眼界，使学生在成为新国标提出的复合型日语人才的道路上大步迈进。

[关键词] 新国标　复合型人才　日语报刊选读　教学模式

引　言

依据教育部《高等院校日语专业高年级阶段教学大纲》① 和学校人才培养方案的要求，日语报刊选读是面向日语专业三年级学生开设的一门专

---

* 本文系中国外语教育基金项目"'新国标'背景下安徽省本科高校日语专业人才培养与课程体系完善研究"（项目号：ZGWYJYJJ10A092）和安徽省省级教学示范课项目"日本文化概论"（项目号：2020SJJXSFK2138）阶段性成果。

** 陈宝剑，北京外国语大学北京日本学研究中心博士生，淮北师范大学外国语学院讲师，研究领域为日语教育、日本近现代文学；谢荣，淮北师范大学外国语学院讲师，研究领域为日本文化。

① 教育部高等学校外语专业教学指导委员会日语组　编：《高等院校日语专业高年级阶段教学大纲》，大连：大连理工大学出版社，2000年。

业语言综合实践训练类课程，属于专业选修课，该门课程一般开设在三年级第二学期，每周2个学时，一共开设16周，总计32个学时，主要培养学生对日语报刊文章的快速阅读能力、分析能力和综合理解能力。学习日语报刊选读是学生拓宽国际视野，快速了解日本社会现状的必要途径之一。自2018年《普通高等学校本科专业类教学质量国家标准》（以下简称“新国标”）实施以来，在全球互联网日益兴盛的今天，日语报刊选读课程已经不能依赖于传统式的固定教材及授课模式，而要通过时效性强的网络及时了解日本乃至全世界发生的最新事件。新国标对日语专业复合型人才的培养要求，除了要求具备基本的语言能力——外语运用能力外，还要求具备一定的“文学赏析能力、跨文化交流能力、思辨能力，以及一定的研究能力、创新能力、信息技术应用能力、自主学习能力和实践能力”①。因此，教师在日语报刊选读课程授课过程中要根据新国标的要求及复合型人才培养目标，培养“具有良好的综合素质，扎实的外语基本功和专业知识与能力，掌握相关专业知识，适应我国对外交流、国家与地方经济社会发展、各类涉外行业、外语教育与学术研究需要”② 的复合型日语人才，培养学生对问题的分析能力、创新能力、思辨能力和信息获取能力。把网络信息引入日语报刊选读课程的教学过程中，内容融合当前社会所关注的热点、焦点问题，可以充分激发学生的兴趣，开阔他们的视野，使其紧跟时代的变化，“提供具有实际意义的、有价值的语言训练”③。笔者承担此课程已有10年，日语报刊选读的授课内容和授课方式一直在不断地摸索与革新，对该门课程已积累了些许教学经验，在此就日语报刊选读课程的教学内容、教学活动和教学模式进行粗略的探讨。

---

① 教育部高等学校教学指导委员会 编：《普通高等学校本科专业类教学质量国家标准（上）》，北京：高等教育出版社，2018年：第53页。

② 教育部高等学校教学指导委员会 编：《普通高等学校本科专业类教学质量国家标准（上）》，北京：高等教育出版社，2018年：第54页。

③ 曲朝霞：《日语“报刊选读”教学模式的探讨》，《长春理工大学学报（社会科学版）》2011年第3期：第162页。

一　日语报刊选读教学内容及教学活动安排

（一）教学内容选取

教材是教学的必备工具，没有教材的教学活动一般很难开展，而好的教材往往会给教学带来事半功倍的效果。在教学中，我们需要根据日语报刊选读课程的特点，结合实际的上课需求，选择适合学生的教材。诚然，日语报刊选读课程具有很强的时效性，需要广泛的新闻信息，这一点毋庸置疑，而目前已经出版的日语报刊选读课程的相关教材很难跟得上时代信息的发展，所以笔者承担的该门课程尝试通过网络信息搜索相关报道，自选自编日语报刊选读教材，并且根据报道的新鲜度与时效性，每学期不断更新、更换教材的内容。通过网络学生可以较容易地读到当天的日文电子版的报纸杂志，其内容紧随时事，贴近现实，往往是对当前热点问题的深入分析和探讨，“从而使学生得以接触最新的知识信息，把握时代的脉搏”①。在教材选材方面主要是针对日本的三大报刊——《朝日新闻》《每日新闻》《读卖新闻》，以及人民网日文版、日本 NHK 等新闻网站上刊登的时效性强且难度适中的文章进行重点讲解，筛选的内容涵盖日本最新的突发事件、时事热点、社会评论、名家访谈等，可以说内容选取的角度广，有很强的时效性和新鲜度。教材内容选取后，首先，教材的编排一般会按照实际授课时间的顺序分多个专题，以社会文化为例，如新冠疫情、日本新年、成人式、大学入学考试、教育、就职、社保、结婚、育儿等，各个专题的内容既有固定的背景知识介绍，也有收集的各大报刊的实时新闻、社论等；其次，选取的内容也需要学生参与其中，学生参与的内容主要为每个专题的相关新闻收集、一周内国际或日本国内发生的重大时事新闻等。

（二）教学活动安排

根据教学设计的安排，该门课程的课堂教学活动主要由以下四个步骤组成。

---

①　李绍宠：《外国报刊选读课因特网辅助教学》，《外语电化教学》2001 年第 1 期：第 12 页。

1. 学生课堂发言及讨论

每周课程开始之前，让学生利用课余时间查阅最近一周内国际或日本国内所发生的重大时事新闻热点材料，准备好PPT，然后根据事先分组（一般3人一组，大致分10组），课堂上安排一组学生，就了解到的新闻热点内容做5—10分钟的课堂发言，其余的学生则围绕该组学生发表的新闻内容进行提问，由该组学生进行回答。之后大家针对发言内容展开相关讨论，谈谈各自的观点和看法。教师会对学生的发言和课堂讨论，作出适当补充，纠正出现的错误观点，给予客观性评价和鼓励，并针对该组学生的表现打出合理的分数，作为平时成绩的一部分。要注意的是，此环节中，教师只是作为参与人发表自己的看法，不能过度干预和一味纠正，而是让学生自己独立思考，积极参与课堂讨论。这样的安排，可以督促每位学生每周通过网络坚持看日本的报刊，浏览日语新闻，养成阅读日语报刊、了解时事热点的良好习惯，并且在学习过程中培养了学生的自主学习能力、口语表达能力和团队合作能力。

2. 教师课堂引导及讲授

学生发言及讨论结束后，进入专题授课时间。首先，教师简单介绍本次专题的相关背景知识；其次，教师根据本次专题要讲解的新闻提出一系列问题，让学生快速阅读并回答问题；再次，教师讲解本次专题的新闻，并针对学生回答的问题宣布答案是否准确，同时也让学生积极发表对相关问题的看法，允许提出不同的观点，大家一起讨论所提观点的合理性；最后，让一组学生把自己收集的与本次专题相关的新闻报道进行现场展示，展示的形式不限，可以是口头发言，也可以是PPT展示，学生展示结束后，教师就学生展示新闻报道的问题难点进行补充解说。通过这样的课堂引导和讲授，可以让学生全员参与其中，形成良好的课程氛围，提高学生的课堂积极性和学习热情。

3. 中日文互译及感想

日本网站上有大量鲜活的日文资料，其内容的鲜活性、新鲜度是传统教科书所无法比拟的。教师可以有计划地指导学生选择与所讲授专题内容相匹配的适当的网络素材进行翻译练习。由于网络上的资料都具有很强的时代性和现实性，因此有利于激发学生在翻译练习中的兴趣，在兴趣中还可以了解到很多的社会文化知识。

日语报刊选读课程可以作为翻译课的辅助教学，加强学生的中日文互译能力，提高他们的翻译水平。通过日语原版报刊文章，可以让学生学习更加地道的日文表达；通过人民网日文版等 App 软件，可以让学生学习中日文专业术语的表达，提高中日文互译的能力。而且，通过翻译，学生在互相交流时，能够很好地了解当下中日两国的国情、社会热点问题。此外，教师还可以根据课程进度，有计划地选取《朝日新闻》中的《天声人语》栏目内容作为翻译的素材，课堂上可以进行师生互动式翻译练习，课后可以让学生以书面作业的形式完成并提交给授课教师。

4. 布置课外作业

在每周的课堂学习之后，教师会把本次课程的授课内容发送到学生班级群里，以便学生更好地熟悉课堂讲授内容，学生可以根据教师课堂讲授的内容，选择自己感兴趣的话题，以小组为单位提交阅读感受或者心得体会，并将其作为平时作业的一部分。另外，教师还可以把最新一周的日语报刊新闻作为课后阅读作业，要求学生掌握里面出现的新词汇，根据新闻内容对其中心思想进行概括总结等。

课程结束后，教师应尽快把事先整理的本次专题文章中出现的日语新词、专业术语、惯用表达及相关的课后作业等发到学生班级群，便于学生及时预习、复习，督促学生尽快完成课后作业。检查学生作业时，教师可以采取随机抽取部分学生作业的方式，要求学生通过微信或邮箱提交作业，还可以让学生以在线作业的形式直接提交到学生班级群里，这样可以及时反馈、及时沟通作业内容。

二　日语报刊选读教学模式的构建

根据 2018 年新国标对课程教学的要求，“因材施教，根据教学目标和内容选择合适的教学方法，重视启发式、讨论式和参与式教学方法的使用，促进学生的全面发展和个性发展；合理使用现代教育技术，注重教学效果”[①]。

① 教育部高等学校教学指导委员会 编：《普通高等学校本科专业类教学质量国家标准（上）》，北京：高等教育出版社，2018 年：第 54 页。

为了更好地符合新国标的教学要求，培养社会需要的复合型日语人才，在该门课程教学模式方面，采取教师讲授及学生课堂新闻发言讨论相结合的方式，主要以教师引导及学生主动参与为主，采取任务式教学、引导启发式教学、情景式教学、讨论式教学为主的教学模式，以培养学生的实际应用能力、口语表达能力及跨文化交际能力。

（一）任务式教学

任务式教学又称为任务驱动式教学，兴起于20世纪80年代，是目前国际教育学界普遍认可且很受欢迎的一种教学方式，其英语表述为Task-based Language Teaching（TBLT）。它主要强调在做中学，即通过给学生布置学习任务驱动学生学习，让学生在完成任务的过程中学到知识。

日语报刊选读课程作为一门以语言能力培养为主的课程，为了让学生更好地了解报刊语言的特点，在课程中实施任务式教学是必不可少的教学手段。教师在讲授课程之前或者课后，可以根据每次课程的教学内容，布置相应的课前、课后学习任务，如搜索本周授课板块的相关日语新闻、近一周内发生的最新的时事新闻、选择感兴趣的授课内容进行发言等。学生在接受老师的任务后，利用图书馆文献、日文网站等查找资料，这样无形中锻炼了学生查阅资料的能力，并扩展了一定的知识面。学生不仅可以自己亲自查阅大量的相关材料，还可以使得自身的阅读技能和写作技能得到有效提高。

任务式教学的主体是学生，教师起到引导作用。在教学过程中“以学生为主体，强调给学生发挥主动性、积极性和创造性的空间”[①]。学生在新时代网络化的学习环境中，可以结合自身的日语学习水平及实际情况，根据教师布置的学习任务，制订相应的学习计划，设定学习目标，主动地开展自主阅读、自主学习及评价。在网络教学资源异常丰富的当下，任务式教学强调学生对知识的主动发现、主动探索及对所学知识的意义及重要性的把握，使学生利用生动开放、丰富共享的网络资源进行自主的学习，自主选择日语新闻阅读材料，从而提高学生的日语报刊阅读理解能力和语言

① 贾磊：《用建构主义理论指导报刊选读课教学》，《山东外语教学》2004年第3期：第25页。

运用能力，并且有利于学生跨文化交际能力的培养。[①]

（二）引导启发式教学

引导启发式教学，通常称为启发式教学。它要求教师在教学中，依据设定的教学目标的要求，结合授课的内容和学生的知识水平，运用引导、启发的教学方法，充分调动学生的学习兴趣和积极性，使学生养成自主学习的能力和积极思考的习惯，以达到传授知识、促进学生身心发展的目标。引导启发式教学，既强调学生作为认知主体的作用，又强调教师的教学引导作用。在教学过程中，教师不再是简单知识的灌输者，也不再是知识的权威者，而应该成为学生知识建构道路上的支持者、引导者、合作者。[②] 所谓“授之以鱼”不如“授之以渔”。引导启发式教学要求教师在教学中充分发挥学生的主观能动性，让学生积极参与课堂教学，引导学生掌握分析问题、解决问题的能力，开发学生的创新思维，毕竟教师的积极引导往往可以使学生在学习过程中体会到乐趣和成就感，从而使教学获得事半功倍的效果。

日语报刊文章的语言特点，要求新闻记者在新闻报道中使用大量的专业术语、新词甚至流行语，这无疑会大大增加学生的阅读难度。这就要求教师在教学过程中，积极采用引导启发式的教学方法。教师应在授课过程中引导学生对日本及国际的时政大事多加关心，多读报纸，多了解时事新闻，熟悉新闻词语和了解当今的日语报刊文体特点、阅读技巧，获取相应的背景知识，提高自主学习能力。考虑到学生的语言学习应遵循循序渐进的规律，教师在学习初期可多利用课前选择的报刊文章引导并启发学生了解相关背景知识、梳理惯用表达、概括文章大意、记忆难点词汇等。在班级大部分学生对文章背景、文章难点词汇等较为熟悉后，教师可以讲解文章内容，并慢慢转换授课方式，采取教师讲解与学生讨论的形式，在每个新闻板块中选择学生们最为感兴趣并重要的专题，通过师生互动，积极引

---

① 王艳：《“日本报刊选读”课程的跨文化教育实践探究》，《实验室研究与探索》2019 年第 4 期：第 272 页。

② 温彭年、贾国英：《建构主义理论与教学改革——建构主义学习理论综述》，《教育理论与实践》2002 年第 5 期：第 20 页。

导学生进行课堂讨论，以更好地发散学生思维。在这一过程中，教师要根据教学内容巧设疑问，可以先由教师提出一些启发性的问题，然后给学生留出相应的思考讨论的时间，最后教师根据学生的相关讨论，对该热点事件进行及时点评。特别要注意的是，启发性问题的设置，要贯穿课堂始终，不能只设置一个问题就结束，可以根据课程内容，在课程前期、中期、后期分别设置问题，以达到引导、启发相关知识点，充分发挥问题作用的目的。这样连贯性问题的设置，可以充分引导学生全程参与课堂教学，大大提高学生的学习效率，真正起到引导、启发的作用。

（三）情景式教学

所谓情景，可以指情节、情形，也可以指场景、景象，还可以指由情节、场景引发的人的感情、情绪。情景式教学，顾名思义就是情景交融的一种教学方法，情是动力，景是基础，情与景有效结合才是情景式教学的核心，其英语表述为 Situational Language Teaching（SLT），它被中国外语界了解和使用的起始时间可以追溯到 20 世纪 70 年代。情景式教学，要求教师在教学过程中依据教学目标和教学内容，有意识地设立生动形象的场景，寄情于景，以景抒情，借助音乐和语言，再现教学情景，让学生有身临其境的感觉，以激发学生的学习兴趣，帮助学生更好地理解并掌握教学内容。

理想的学习应该包括情景，在教学设计中，创建有利于学习者建构意义的情景是最重要的环节或方面。[①] 以网络媒体为重要教学内容的日语报刊选读课程，在教学中采用情景式教学是必要的，教师可以利用图片、音乐、实物等设立教学情景，让学生通过情景模拟（比如分角色朗读、新闻情节体验、课堂小游戏）激发学生兴趣，把枯燥的新闻内容融入有趣的情景中，使学生全身心投入，充分体现学生的主体地位，让学生在潜移默化中学习日语报刊，培养学生的语言运用能力和报刊阅读能力。[②]

① 温彭年、贾国英：《建构主义理论与教学改革——建构主义学习理论综述》，《教育理论与实践》2002 年第 5 期：第 21 页。

② 详见陈宝剑：《应用型日语人才培养模式与教学改革的探索——以淮北师范大学为例》，《山东农业工程学院学报》2018 年第 10 期。

伟大的物理学家阿尔伯特·爱因斯坦（Albert Einstein）曾说过，“兴趣是最好的老师”。兴趣，可以极大地提高学习效率。日语报刊选读课程采用情景式教学可以有效地激发学生的学习兴趣，让学生更好更快地掌握晦涩难懂的报刊语言。教师根据日语报刊选读课程的授课内容，设立教学情景，以提高情景的真实度。首先，教师在讲授每个日语新闻专题的时候会展示一下相关的图片、视频、音频等，其中视频有提前录屏下载完成的，也有在课堂上随机网络搜索打开的，以引导学生体验真实场景。其次，教师可以设计情景活动，让学生模仿视频进行新闻报道或扮演记者采访。基于真实情景的活动是充分调动学生兴趣的有效手段。通过真实的情景教学活动，调动了学生学习日语报刊新闻的积极性。最后，每周布置作业，让学生根据作业内容提前搜集新闻素材，分组进行课堂发言，要求学生课堂发言的日语新闻必须制作 PPT，并配有最新的图片、视频等。通过课堂发言及课后作业，教师可以看出学生对日语语言的掌握和对新闻了解的程度都有很大的提高。

（四）讨论式教学

任何一种教学方式都有其适用范围，讨论式教学亦是如此，因其教学具有开放性、灵活性、发散性等特点，非常适合日语报刊选读课程。讨论式教学要求教师和学生都带着问题去阅读、去思考，在各种观点、看法相互碰撞的过程中，实现信息交换，促进教师与学生、学生与学生之间直接的相互启发、相互沟通，从而把自己的思维提升至更高的空间。①

讨论式教学，顾名思义要围绕讨论的问题开展教学，其关键所在就是课堂讨论。每周的日语报刊选读课程，笔者一般分两部分展开讨论。首先，课程开始阶段是学生的 PPT 发表时间，学生发表 PPT 之后，由教师引导，学生分组讨论，表达各自的看法，再由每一小组的代表表达对该事件的看法，最后教师进行补充发言。这样的讨论以学生为主，教师为辅，不仅锻炼了学生的口语表达能力、思考能力，而且师生之间的互动增多，提高了学生的热情和积极性。

① 详见张娅萍：《“讨论式教学”在〈日语报刊选读〉课中的应用与实践》，《延安职业技术学院学报》2014 年第 1 期。

其次，是针对本次日语新闻专题所展开的课堂讨论。教师在每次课讲授之前，会根据不同的日语新闻板块内容，提前设计出不同的讨论问题，这些问题一定与课堂讲授的新闻密切相关，而且与大家的日常生活相联系，这样容易激发大家讨论的热情。不仅如此，教师还可以在课前从不同的日语报刊中挑选出内容大致相同而观点不同的新闻社论，让学生进行相互探讨与辩论，分析同样的报刊内容为什么会有着不同的新闻观点，从中体会到日语报刊学习中观点的重要性。另外，在上课时间充裕的情况下，教师可以安排一些最新的日本社会热点新闻，比如日本新冠疫情的暴发问题、日本奥运会不设海外观众的问题、日本大学入学考试改革问题、日本便利店缩短营业时间问题、日本改新年号问题、日本换新纸币设计问题等新闻报道，然后让学生就这些问题进行讨论，发表各自的看法。通过大家对这些社会热点问题的互动讨论，各抒己见，可以使学生热情高涨、课堂气氛活跃，大大提高了学生对日语报刊新闻学习的积极性及思辨能力。

当然，教学方法的改革需要不断的尝试，在日语报刊选读课程的教学过程中，如何将任务式教学、引导启发式教学、情景式教学、讨论式教学巧妙地结合在一起，是采用它们当中的一种还是多种，要根据所授报刊内容来决定。笔者相信，只要在教学过程中不断地总结经验，反思自我，教师与教师、教师与学生之间互相交流、共同努力，在教学方法上不断推陈出新，日语报刊选读课程的未来就一定是光明且美好的。

结　语

在新国标的指导下，在日益发展的多媒体网络环境下，学生可以及时地获得展现自我学习成果的机会，而展现学生作品就是对学生最大的表扬，是对他们的努力给予的最优回报，有助于提高他们的学习热情，进而为培养复合型人才夯实了基础。为此，新国标视阈下基于复合型人才培养目标的日语报刊选读课程，打破了传统的教材局限及传统的教学模式，实现了日语报刊新闻网络教学资源的最优化，更好地增强了学生对语言的敏感性，最终实现学生综合素质和应用能力的提升。

总之，通过熟悉日语报刊文章的一般特点，分析文章的思想观点、语言技巧等，可进一步提高学生的阅读理解能力和思想表达能力，并了解日本社会及风土人情，同时也能够训练学生获取掌握最新新闻信息的技巧。日语报刊选读课程通过采取多样化的教学模式，突破了以往教学中以阅读日语报刊文章为主的局限，要求学生亲自查找并阅读最新新闻材料，鼓励学生大胆参与课堂讨论辩论，总结文章的概要思想，分析时事社论的视角，实现主动阅读的转变，提高学生的学习积极性，力争培养学生成为新时期新国标要求下的全方位的复合型日语专业人才。

“讲谈社·日本的历史”系列书评

解读日本传统秩序的奥秘

——以“讲谈社·日本的历史”的叙事为线索

季卫东*

1984年10月初我到日本京都大学留学，不久就在校园附近“百万遍”知恩寺举行的秋季旧书大集市上，以非常便宜的价格购得一套小学馆在1970年代前期出版的《日本的历史》（计32卷）。虽然其中有些内容略显过时，但对一个并不专治史学的外国人而言还是够用的。24年后回国之际，由于需要托运的专业书籍太多，我就把那套通史全部扔掉了。现在，讲谈社在21世纪初出版的《日本的历史》（计26卷）中文版萃取10卷翻译印行，或多或少弥补了我手边缺乏日本史书的遗憾。

透过表面的现象观察潜在的动机和逻辑关系，把时间序列与空间结构结合起来进行社会的立体化分析，我认为这是“讲谈社·日本的历史”系列图书的显著特色。这套书各卷均为相关断代史领域一流专家的个人专著，对史实的描述更具有连贯性、整合性，并且时有史论的阐发，贯穿其中的批判理性显得灵光乍现。出于个人兴趣，在阅读这套书时我特别关注三个问题：在“中华帝国”主导的“华夷秩序”之外，日本为什么能形成一个独立的小型朝贡体制？通过“大化改新”曾经建立起来的律令制官僚国家，究竟怎样才蜕变为封建制领主社会，以致“明治维新”又版籍奉还、废藩置县作为现代化的首要目标？日本固有的法律和审判有哪些特征决定了制度变迁的路径？在这里结合上述问题我简单谈一点感想。

* 季卫东，上海交通大学教授、博士生导师，研究领域为法社会学和比较法学。

一　二元外交和“小中华秩序”的条件

《汉书》等史料以及1784年在日本出土的“汉委（倭）奴国王”金印都证明，倭王权与中国的中原王朝之间的交往源远流长，至少邪马台国的女王卑弥呼和倭五王是正式接受了中国皇帝册封的。本来东瀛列岛四周环海，存在天然的安全屏障，让大陆帝国产生鞭长莫及之感，那为什么倭王权还要主动拜结藩属关系呢？曾经任职宫内厅的熊谷公男教授在记述古坟时代和飞鸟时代的第2卷《从大王到天皇》中给出的理由是：（1）借助“中华帝国”的权威来加强倭王权的地位，维系内部的君臣关系；（2）吸纳大陆的先进文化、技术、制度以及物质，尤其是通过垄断这类资源的分配来掌控列岛各地的首领。然而当倭王权已经巩固时，第一种理由就无足轻重了。当倭国可以通过与朝鲜半岛之间的交通线获得必要的资源时，第二种理由也大幅度减弱。于是，倭王权渐渐产生了脱离对华朝贡体制的意志，而使意志转化为行动的关键在于朝鲜半岛的局势。

古代朝鲜的各国面对“中华帝国”极其强大的压力，也很容易出现合纵连横的战乱，并且一旦有事就不得不向倭国求援。因为自然形成的“海上万里长城”，只要朝鲜半岛具有对华的某种独立自主性，大和民族就可以高枕无忧，所以倭国势必介入半岛事务，抓住朝鲜各小国的软肋逼迫其从属、朝贡于自己，并用武力支援来交换产自大陆的文化、技术以及物质资源。本来朝鲜半岛国家大多已经是中国的藩属国，为了敷衍倭国不得不展开“二元外交”——同时承认对中国皇帝和倭王权的朝贡。在条件不成熟时，倭国自身也要推行复杂的二元外交，玩弄语言游戏——表面承认中国为宗主，但背地里却自称宗主。用坂上康俊教授的表述，在面对大唐和在面对国内、新罗时使用两副不同的面孔。但是，一旦条件成熟，倭国就会拉起以自我为中心的“小中华圈”，力争独立于中国在东亚建立的华夷秩序之外。

为了形成和维持上述机制，倭王权的首要任务当然是建立一支强大的军队，以便对内统一东瀛列岛，对外挺进朝鲜半岛。正如下向井龙彦教授所分析的那样，到8世纪，律令制下的日本按照“一户一兵”的方式进行征兵，已经可结集起20余万人的军队。考虑到当时总人口只有600万—700万，这的确是令人震惊的武装规模。实际上，日本建立编户制、班田制的目的就是要维护一个庞大的军团，奉天皇为最高军事指挥。由于本国防卫几乎不太需要用力，如此畸形发展的士兵队伍必然带有侵略性，始终以新罗和中国为假想敌。当然，强大的武装力量也使日本进一步加强了独自建构朝贡-册封体制的底气。虽然后来律令国家为了减轻财政负担而有裁军之举，但旋即武士阶层登上历史舞台，进而走向武家政权。可以说，日本军国主义的历史根源就在这里。

史料证明，倭本位的“小中华圈”从405年倭王支持百济的人质腆支继承王位起开始形成。倭王为了促使中国统治者赐予“都督诸军事”称号，举出倭国藩属作为依据，实际上是想让中国承认他拥有对朝鲜半岛的军政统辖权。由于百济、新罗均为独立政权，百济还得到中国册封，当时的中国王朝统治者拒绝了倭王的诉求。为此，倭王决定脱离中国的册封体制并开始使用“治天下大王”称号和“日本”国名，到7世纪更采用“天皇”称号，旨在树立万世一系统治天下的具象化终极权威，并且全然不受中国式天命论和德治思想的约束。

二　律令国家蜕变成封建社会的原因

从“讲谈社·日本的历史”丛书可以看到，5世纪的倭王权具有联合政权的性质。以倭王室为中心，与葛城、和珥等大和豪族以及筑紫、吉备、出云、纪、上毛野等实力派地方豪族结成联盟进行统治。地方豪族为倭王室效力，作为回报可以获得经由朝鲜半岛引进的大陆先进文化、技术以及产物，特别是当时极为重要的铁资源。在这里，互惠构成秩序的黄金律，礼尚往来的酬报关系维系着政权的稳定。与这种联合政权的属性相关，倭王的即位仪式与后来的天皇即位仪式不同，需要经过群臣推举新王的程序。这意味着大王不能仅凭自己的个人意志决定继任者；这也意味着如果倭王没有获得群臣的推戴，其正统性就会受到质疑；这还意味着在即位仪式上大王与群臣必须互相承认，宛如重新缔结联盟的契约。

到了6世纪上半叶，倭王权以镇压地方豪族的叛乱为契机开始推行集权化，借助氏姓制、国造制、部民制加强对社会的控制。当然，对朝鲜半岛用兵也成为加强倭王权力的一种重要的驱动装置。在 7 世纪上半叶，围绕推古天皇的王位继承爆发激烈的持续争论，群臣不得不从先王遗诏中寻找解决问题的线索和根据，这意味着前任大王的意志开始变得更加重要。就在这样的背景下，统治者逐渐倾向于采取禅让的方式转交王位，在事实上绕开了群臣推戴环节。于是，前任大王对王位继承终于获得决定性影响力，并且确立起倭王的主体精神。正如坂上康俊教授所说，太上天皇是为了让皇位继承更加顺利才存在的，……这是日本独自设计出来的制度。然而，倘若皇太子制度本身很稳定，那么太上天皇制度也就画蛇添足了。以前任的大王或天皇让位来决定继任者的方式，实际上也为后来的“院政”以及权力二重结构留下了一道意味深长的伏笔。

随着倭王主体性的增强，在天皇与群臣之间毫不避讳的互惠性关系的基础上，日本开始建构一种等级化组织。在推古天皇统治下的 603 年，倭王权参照儒家礼仪和朝鲜半岛的官僚机构订立了冠位十二阶制度，确定上下有序的身份关系。由圣德太子主导，颁布了《十七条宪法》作为官员的行为规范，糅合儒家和佛教的道德观形成价值判断的标准。到 646 年，孝德天皇下达“大化改新”之诏，通过“废部”“定姓”等方式推行编户齐民的举措，建立起一元化的军国主义统治体制，同时也建立起能够对朝鲜半岛的形势变化进行快速反应的风险防范机制。历史学家把这个改新之诏作为律令制国家在日本的起点。673 年大海人皇子即位，正式冠以“天皇”称号，即天武天皇，俨然成为日本第一个厉行中央集权、政教合一统治的卡里斯玛式领袖。

既然日本以中国为模范已经建立起强有力的律令制官僚国家，那么为什么到 9 世纪之后又蜕变成封建社会，化等级结构为互惠关系呢？根据我阅读日本历史的体会，总结了如下三条主要原因。首先是阶层固化问题。在中国，等级化的官僚国家存在两个去等级化的重要变量。一个与天命观和德治论直接联系，可以按照对王朝的贡献而重新划分等级；另一个是通过科举考试形成了阶层之间的流动性，产生了“朝为田舍郎，暮登天子堂；将相本无种，男儿当自强”的上升指向。但是，日本的皇统观以万世一系为目标，严防异姓革命的动机，所以根本就没有按照对王朝的贡献程度来划分等级的想法。另外，日本没有引进科举制度，导致社会的阶层完全固化，没有向上流动的机会。在这样的状况下，天皇只能依赖与贵族和地方豪族之间已经形成的互惠与同盟关系，并据此不断重构国家秩序。其结果就是外戚做大并登上政治舞台的中心。在整个 9 世纪，外戚的身影甚至还堂而皇之出现在列祖列宗之列接受天皇的祭拜。到 9 世纪的后半叶，政治主导权实际上已经从天皇手里转到作为外戚的贵族手里，形成摄政（天皇年幼时主持政事的太政大臣）、关白（天皇亲政后，凡事先行过问的太政大臣）支配的格局，这就是所谓“摄关政治”。

其次是 11 世纪“院政”问题。所谓“院政”是旨在确保皇位顺利继承的禅让和太上天皇制度，结果却导致上皇的“院”代替天皇来裁定国家大事，造成权力的二元结构，为应对复杂局面留下了充分的暧昧和弹性空间，便于进行制度的灵活操作。在这里，“院”作为最高权力者，因为掌握皇位继承的人事大权，所以掌握着国务的最终裁决权。“院”的权力是非正式的，从而更需要宠臣集团的支撑，更有赖于互惠关系。因而“院”在行使权力时往往需要与摄关反复协商，召集公卿议定，把政治冲突消解于无形。总之，“院政”助长了非正式主义和政治协商。在权力的二元结构之下，正式的官僚机构必须仰仗“院宣”而不是法规和诏书，必须唯太上皇之命是从，于是逐步丧失对值守的责任感。与此同时，贵族社会也因暗盘交易而变得日益腐败。为了克服这类问题，“院”又不得不反过来变得更加专制和强势，不得不掌握最高军事指挥权，并在频繁发生的权力斗争中不得不借重武士的能量，最终形成一个周而复始的恶性循环。

最后是财政权宜之计问题。日本的官制虽然颇为精简，但维护官僚机构所耗费的经费开支依然十分庞大，超出以农耕为根基的国家经济负担能力。为了解决入不敷出的难题，日本统治者采取的权宜之计有两项。一是从地方财源中进行拨款以填堵人力费的缺口，这样难免会产生地方依赖主义和地方保护主义的偏向；二是让各个官厅分别实现财政独立、自负盈亏，这样就可以削减下级官员的薪俸开支，却势必助长部门本位主义和权力寻租现象。这种官僚机构的特色在现代日本仍然依稀可见，表现为京都大学法学院村松岐夫教授提出的模式：“对最小资源进行最大限度动员”的行政效率、政府部门之间的联邦化财政关系以及科层制非正式主义的弹性制度安排。

三　传统执法及其在法律意识中的连锁反应

官僚机构需要法规来运作，故称律令国家。从 681 年开始编纂、在 689 年生效的《飞鸟净御原令》是日本第一部法令。该法令同仿照中国唐朝的《永徽律》在 701 年制定的《大宝律令》以及在此基础上修改而成的于 757 年开始施行的《养老律令》先后构成基本法典。一直到 8 世纪后期，日本的执法和司法机构都会就具体法律问题向唐朝的专家求教，并留有大量的问答记录。但是，从 9 世纪起，日本法律专家已经开始自行决断了。这表明制度移植告一段落，本土化过程已经启动。在我看来，日本法的本土化出现了以下一些特征。例如把作为单行规定的"格式"重新定位和进行编纂，导致格式蚕食和侵占律令的领域，其结果导致后来本所法（适用于庄园之内）、武家法（武家社会）、公家法（承袭律令）的三法并行，无法进行规范的整合。又如进一步强调"例"的功能，不断增加执法的权变成分。另外，在法令的施行体制上，把司法官僚"检非违使"变成一种具有强大行动力的治安维护机构，使信息搜集、武装强制以及案件审判这三种功能合为一体；对监察官僚"勘解由使"则采取直接对天皇负责并向天皇汇报的做法，行使垂直管理国司的职权，同时还让国司四等官承担互相连带责任。

然而从 9 世纪中叶开始，国司的责任被集中于受领一人，实际上就是把秩序原理从共同责任制转变为承包责任制。这样变革的目的也许要进一步明确问责的对象，但结果却使受领一人享有地方统治的全权，使下官变得有名无实，既破坏了互相制约的机制，也破坏了规范思维方式。受领以自己的全人格来担保辖区的秩序，必然产生不择手段追求结果的冲动，因此其裁量权势必被无限放大。反映在法律思想上，就是强调因地制宜、因时制宜的灵机应变，使非法与反法的契机嵌入法律运行机制之中，造成层出不穷的冲突和悖论。在这种条件设置下，普通人乃至下级官员一旦犯法就会面临近乎私刑的惩罚，有冤屈者进行申诉也不走正式途径而求诸有权有势者。反映在税收上，就是把私下交易的互惠关系编织到执法之中，而税制的双重结构又为受领的贪欲提供了系统化的机会。这种状况后来到幕府时代更是每况愈下，就像山本幸司教授描述的那样，由于并无一种成型成文的法律规范，这就意味着，无论在法理上还是在程序上，每个个案都必须依照其纠纷的不同逐一下达新的判决，宛若个案立法。

在这样的背景下，特别值得一提的是“法匪”概念的出现。846年，在法隆寺僧人善恺诉讼事件中，次席大纳言固执己见，最终使弁官同僚被罢免，因而被称为“法匪”。这个词语意为玩弄法条、巧立名目、构陷他者的难缠小人。与“法匪”概念相对应的则是所谓“评定众”（长老合议）和“式目”（办案指南）以及碎片化的先例、习惯，为人为地操作规范语言留下了很大的回旋空间。也不妨说，就在“法匪”这个概念里，隐藏着日本传统秩序的某些深层密码。

展示研究日本古代史前沿成果的良著

——评“讲谈社·日本的历史”之《王权的诞生》

胡炜权*

一　研究古代东北亚史的盲点

众所周知，我国在古代跟日本、朝鲜半岛的关系十分密切。以往，我国、日本乃至其他国家开展日本古代历史研究，必然要先熟读中国古代的几部正史。从“二十四史”中的《汉书》《三国志》《宋书》，到《隋书》《旧唐书》《新唐书》，还有其他历代的名著如《山海经》《册府元龟》等。

我们毫不讳言地说，研究日本古代，甚至整个东北亚的信史之始，都必须参考上述这几部中国古代正史，其重要性是不容置疑的。日本的学者在很久以前就明白了这一点，从江户时代中期（十八世纪）以来，从当时的国学家如本居宣长等，到后来开拓近代日本史学的学者们，早已熟读且常常引用上述的几部著作为论证的根据。

然而，来到二十一世纪的现在，光靠中国古代的正史已经不能满足我们进一步探究和了解日本古代历史发展的需要。即便上述的几部正史提供了不少重要的线索和提示，但是中国的正史再怎么说也是站在中国历代王朝的角度和需要来书写的，其中关于外国的记载只是蜻蜓点水。显然，我们要进一步探讨日本等邻国的历史，有必要结合文献史料以外的方法来提升研究的水准。

关于这方面，自二十世纪五十年代以后，日本史学界迎来重大的突

* 胡炜权，山东大学历史文化学院副教授、硕士生导师，研究领域为日本史。

破。尤其是他们自那时候起，逐步摆脱日本帝国主义和建国神话带来的限制，可以“畅所欲言”，重新以科学的角度剖析那一段长期被神化和美化的古代史。在这里，日本考古学界探索日本古代史不遗余力，贡献良多。通过他们这数十年的挖掘成果，又结合了近年人类学、民俗学的研究成果，现在我们研究日本古代史的时候，不再是只读读《日本书纪》《古事记》就可以了，必先参考和关注日本考古学界的研究和发现。

目光回到我国的周边如日本群岛和朝鲜半岛，即便通过前述的汉文文字史料，我们能够大致了解中国古代对它们的认知和认识，但对于这些记载有多大的可信度，必须跟考古成果互相印证、比较，然后思考才行。就这方面来说，作为远在现场以外的他者，除了学者外，一般有兴趣的读者一直苦无这方面的材料和渠道去深入了解，或者碍于考古学专业知识深邃难懂，读者们望而却步。

了解他国，哪怕是“山川异域，风月同天”的日本和朝鲜，我们更有必要在掌握古代国史的同时，通过阅读他们的研究，了解他们的学术界怎样理解、利用我国史料，结合他们自身的考古成果，以及后来的信史，了解他们从自身的角度怎样演绎古代东北亚区域的历史。这正是“知己知彼”的重要性。

二　该书的重要性和珍贵性

面对以上提到的盲点和困难，“讲谈社·日本的历史”之《王权的诞生》（以下简称“该书”）便是一本以通史的形式向一般读者述说二十世纪末日本考古学界和历史学界成果的良著。

该书作者寺泽薰先生是长期研究日本原始和古代文明的代表考古学者之一，他曾任日本奈良县立橿原考古学研究所所长，现任奈良县樱井市的缠向学研究中心负责人。一直以来，寺泽先生发表和编著了许多学术性著作。本书正是他少有参与的通史书，可以说是寺泽先生少有面向一般读者的作品，加上这套“讲谈社·日本的历史”系列在日本同类作品中也属于较高水准，不熟悉的读者很可能不感兴趣。

平心而论，对日本原始时代和古代感兴趣的读者而言，这绝对是一本非常难得的好书。

该书的亮点有三个。

第一个亮点是该书兼顾了考古与历史的平衡。上面提到，日本古代要从八世纪开始才有自己的信史，之前的历史都要依靠考古成果和中国、朝鲜半岛的资料。该书作者寺泽先生充分考虑到这个问题，头三章详细介绍了弥生时代的日本，到了第四章开始便是梳理信史（如《三国志》），然后跟考古发掘的成果互证，还原当时还处于部落国家分立割据的具体情况。虽然不少内容只能通过推敲和猜测来述说，但这样一来，日本古代的发展史，以及跟古代中国和古代朝鲜半岛的交流与互动，都得以比较多元和立体的呈现，改变了一直以来我国部分日本通史书单纯引用我国史料平铺直叙，缺乏新视角和突破的情况。

再者，书中大量的图表也能帮助读者更细致地了解“倭国”当时各个部落国家的具体位置和互动关系，这也是评者在自身已知范围内，在国内同类书籍里，首部能做到如此巨细无遗之作。

第二个亮点是该书的考古学家为一般读者翔实地介绍了日本原始时代的面貌。刚才提到的第一至三章完全就是为读者科普“弥生时代”的整体情况。说到弥生时代，在中文（包括原创和翻译）的日本史书里，对于这部分的概述普遍十分简单和粗浅，不外乎是搬出年代顺序来说明“到了什么时候出现了什么”“到了哪时，日本开始怎样”的叙述方式。更有甚者，就如前面提到的，这种方式大多夹杂着大量难以理解的专业术语。

反观该书，一开始不是提高门槛吓退读者，而是提出几个具有深意的问题：“什么是弥生时代和弥生文化”“什么是日本国与日本民族”“水稻种植中如何发现日本文化原型”，还有“人类发动战争的原因”等。这些问题看起来跟一般人对考古学的想象不大靠边，而作者通过提出这些问题来凸显深层次了解弥生文化的意义和必要性，对读者来说这远比上述的那种僵硬呆板的方式更具有吸引力。

此外，在这二三十年内，日本考古学界和人类学界的研究，对弥生时代的时间跨度，以及跟之前的绳文时代的关系都有很大的进展。例如目前的看法认为绳文时代早在一万五千年以前开始，而弥生时代的起源期，有学者认为可以推前至大约公元前四世纪。该书的作者结合陶器编年等方法推断出相对的年代纪年，并认为弥生时代在公元前四世纪—公元前三世纪左右开始。

换句话说，虽然该书原版出版距今已有二十余年，但当年的成果至今仍然具有很高的参考价值和学术意义，绝对不是过时的作品。

第三个亮点是该书后半部分讨论日本王权的形成过程，以及日本初期的国家形态，乃至最后从世界史的角度俯瞰日本王权的形成。这部分值得肯定的地方，是其承接前面章节的考察，然后在这里展开分析和讨论。虽然这种写作手法十分常见，但考虑到要整理和结合跨学科的研究成果，兼顾读者的理解能力，结构严谨、环环相扣，在确保读者应该大致理解古坟是什么、古坟的建筑结构和类型怎样反映出古代日本（倭国）各地区部落国家王权的特征后，再如同百川合流一样推进到讨论这些部落国家怎样融入后期“大和政权”里，条理之清晰极度考验执笔者的语言能力和学术水平，且作者在讨论的过程中一直保持十分严谨的态度，对于各种学术概念的定义和使用都十分讲究。例如本部分的关键词“王权”的定义，作者强调这里的“王权”与分布在各地的部落国家不同，是专指表示“王（的）阶级地位的历史概念”，统治“广大地理范围上，自上而下一气呵成”的“新生倭国”的主体权力，而掌握这个“王权”的“大王”则是“王中之王”“诸王之王”。

乍眼一看，作者这个讨论好似画蛇添足，但其实不然。当我们了解了当时日本诸部落分立，盘踞各地，这些部落与后来逐步统合日本的“邪马台”和后来的“大和政权”之间的差异在概念上必须进行区别和说明。

先陈述理论和概念，然后去分析古代日本国家形成的阶段，这种层层递进的分析方法值得历史学的学生学习和掌握。而且，这种写作方法也比以往一些书籍只是为了解释后来“日本国”的成立，而淡化和矮化其他部落国家的叙事方式客观且多元，没有那种只为交代结果而单线叙事的味道。

笔者认为该书这部分最重要的是，中国读者通过阅读这部分后，必定会思考和察觉到“东亚世界的王权和王”的多样性，继而思考所谓“王权”和“权力形态”绝非只有一个样板和形态。通过该书的讨论和分析，笔者认为能让读者们对“中国式的王权与周边邻居国家之间的不同在哪里”这个一直被我们轻视和忽略的基本且重要的命题，展开思辨和探讨，这不仅对日本史，而且对我国历史的学习和认识也大有裨益。

结　语

总而言之，该书在同系列之中应该是最好理解但同时又是最难掌握的一本。“最好理解”是因为该书的大半内容都多少引用或参考自古代中国的文献，对读者而言少了现代中日关系史那种负面情绪，却有一种亲近感；而“最难掌握”则是因为该书是一本跨学科（考古、艺术、历史、人类学）的著作，对不具备相应知识的读者而言，一开始恐怕稍感困难，但笔者认为只要平静下来，慢慢理解，再结合书末的图表，该书的价值和丰富的解说能克服这种苦涩，给读者们带来耳目一新之感。

从倭王权建立到律令国家

——评“讲谈社·日本的历史”之《从大王到天皇》《律令国家的转变》

龚　婷*

引　言

“讲谈社·日本的历史”系列中文版的出版，引起了国内众多日本史研究者及爱好者的关注。该系列图书在日本自2000年出版后广受好评，后又于2008年再版，被收录进“讲谈社学术文库”，经常出现在各类日本史推荐榜单上。近年来，由于国内对日本史的关注度越来越高，各大出版社也相继推出了各种专题性质的日本史书籍。不过，国内出版的相关图书多数选题或是聚焦在中日交流，又或是与中国文化相关的领域，对于日本的国家形成等这种“十分日本”的内容，关注度还是相对较低。在笔者看来，由文汇和新经典文化共同推出的“讲谈社·日本的历史”系列则正好填补了当前这一部分的空白。时隔数年，再次细读《从大王到天皇》和《律令国家的转变》这两卷的中译版，又增添了许多新的感触。中文版译文尽可能地还原了日文原版中的语境和意思，对一些生僻的历史术语也做了详细的脚注。此外，中文版和日文原版相同，没有删减插入的照片及地图，由于可以参考地图，涉及考古及历史地理学知识的部分阅读起来十分流畅。

考虑到阅读本文的读者绝大多数对日本古代史并没有深入的了解，所以以下行文尽可能避开分析和批判其学术观点，简要地从几个过去不太被中文读者所熟知的切入点来对《从大王到天皇》和《律令国家的转变》这

* 龚婷，国际日本文化研究中心研究员，博士，研究领域为日本古代史。

两卷中的个别要点作以短评。

一　何为“治天下”

《从大王到天皇》的作者熊谷公男是日本东北学院大学的名誉教授（在该书撰写时为教授），是一位虾夷问题和日本古代王权论研究方面的专家。他对当时的日本王权形态及组织结构、氏姓制度等均有深入研究。讲谈社请他来撰写 3—7 世纪部分，可以看出编辑部起初对这一卷内容的侧重方向。该卷副标题所对应的日本史年代分类为“古坟时代—飞鸟时代”，从公元纪年来划分的话，一般认为是 3 世纪后半期至 7 世纪末。

作为“汉字文化圈”的一部分，日本和朝鲜半岛及越南一样，历史记录皆由汉字书写而成。《从大王到天皇》的序章中提到，中日两国“天下”概念的不同原本是两国对于“天下”认知上的差异所致。[①]“治天下”中的“治”在古日语中有两种不同的读音，而这两种不同的读法则分别彰显了前后不同阶段的两种统治形态。“从治（オサム）到治（シラス）的变化，反映出以人身依附关系为纽带的原始性统治权，发展成了以绝对军权和国家机器为后盾的强制性统治权”，这种观点无疑是“从大王到天皇”，从“倭王权到律令国家”发展进程的一个具体体现。

二　日朝关系四百年

言及 3~7 世纪的日本，首先无法避开的是日本列岛与朝鲜半岛之间的关系。朝鲜半岛南部的“加罗”（又写作“伽耶”或“加耶”）地区优越的地理位置，使得该地区成为半岛交通线上的战略要地，并引来了当时的倭朝廷跨过对马岛对该地区的觊觎。此后，倭朝廷结盟百济，与高句丽开战（广开土王碑）等行为，均昭示出当时的倭国对打入朝鲜半岛势在必得的野心。而将这一野心付诸行动的则是向南朝求请封官加爵的“倭五王”。对倭国来说，这一时期的朝鲜半岛有极其重要的意义，作为面向日本的窗

① 〔日〕熊谷公男　著，米彦军　译：《从大王到天皇：古坟时代—飞鸟时代》，上海：文汇出版社，2021 年：第 6 页。

口，朝鲜半岛一方面为列岛输入了大量的物资，另一方面移民和技术也随之涌入日本列岛。这些具有先进性的文化产物和必需品在倭王权内部被重新分配，而倭王权依靠垄断它们巩固了自己在岛内的统治，并逐步统一了日本列岛。

《从大王到天皇》的第一章多方面系统性地论述了这个时期的日朝交流情况，这本书除了在日本史部分参考了主流的观点，还引用了田中俊明等人对日朝关系史研究的新成果。可以说，《从大王到天皇》在结合了一部分可信度较高的文献的同时，也着重于使用考古资料来进行论证，有效地完善了因史料可信度问题导致的该时期研究欠缺的一些细节。

三　倭王权的扩张

相对于此后的“佛教东传”及“律令制国家建立前夜”这样已经被中国的日本史爱好者熟知的内容，中国读者接触较少的应该是与倭王和倭王权建立及其构成相关的部分内容。中文著作历来没有详细解释相关内容，国内已出版的诸多古代史译著也鲜有覆盖到这方面的专题。

根据巨大古坟的位置来推断王陵及王权据点的所在地，其实并不是最近才开始流行的研究方法。近世以来，将畿内地区的巨大古坟与天皇陵一一对号入座的考证研究就兴盛不衰，这些江户国学的研究成果被当成是明治以后宫内省治定天皇及皇室陵墓群行事的重要依据。直至今日，世界文化遗产“百舌鸟古坟群”在一部分日本媒体的报道中还被称为“仁德天皇陵”。

“百舌鸟古坟群”所在的位置就是河内地区（现在的大阪市及周边地区），也即二战后一度成为主流的“王朝更替学说”中的“河内王朝”的推定所在地。而该卷作者对此学说进行了批判，认为大和与河内并不能被视作两个独立的地域主体，河内地区出现的大型古坟群是倭政权出于某种原因兴建的。此外，该卷作者还提出了“倭王权的直辖地”这一概念。倭王权诞生于奈良盆地中的“大和”地区，此后在倭王权的逐步发展中，其政治中心——王廷因为政治目的及需要的改变而发生移动，这不是极端个例。因为渡来人聚集在河内地区，所以倭王权开发河内以西地区的海港运输，在资源把控等问题上，均有更为现实的意义。正是在这一历史背景下，王权中枢的主要氏族开始在河内地区设置据点，新的王墓也在随后被迁入该地区兴建。

四　倭王权的中央与地方关系

公元5世纪的倭王权，是一个与各地豪族缔结同盟形式而形成的联合政权。地方豪族在政权中的地位虽不及盟主倭王室，但同样也手握重权，担任各项要职。而这一时期，由于倭王权的组织体系还不够完善，其对地方的控制能力十分薄弱，中央和地方之间的关系也更接近于人类学所称的“互酬性关系”。在这种极为不稳定的关系中，日本列岛内部爆发了武力冲突，地方势力之间纷争不断。倭王权积极介入各地首领之间的纷争，又通过资源分配大做文章，逐步构建起中央与地方的新关系。那把出土于埼玉县行田市的稻荷山古坟刻有“治天下大王”铭文的铁剑，恰好是这一时期以大王为核心的中央政权与地方豪族曾有过密切联系的又一力证。

此后在继体和钦明两朝，倭王权的地方经营得到了飞跃性的发展。地方开始设置国造（地方官）、屯仓（地方设置的政治据点），打造稳定的倭王权地方设施来统治当地。而部民（王权根据臣、连、伴造等在朝廷的地位所承认的私领民众）和中央统治的氏族，则是倭王为了稳定王权关系所允许的一种人身依附关系的纽带。有关国造、屯仓、部、氏族的详细关系，可参照《从大王到天皇》第186页的插图，这张图非常直观地展现了倭王权和地方（国）之间的关系及统治路径。

五　平安京与天皇制

虽然《律令国家的转变》一书的副标题写着奈良时代和平安时代前期，但这本书的内容实际开始于奈良时代最后一位女天皇称德天皇之死。在“讲谈社·日本的历史”日文版系列中，涵盖整个奈良时代史的是日文版第4卷《平城京与木简的世纪》，很遗憾的是眼下这套书的中译系列里缺少了这一卷，希望新经典能在后续出版中补足。

《律令国家的转变》是一本主要围绕8世纪末至9世纪初展开论述的

著作，其主要的论述中心是9世纪。而在这之前，即漫长的8世纪后半期，圣武死后的皇统继承问题搅得朝堂内外血雨腥风。主要皇族相继因谋反等问题丧失接替女天皇的资格，女天皇则在没有选择后继者的情况下死去（一说死前定有白壁王）。随后桓武即位，首都北迁，这正式标志着一个新时代的肇始。定都平安以前，日本的都城曾在十年间短暂地定都于长冈京（今京都市西南方）。那时迁都的原因有很多，除了一直以来学界着重强调的政治因素，也包括自然环境的影响和地理方面的原因。离开大和旧地，迁向更北的山城（山背）国地区，由此可见桓武脱离旧势力的决心。官僚时代曾任大学寮长官的桓武熟练掌握了中国的学制和礼制，为了解决其因母系血统卑贱而成为劣势皇统的问题，桓武导入了一系列中国式礼法来提高正统性，郊祀就是一个典型例子。此外，在这一时期，后宫和皇太子制度围绕天皇制也得到了更完善的整备，即便是出现了平城和嵯峨这种二处对峙的局面，这样的局面也没有从根本上影响到此后的皇统继承问题。实际上纵观整个古代皇统相承，在父子直接相承难以实现的情况下，皇嗣身份转移给亲近兄弟的情况十分常见，学界有一部分人把这种现象称为“两统迭立”。但实际上，历史上被认为是迭立的现象却指的是像日本南北朝那种分庭而治的情况。

六　摄关政治的开端

没有幼帝的出现就不会有代为摄行天下之政的摄政。文德天皇死后，年仅9岁的惟仁即位。惟仁也是平安时代的第一位幼帝清和天皇。藤原氏在朝堂的影响力远胜于生下长子的文德宠妃纪静子及其族人。成熟的政治运作使得幼帝的出现成为可能，而年幼的天皇并不具备统治朝纲的能力，只能借由他人辅佐，而这一最佳人选就是身为外戚的藤原良房。此时，立皇太子并没有一定要立长的规矩，母系氏族的影响力才是真正影响皇嗣册立的关键。虽然文德死前还没有放弃让更为年长的儿子惟乔亲王先即位的愿望，但终归事与愿违。随着清和即位，藤原良房依照先例被任命为太政大臣。但太政大臣的职权没有明确定义，只是一种地位象征的名誉职务，而这正是良房代替幼帝行使处理政务权力的一个大好时机。综合各方史料，我们可以认为清和从即位到元服期间，良房作为摄政做了许多工作，此后应天门之变的后续应对，也依靠良房的再次出山才得到了解决，这也再一次巩固了良房在朝廷政务上的重要地位。

而良房的养子藤原基经因有废黜阳成，拥立光孝天皇的从龙之功，此后被光孝委以重任，汇报政务均要“关白于太政大臣”，辅佐天皇统治。“关白”一词出自《汉书·霍光金日磾传》，原为动词作“陈述、禀告”之意，此后被名词化成为担任这一职责的代称。虽然其中有“阿衡事件”造成的波澜，但关白的地位自藤原基经开始得到确立。此后新皇即位也会重新确认或是任命关白一职。这也为藤原北家稳坐摄关的时代开启了新的篇章。

结　语

由于本文篇幅有限，未能提到的一些章节和细节不能一一总结概括。虽说通史主要是参考已有的研究成果来进行撰写，但其中并不乏值得一提的新观点。比如在《从大王到天皇》中，作者熊谷公男批判册封体质论“完全是中国王朝单方面根据自己的逻辑创制的历史理论”，还有坂上康俊在《律令国家的转变》中否定了吉田孝所提出的“大和古典国制”学说，他认为“以天皇为核心，摄政、关白、院（上皇）、征夷大将军代行权力”的国家制度不可能形成于平安时代初期，这是一种笼统而牵强的说法，这种“古典国制”概念也并不适用于日本。坂上康俊认为，这一时期的日本更多的还是处在一种在实践中摸索，以解决目前遇到的难题的现实模式中。

最后，《律令国家的转变》的附录还总结了参考他国史和本国史记录而制成的公历对应年表，列出了律令制位阶一览，天皇世系图等资料，给出了各章节对应的参考文献，这些想必都会给希望从时间线和细节角度把握这一时期历史进程的朋友带来很大帮助。

评“讲谈社·日本的历史”之《武士的成长与院政》

周堂波*

“讲谈社·日本的历史”丛书中的《武士的成长与院政》（以下简称“该书”）由广岛大学下向井龙彦教授所著。作者以其独有的切入点，从军制史等角度论证了武士阶层的诞生以及院政的发展，揭示了中央与地方之间权力的过渡、朝廷与武士之间的相互牵制以及平家与源氏之间势力的此消彼长。史论交织，以大量一手史料还原了千年前的日本历史，通过一连串历史事件，系统地复刻了浮囚叛乱、宽平延喜国制改革、平将门之乱、前九年之役、后三年之役、院政的鼎盛衰亡以及源平之争等历史画面，以武士的崛起和院政的发展为主线，党派之争、利益之战为情节，刻画了律令制国家向王朝体制国家的转变之路。

通读全书，平安时代后期的三条历史主线栩栩如生铺展开来，分别是王朝国家体制的发展与变革、武士的初登台与发展壮大、院政体制的鼎盛与消亡。

一　国家体制的发展变更

公卿、殿上人阶层作为统治集团，地位稳固，中央机构的构成以太政官为中心，以“太政官一国司”作为全国统治结构，对公田的课税方式与前时代一脉相承的政治体制被称为“王朝体制”。从九世纪末至十世纪初的国制改革，再到十一世纪中叶施行“长久庄园整顿令”，一直到“延久庄园整顿令”阶段属于“前期王朝国家”，此后到1192年武家社会建立的

* 周堂波，武汉理工大学外国语学院副教授、硕士生导师，研究领域为中日文化交流。

阶段属于“后期王朝国家”。

前期王朝国家的体制特征之一就是将地方统治权委托给受领，通过国衙的保护和约束来确保免田官物的征收。前期王朝国家的军制与武士势力密不可分。国家军制中很重要的一环就是天皇直接用大索的方式召集、动员在京武士。前期王朝国家的国家军制的实际形态是用附带特定权力的追捕官符进行武士动员，王朝国家政府之所以能稳定统治全国的理由之一也在于此。故前期国家军制对武士的倚仗使其队伍逐渐壮大，成为实际意义上的国家主体，为后世幕府的开创奠定了基础。

“延久庄园整顿令”发布以后，国家体制过渡到了后期王朝国家体制。在后期王朝国家的转换过程中，太政官（阵定与弁官局）地位突出，作为纠纷审理机关、裁定会议，对庄园公领制的形成发挥了促进作用。对庄园动武时，国衙利用追捕令动员武士的机制已丧失功能。在后期王朝国家体制下，以“国”为基本单位的全国军事指挥体系崩溃，由中央派遣追讨使镇压叛乱的体制基本完全取代了国衙军制。后期王朝国家体制要求中央政府必须发挥强大的领导力，于是院政这种政治形态应运而生。

综上，王朝国家体制与武士阶层和院政的形态相互交织，持续发展，直到在赖朝进行“天下草创”，开创幕府之后，最终宣布结束。

二　历史主体的发展壮大

在坂东诸国，宽平、延喜年间的国制改革与暴力抵抗同行，经过一系列军制改革，国衙军制建立。在镇压暴力抵抗运动中，武士代替浮囚雇佣兵的角色，登上了历史舞台。以全新军制为基础的镇压方式催生了“武士”这一集团。在东国之乱中，“头号武士”平高望、藤原利仁、藤原秀乡三人开创了新的马上个人战术，成为流传后世的武士英雄神话。同时，从虾夷的蕨手刀进化而来的日本刀的问世促进了疾驰斩杀战术的发展，成为武士阶层战力的基础。而在体制过渡期内，只有在镇压叛乱的过程中接受过战术革命洗礼，并利用新的战术建立过功勋的人才能被认可为武士。可以认为，武士登台时的正义形象以及定义过程，正是日后武士阶层兴起的声望基础，也是后期武士集团内部看重“武名”、规矩森严的原因之一。

而在长期叛乱中，从“战术革命”中诞生的全新武艺被源氏、平氏以及藤原氏内化为家业，而这三个家族正是平安后期武士阶层的主力军与代表。平将门、藤原纯友之乱以后，武士开始以检非违使、受领等身份到宫廷社会中发展，成为“在京武士”。在武士阶层，为天皇效劳、得到恩典晋升官职位阶是最基本的武士主从关系，武士侍奉权贵家族同样也是为了官阶。在军事上，武士郎党作为新兴军事力量统治国内；在政治上，大量武士晋升为受领、检田使、收纳使等；在经济上，社会地位较高的武士大量囤积财产；在社会上，武士兴旺人丁、培植郎党，就这样，武士阶层力量迅速壮大。通过镇压平忠常之乱、前九年之役、后三年之役这三场发生在十一世纪的叛乱，源赖信、源赖义、源义家以王朝国家的军事指挥权为媒介，与东国武士建立起军事主从关系，斩获了王朝国家军事指挥官的地位，创立了镰仓幕府的源赖朝军团（御家人制）的根基——源氏主从制，成为“武家栋梁”。此后，院政时期，源氏武士经历寒冬期，平氏武士发展壮大。平氏发展到后期，因利益冲突，否定了宫廷社会秩序的平氏遭到了贵族们的抛弃，其推举的高仓院也并未与其站在同一战线，平氏别无选择走上独裁之路。治承、寿永之乱中，源赖朝率领坂东武士打败平氏，得到了王朝国家的认可，形成了自己的军事政权，开创了由朝廷与幕府所构成的新国家体制。最后经过源平之争，源赖朝打败平氏，保卫了其“武家栋梁”的地位，进一步壮大了武士势力，为镰仓幕府的开创奠定了基础。

三　政治体制的发展演变

后期王朝国家体制要求中央政府必须发挥强大的领导力，于是院政应运而生。延久四年（1072 年）十二月，后三条天皇让位给贞仁亲王（即白河天皇），并开设院厅处理政事，以院政取代摄关政治。院政是指其直系子孙在位为天皇时，上皇（院）以监护人的身份掌握最高权力的政治体制。其权力根源在于能否掌握皇位继承的决定权。后三条天皇开设院并不是为了打压摄关家，而是在迫切需求强有力的专制权力的时代的顺势而为。院凭借皇位继承决定权使摄关、公卿及贵族全部臣服于自己，集专制权力于一身，在调停庄园与公领的纷争、寺院间的纷争，抑制因统治阶层分裂而导致王朝国家崩溃方面发挥了重要作用。院创造出被称作“院近臣”的宠臣集团，作为手足支撑着院的专制权力，并掌握了政府中枢。院掌握人事权，依靠院宣的权威指示官员处理政务，加强了专制程度，而官员们过度依赖院宣，丧失了职务责任意识，贵族社会开始从内部腐坏，院不得不加强专制。

后三年之役之前，白河天皇一直在利用源义家的武力。其退位成为院之后，为了防止源义家势力壮大，一直有意识地压制源义家一系的官职。为了平衡武士势力，白河院开始重用伊势平氏，有意将其培养为“武家栋梁”。其后，白河院去世，其子鸟羽院开始施行院政。保元、平治之乱之后，后白河院重用平清盛，清盛权力迅速扩大，与后白河院一起把持天皇，形成协作。直到“鹿谷阴谋”之后两人决裂，平氏发动政变、幽禁后白河法皇。至此，延续了一百多年的院政基本宣告结束。

综上可见，《武士的成长和院政》以日本平安时代后期为主，作者向我们展现了日本平安时代后期武士阶层的崛起历史（崛起前—崛起时），讲述了一个由“律令国家”向“王朝国家”体制转变的日本国家历史形象，通过聚焦以平清盛为首的代表天皇院政权力的平家，和以源赖朝为首的代表武家政权的源家之间的斗争，最终源家胜出的史实，脉络清晰地向读者展现了日本平安时代后期的军政体制变换图谱。作为史学研究而言，其特点如下。

一是擅用《今昔物语集》。《今昔物语集》是日本平安时期讲述佛教与世俗故事的故事集，对于了解当时武士与庶民思想生活而言是重要的资料。日本近代文学大家芥川龙之介的多篇小说灵感皆出自其中。但《今昔物语集》的体裁是说话体，且其描绘的故事较正统史实记录而言稍显轻薄。《武士的成长与院政》一书则并未以其为主导介绍历史发展，而是辅之以文学科普的形式穿插于史料之中，以文学的生动性打破了史料的枯燥，同时也引起非专业读者的兴趣并加深印象，让我们明了军政体制的更迭和文学文化之间跨领域的关联。这有别于过往史学家忌讳以文学作品而非史料记载为依据的史学研究模式。

二是实证中抽丝剥茧。在探讨关于平将门之乱与藤原纯友之乱的统称问题的部分，该书作者对主流推崇的将两次叛乱统称为“承平·天庆之乱”的看法加以反驳，认为其难以区分承平年间战乱与天庆二年之后战乱的不同性质，容易给人一种平将门和藤原纯友自打承平年间就是叛乱者的错误印象，因此主张把统称改为“天庆之乱”。又如《日本纪略》将藤原纯友写为承平南海海盗首领，作者通过以记录同时期史实的史料《扶桑略记》《本朝世纪》与之进行比较，最终推翻了《日本纪略》对藤原纯友的误导性评价。诸如此类以不同史料和史学观视角对比的方式，使该书形成了一部分脱离主流认知的独立性观点。

三是巧用、广用一手史料。该书最大特征之一即直接引用了多种原始史料，包括绘画、图表、原文记载、文学评价等，史料并不仅仅局限于史书记载，其多样性和解放性也正是“网野派史学观”的核心，即所有史料均可用于分析研究日本通史，且描述历史的文本十分客观，遇到主观性观点时均有“笔者认为”作提示，而融合其他学者见解时则会加上“也有学者指出”云云，彰显其可信度之高、阅读价值之大。在还原历史的同时，此书以简明易懂的语言文字充分保持科学客观性，对非史学专业的读者而言十分友好。

“横看成岭侧成峰，远近高低各不同”。不同的人，有不同的阅读体验。阅罢此书，想必读者对平安后期的日本历史会有更详细、深入的了解，脑中对该时期各个著名历史事件的发展脉络也会更加清晰明了。

评“讲谈社·日本的历史”之《源赖朝与幕府初创》

杨朝桂[*]

镰仓时代，是日本史上首个武士掌权的时代。其创立者源赖朝，率先勾勒出“武士参政”的构思并将其付诸实践。《源赖朝与幕府初创》一书以源赖朝及其后继者的政治生涯为主线，通过承久之乱等历史大事件，一探武士、贵族等不同势力之间的对弈与合作、权衡与取舍，再现了镰仓时代初期，源氏三代将军的荣辱盛衰，及其身后北条氏的勃兴历程。对源赖朝的个人经历及其政治思想，御家人制度的建立以及镰仓时代女性如何参政的阐述，读来令人耳目一新，皆是独到的观点。

一　为何源赖朝能够开创镰仓幕府？

在古代国家解体、群雄割据的状态下，除源赖朝之外，人人皆有掌控政权的可能，源赖朝克敌制胜的条件是什么呢？客观条件可以说是源赖朝武装起义的据点是拥有最强军事实力的东国，扼住了交通要道东海道沿线。但是更重要的是其具备政治家的素养，时机来临之前的卧薪尝胆、内心蕴藏的亲和力、在夹缝中生存的政治手腕、假他人之力运筹帷幄的协调能力等。

纵观东国的历史，以夷制夷是律令国家的基本政策。在东国的历史上，有很多东国势力的核心人物，通过为律令国家卖力而获得了社会地位的跃升。自平安时代中期以来，生于东国长于东国的京都贵族子孙为数众

* 杨朝桂，天津大学外国语学院讲师，研究领域为日本近现代史、日本近现代文学。

多，他们大都怀揣在京都出人头地的强烈欲望。然而，东国虽有足够的军事实力建立一个单一的政权，但其势力实际上不过是一盘散沙，他们根本没有一个能够指挥庞大军力的领导者，所以东国势力只能被京都的朝廷和贵族所分割和控制。而源赖朝最具革命性的地方，便是打破了这种东国只能被统治的局面，建立了东国自己的政权。统一东国后再建立独立于京都之外的政权这一大任，可以说是历史留给源赖朝和继承自他的镰仓幕府的一大课题。

源赖朝的生涯大致可分为两部分：十三岁之前的京都生活和流放伊豆后的东国生活。虽然作为清和源氏的嫡系在京都的生活只有短暂的十来年，却对源赖朝的人生产生了巨大影响。源赖朝举手投足之间皆流露出京都贵族的气韵。此外，流放时期与东国武士一起度过的青壮年时代也铸就了源赖朝后期的人生。因而，源赖朝既具有吟唱和歌的贵族素养，又具有狩猎、武艺的武士素养。正是因为源赖朝的这种特殊的人生经历，才让他能够更清晰地洞察到不同地域之间的文化差异。源赖朝的高贵身份使其游离于东国之外，他的高瞻远瞩也非东国当地武士能够企及。但是，他深知东国武士的需求，赢得了众人的爱戴，拥有了统领东国的资格。源赖朝离世后，掌握幕府实权的北条氏即便到了镰仓时代中期也未能摆脱东国武士固有的思维格局。但是源赖朝却不同，他的关注点不仅仅是东国，西国乃至整个日本尽在其视野之内。源赖朝的构想无疑包含走出东国，建立全国性政权的志向。正因为他的出现，这些“东国武士”才真正成为崭新历史舞台的主角，而这也是镰仓幕府建立的历史意义所在。

二　何为御家人制度?

起义之后，为了尽早统领东国武士，源赖朝着手建立了御家人制度。那么御家人制度究竟是什么？在御家人制度下，那些直接与镰仓幕府的将军缔结主从关系的武士称为御家人。将军承认御家人原有领地，并会根据战功赐予其新的领地。但与此同时，御家人需要履行义务，即战时必须从军参战，或担任将军身边的警卫，或驻守镰仓、京都，并且他们还必须在幕府担任一些日常性职务，为幕府提供财政所需物资。

在源赖朝确立御家人制度前，人们将效力于贵族或武士的侍从称为“家人”，自平安时代起，“家人”这一称呼便已被广泛使用。通常来说，在身份上“家人”的从属性较强，一旦主人遇事，“家人”便会是与主人同呼吸共命运、不离不弃的存在。可以说“主人—家人”之间存在一种家人只忠于一位主人的从属关系，这种从属关系需要依附人际交往。所以在这种关系中，即便家人不经常事奉主人左右，他们也需要与主人维持一种相互见面、彼此熟识的社会关系。主人与家人之间通常会举办一种名为“见参”的会面，以及一种需要捧呈“名簿”的仪式。但是当西国武士也被纳入该体系后，这种社会关系变得淡薄，甚至消失殆尽。此后，出现了不同于古代国家组织框架概念的家臣概念，主从关系也从一种单纯的人际关系演变为一种抽象化的框架概念。而源赖朝所创立的这种新的社会组织架构，正是御家人制度。关于御家人的政治构想，除了将互不相识的武士组织在一起之外，源赖朝还有另一个构想，即御家人彼此之间要具有平等性。可以说，就社会层面而言，“除镰仓将军一人之外，御家人众人皆平等”的思想观念体现了镰仓幕府成立的最大意义。如果说镰仓幕府的成立仅仅意味着统治阶层由贵族向武士发生了转变，那么从社会层面上看，其改革的意义几乎微乎其微。更重要的是镰仓幕府的成立还表明，具有政治话语权的阶层已有了社会性扩张。以镰仓将军为支点，大小御家人能够团结一心，作为一个有凝聚力的群体来维护自己的利益，这就使得以往被单方面统治的武士阶层也拥有了政治上的话语权，他们可以根据情况影响整个国家的政策走向，这就是镰仓幕府成立后带来的最大变化。就社会整体而言，武士阶层登上政治舞台也使得社会阶层的差异进一步缩小。由此可见，与上一个时代相比，镰仓幕府的成立基本上可以说是一次革命。率先勾勒出“武士参政形态”并不断推动其向前发展之人，毋庸置疑是镰仓幕府的创设者——源赖朝。

除了提高武士们的政治地位，经济上的财富再分配问题亦是源赖朝需要解决的历史性课题。为此，源赖朝实行了地头制。源赖朝创立的御家人制度并设置守护、地头的做法，从根本上改变了古代国家的行政体系。此后，尽管日本的南北朝时期曾有过一段反动期，但源赖朝所设定的框架实际上仍然界定了室町幕府至江户幕府建立起的武士政权。地头的宗旨实际上就是一种源赖朝对辅助自己建立政权的武士阶层的恩赏。与此相对，守护则负责代替源赖朝在军事、行政活动中指挥地方上的御家人。从幕府开创时期起，至承久之乱时期为止，守护基本上是在短时期内由被任命者轮流担任的。守护作为一种被任命的行政职务，其所具备的本质特征决定了这种情况的出现。守护与地头之间的性质差异，决定了幕府统治的基础始终是地头。

镰仓将军统治御家人，御家人又统治其家臣，像这样的人与人之间的连锁关系构建起了镰仓幕府精简机构的基础。较京都朝廷的政治形态，幕府体制下从政阶层的内部人员是相对平等的。采用年龄优先、资历排序的原则，也可以说是镰仓幕府的一个特征。

三　女性如何参政？

在源赖家和源实朝这两代将军遭遇不测之后，一直以来隐于丈夫与儿子身后的北条政子，终于从幕后走到了台前，成为实际上的将军。此时北条政子心中所描绘的是一幅形式上由京都派来一位傀儡将军，实际上由北条家掌权，并让拥有源氏和北条氏两门血统的赖家的女儿竹御所进行祭祀继承的三位一体的幕府运作图。北条氏这种无法通过自身血统来体现统治者合法性的家族，须把女儿嫁给源氏成员，使其诞下带有自身血统的后代，然后再以外戚的身份获得权势，这就类似天皇家与摄关家的那种模式化关系。镰仓时代的武家社会看似以父系为重，但实际上，像这种以招女婿来继承贵族血统的“母系兴家”的方式亦占有相当的地位。为了家族利益，北条政子与其继任者致力于通过母系来维系将军与北条氏之间的关系，当新的将军被任命时，她们便会尝试与其建立新的关系。北条政子之所以时常庇护族内甚至族外的女性，是因为她十分重视母系传承，为此她会有意识地通过这种庇护行为来增强其与被庇护女性之间的联系，以此来巩固北条氏在幕府中的地位。而她计划中的主角，便是承继源氏血脉与自己血脉的源赖家之女竹御所。竹御所与藤原赖经于宽喜二年（1230年）十二月结婚，此时藤原赖经年仅十三岁，而竹御所二十八岁，这一年龄差异表明，这是一场不折不扣的政治婚姻。无奈造化弄人，文历元年（1234

年）七月，本就病弱的竹御所在产下死婴后精神紊乱，撒手人寰。宽元三年（1245 年）七月，北条氏又令七岁的藤原赖嗣娶了北条泰时的孙女，当时十六岁的桧皮姬，以图再次融合北条氏与源氏的血脉。只可惜婚后不到两年，桧皮姬便开始卧病在床。虽自她患病时起，便时常举行祈祷其康复的修行法事，但桧皮姬的病情却依旧不见好转。宝治元年（1247 年）五月十三日，年仅十八岁的桧皮姬离世。应幕府方面的要求，后嵯峨院的大皇子宗尊亲王代替藤原赖嗣，来到镰仓，继任将军一职。此后，直至镰仓幕府灭亡，便进入了与源氏和北条氏皆无血缘关系的皇族将军时代。在此过程中，嫁给宗尊亲王的近卫兼经之女，乃是北条时赖的养女，故而北条氏通过母系血统维持与将军家关系的思想，在镰仓时代也算是得到了某种程度上的延续。

除了上述几点，此书中，我们还可以了解到镰仓时代法律上女性的地位以及镰仓这一城市的发展历史、镰仓新佛教的特点等。纵观全书，围绕镰仓时代，从历史到政治、经济、宗教等领域，作者皆有独到的见解，这有助于我们从另一个角度更加深入地了解日本的历史文化。

中世社会的转型期

——评“讲谈社·日本的历史”之《〈太平记〉的时代》

殷　捷*

一　十四世纪的历史相位

日本的中世从何时开始，至何时结束，这一涉及历史区分的重要问题，至今仍众说纷纭。但对于从事中世史研究的人来说，将南北朝时期作为中世社会的转型期，恐怕没有人会有异议。按照目前学界的主流说法，将白河院政开始的十一世纪后半期至织丰政权成立前夜的十六世纪后半期视为中世的话，五百年左右的漫长进程，南北朝时期上承院政、镰仓，下启室町、战国，可以说正好处于这一长途马拉松的中点站。这一时期日本社会进入自治承·寿永内乱以来的第二次全国性的大动乱，并且加入了天皇家皇统的分裂，镰仓幕府的灭亡等诸多要素，使得这一时期的历史发展脉络显现得格外复杂。无独有偶，与描绘治承·寿永内乱的《平家物语》一样，记载这一时期的政治动向与战事的军记物语《太平记》亦是中世文学的杰作之一。“讲谈社·日本的历史”之《〈太平记〉的时代》意图给读者呈现的就是这样一幅日本十四世纪社会的全景。

南北朝内乱，比起知名度更高的战国时代或者是源赖朝的幕府草创，对于国内的读者来说可能不太熟悉。但这一时期的重要性，正如前文所说，毫无疑问是中世社会的转型期。除去二战前“皇国史观”桎梏下的研究，二战后不久，从马克思主义史学出发的社会构成史研究就将注意力放

* 殷捷，京都大学文学研究科博士生，研究领域为日本中世史。

到了南北朝时期。从松本新八郎提出的“南北朝封建革命说”开始，永原庆二、佐藤和彦、林屋辰三郎、黑田俊雄等名家都有关于这一时期的经典论述。政治史方面，尤其值得一提的是佐藤进一的名著《南北朝的动乱》[①]，其对于建武政权、室町幕府开创期将军权力等问题的研究代表了当时的最高水准，也是今天研究的起点。遗憾的是，就笔者管见，此书目前还未有中译本。从这个角度来说，作为同样是东京大学出身的研究者，由专攻法制史的新田一郎所撰写，文汇出版社出版的《〈太平记〉的时代》（以下简称“该书”）可能是目前国内第一本具有学术意义上的可信、可读的关于南北朝时期的通史。

如同网野善彦从独自的文明史观指出，南北朝时期，日本社会的文字、货币、天皇制等都发生了质的变化。平安、镰仓时代的日本对于现代日本人自身而言也是难以理解的社会。[②] 这一观点不仅在该书中有所体现，而且近年随着研究视角的多元化，学者们也不断思索着“十四世纪”的可能性。[③] 普通读者没有必要去把握日本学界研究的详细进展，但作为他者的我们想要去了解日本的历史与文化，从南北朝时期切入，或许是一个不错的路径。新田一郎的《〈太平记〉的时代》写于2000年左右，基本上涵盖了二十世纪九十年代以前的众多经典研究与学说，对这一时期的日本历史感兴趣的读者来说，笔者相信此书能够成为一名很好的向导。

二　后醍醐天皇与建武政权·南朝

下面本文将从三个角度对《〈太平记〉的时代》一书进行评析，并从笔者自身专业出发加以适当的补充与扩展，感兴趣且有条件的读者不妨参考本文的脚注所提到的书籍进行阅读。首先要登场的就是南北朝时期的主人公——后醍醐天皇。自佐藤进一、网野善彦的研究以来[④]，后醍醐天皇

---

① 佐藤進一：『南北朝の動乱』. 東京：中央公論社、1965年。

② 網野善彦：『日本の歴史をよみなおす』. 東京：筑摩書房、1991年；網野善彦：『続・日本の歴史をよみなおす』. 東京：筑摩書房、1996年。

③ 中島圭一　編：『十四世紀の歴史学』. 東京：高志書院、2016年。

④ 佐藤進一：『日本の中世国家』. 東京：岩波書店、1983年；網野善彦：『異形の王権』. 東京：平凡社、1993年。

在历代天皇中的特殊性逐渐进入学者乃至大众的视野。后醍醐天皇强调纶旨万能和王权至上主义，其自身不仅接受灌顶，还进行祈祷镰仓幕府灭亡的修法等，这些任何一条提出来都似乎与刻板印象中的中世天皇垂拱而治的特质格格不入。但其实院政、镰仓时代的日本，朝廷在国家机构中所占的比重远比想象中的大。著名的黑田俊雄提出了权门体制论来概括这一时期的国家特质，即天皇作为日本国王，在其之下的朝廷、幕府、寺社分别执掌着行政、军事警察、宗教等不同的职能，共同补充、构成了日本的中世国家。[①] 具体到朝廷自身而言，虽然承久之乱的败北导致公武关系的力量对比出现了极大的偏向，但幕府与朝廷并不存在根本上的对立关系，特别是后嵯峨院政时期以后，公武携手完善诉讼、裁判制度，积极恢复寺院和神社的领地，取得了众多成果。[②] 该书的作者新田一郎基本上也抱持这种观点，朝廷和幕府共同构成了中世的“公权力”，过分强调朝暮之间的对立并非当时历史的实际。

由此来看，后醍醐天皇作为执政欲旺盛的天皇，似乎在中世朝廷的历史中并不特殊。事实上，在新田一郎写作该书之时，当时的学界已经出现了从镰仓后期的朝廷政治史这一文脉中来解读后醍醐天皇的研究。镰仓末期挑战本所权力的恶党的跳梁，不仅对于幕府，对朝廷的公家贵族来说也同样是危机，庄园公领制以及贯穿其中的重层化“职的秩序”面临着解体的危险。而恶党出现的契机之一，就是公家贵族等本所间的对抗从中央传递到地方，引起了纷扰和合战。而作为朝廷权力的最高掌握者，天皇家的家长——治天之君就以调停、裁判者的姿态得以干涉贵族间的纷争，君临其中，其最终目的就是维护庄园制和“职的秩序”。后醍醐天皇的强势登场也是源自镰仓后期的朝廷社会中这一治天之君的权力。但是天皇家大觉寺统和持明院统的交替继承皇位却使得这一权力并不稳固，今日此皇统的决定可能会被他日继任的另一皇统所否定，而导致皇统更替的一个危险因素——幕府的存在，自然需要加以排除。[③] 更何况大觉寺统内

---

① 黒田俊雄：『日本中世の国家と宗教』. 東京：岩波書店、1975 年。

② 海津一朗：『中世の変革と徳政』. 東京：吉川弘文館、1994 年；稲葉伸道：『日本中世の王朝・幕府と寺社』. 東京：吉川弘文館、2019 年。

③ 市沢哲：『日本中世公家政治史の研究』. 東京：校倉書房、2011 年。

部也存在着后二条和后醍醐的皇统对立，后醍醐一开始的游戏角色也不过是“一代之主”。

但所谓“成也萧何，败也萧何”，后醍醐天皇继承的治天之君的权力，终归是来源于朝廷内部，受到公家贵族传统的掣肘。建武政权成立后，如何用这一权力去统率、安抚武士，后醍醐天皇的表现却不尽如人意。比较典型的事例是，后醍醐天皇用解决公家贵族间的家产纷争的方式，直接用纶旨去指定、任命武士家族的总领。但是在镰仓幕府的传统下，除了总领谋反等特殊情况以外，幕府几乎不会介入御家人内部的总领纷争。可以预见后醍醐天皇的这些做法对武士社会带来的冲击。建武新政的昙花一现有诸多方面的原因，其中之一或许可以归结到后醍醐自身，正如新田一郎在书中所指出的，后醍醐始终构想的是，以天皇为基点的放射状世界结构，通过理念去规范现实状况的秩序，本质上是理想主义的“原理派”。

即便如此，建武政权的理念和后醍醐的国家构想仍然使我们叹为观止，这使得继承治天之君权力的后醍醐与他之前的大觉寺统、持明院统诸帝似乎又划清界限。重建大内里、发行纸币等壮举都是此前墨守成规的朝廷所未曾有的宏大构想。建武政权失败后，后醍醐毅然出走京都于吉野建立对抗京都朝廷的南朝，生前积极将诸皇子派往各地领兵作战也是一场豪赌，而皇子从军大概也是古代壬申之乱以来不曾有过的事态。后醍醐的构想不仅制约了建武政权，在很大程度上也规定了南朝的发展走向。继承后醍醐遗志的后村上天皇亦是秉持着王权至上主义路线，用纶旨进行守护职和地头职的任免，心怀着天下一统的夙愿。[①] 后醍醐的思想源泉究竟为何，囿于相关史料太少，至今尚未有定论。但按照佐藤进一在《南北朝的动乱》里所指出的，宋代中国的君主独裁政治体制和朱子学或许是一个答案。其实早在战前，田中义成就在《南北朝时代史》里指出南朝的肱股之臣北畠亲房受到了司马光《资治通鉴》正统论的影响，日本的南北朝一词也可以溯源到中国的南北朝。[②] 从这一点来说，日本十四世纪的政治、社会变动还与东亚的大环境有着千丝万缕的联系。

---

① 森茂暁：『南朝全史』. 東京：講談社、2005年。

② 田中義成：『南北朝時代史』. 東京：明治書院、1922年。

三　从室町幕府的开创到足利义满

和镰仓幕府一样，室町幕府的成立也绕不过与传统的朝廷权力之间的关系。和“原理派”后醍醐形成鲜明对比的“现状派”足利尊氏一开始甚至没有成立幕府的打算，与弟弟足利直义不同，尊氏一生都对后醍醐保持着崇敬之情。但当尊氏拥立光明天皇即位，光严上皇重开院政的时候，时局已经不容许回头了。围绕着幕府所在地之争，最终以尊氏的意志胜出，将政权定在了京都，并且写入了幕府的基本法《建武式目》。这就意味着朝廷与幕府的自他认识与交流进入了新的阶段，例如从镰仓时代初期以来负责公武沟通与交流的中介——“关东申次”及其继承者“武家执奏”（有别于之后的“武家传奏”）在永德年间之后便停止了活动的迹象。室町幕府开始摆脱东国政权的影子，转向与朝廷融合的公武统一政权。[①] 由此自然会出现的问题就是幕府与朝廷权力的关系如何规范并制度化。佐藤进一在《室町幕府论》里面通过具体事例详细分析了幕府吸收、接手朝廷权力的过程。[②] 在此基础上，三代将军足利义满的时候，室町幕府的权力达到顶峰，甚至有研究者大胆推测，足利义满意图篡夺王权，这一时期才是历史上天皇制最大的危机。[③]

但是近年的研究却指出，在南北朝时代这一动乱期，留在朝廷手中的权力本就不多，幕府权力的形成不需要去向朝廷索取，而是应该更多重视战乱因素对幕府权力形成的影响，动态地去理解室町幕府的成立过程。对于逐渐式微的朝廷，尤其是正平一统后非正常方式即位的后光严天皇朝，幕府更多的是通过赏罚分明的原则和大笔的金钱援助去扶持朝廷仪式的举行。两者之间仍然不是简单的公武对立关系。[④] 此后的足利义满在公家社会的行动及其与后圆融天皇等的对立仍然是出于规范天皇的臣子辅弼行为，足利义满在公家社会的定位是近似摄关家的“准摄关家”。[⑤]

---

① 森茂暁：『増補改訂　南北朝期公武関係史の研究』. 東京：思文閣出版、2008 年。

② 佐藤進一：『日本中世史論集』. 東京：岩波書店、1990 年。

③ 今谷明：『室町の王権』. 東京：中央公論社、1990 年。

④ 松永和浩：『室町期公武関係と南北朝内乱』. 東京：吉川弘文館、2013 年。

⑤ 石原比伊呂：『室町時代の将軍家と天皇家』. 東京：勉誠出版、2015 年。

值得注意的是，该书的作者新田一郎在当时已经对足利义满的王权篡夺说提出了疑问，认为武家政权接收了王朝权力是否妥当还需要慎重考虑。此后他又指出足利义满在参与朝廷仪式的时候主要以摄关家为基准，以公家贵族为家司的行为也是对摄关家的模仿，并且对足利义满王权说的根据之一“百王说”进行了史料批判。虽然这些在目前看来都是逐渐成为学界共识的一般结论，但是新田一郎写作当时的室町时代政治史研究水准并没有达到今天的高度，不得不说这是该书作者的独到见解和过人之处。尤其值得一提的是，他认为义满在构建自己权力的时候是以天皇或者院的政治角色为模型，义满并没有从根本上改变公家社会传统结构的意图。也就是说比起简单的公武对立史观下的权力吸收和所属，作者更为注重的是作为范式和技术的权力。笔者也曾提到，新田一郎对于中世朝廷权力的较高评价和反对简单的公武对立的态度，这其实是贯穿该书的一个基调。这种基调的形成与作者的权力观不无关系。再联系到作者出身法学部，专攻中世法制史这一背景，也就不难理解该书不乏理论色彩和思辨性的论述了。

四　“法”的成立与文书主义、天皇权威的渗透

除掉序章和终章，该书一共用六章来勾勒“《太平记》的时代”。与其他各章着重于政治史叙述相比，第五章“社会整合的转换”则颇具有网野史学的味道，作者从“法”、文书、货币、世界认识、知识五个方面来试图一窥中世社会的转型，读起来饶有兴致。其中关于“法”的概念可以说是作者的真正本领所在。在代表作《日本中世的社会与法》里，作者提出了一个颠覆性的看法，即中世特别是十三世纪后期以前，不存在“法”。研究者所重视的律令法乃至镰仓幕府的《御成败式目》都不能被称为具有普遍意义上的“法”，在裁判审理的现场，担任裁判或者调停的人，最优先考虑的是被告和原告的主张是否符合逻辑与道理，在此基础上才是去参照过往的法令或者合适的判例，这一时期的法令或者判例只不过是一种参考资料，不具有最终解释权和约束作用。并且中世前期的法秩序所能达到的支配空间也相当有限，公家法、武家法、庄园制下的本所法的林立表明适用于日本全国的法圈、法秩序并不存在。但是十三世纪后期，随着镰仓

幕府支配秩序的扩张，“不论理非”型裁判（不根据以往的判例等，即刻以幕府公权力作出简单粗暴的判决，例如禁止越级上诉、在法庭骂人者立即判决其败诉）的出现预兆着新的法秩序即将登场。[①] 这种法秩序正是该书中作者数次提到的“天下一同之法”“天下之大法”，约束社会秩序的统一法与公方的权力一同渗透进地方社会，十三世纪后期日本社会的“法”开始走向近代化和合理化。

但是值得注意的是，这并不意味着当时日本地方社会的习俗或“法”能够完全地、均质地被公权力所矫正、规训。这一时期逐渐登上历史舞台的总村仍然有着自己独特且严苛的“法”，文书数量的多样化也是一个例子。大致以南北朝时期为界，中世古文书在质和量两方面都发生了显著的变化。就量而言，如果说到镰仓时代为止的古文书是可以在一位学者的研究生涯里读完的话，南北朝以后则几乎不可能，因为文书数量至少增加了一位数。在质的方面，这一时期的文书形式与中世前期的文书格式（公式样文书、公家样文书等）相比，显得更随意，不拘一格，很难用固定的名称去命名。镰仓时代末期以后，庄园制秩序下的地方社会出现了大量“地下文书”，这些“地下文书”包括土地的卖券、村落日记、账簿等，中世的菅浦文书众所周知，但其实在此之前已经出现了地方社会的文书的保管和使用。以佐藤进一《古文书学入门》为代表，以往的中世古文书学大多以上级权力做成的文书为对象来进行分类整理和研究，这些地方文书大多被视为文书格式失范、变质后的结果。但如果从“地下文书”自身的发生和成立进行探讨，或许能够中和以往过度强调的自上而下的权力观，也能对中世古文书学的全体像进行再描。现在笔者参加的以春田直纪为中心的科研小组进行的就是这样的研究。[②]

“地下文书”的出现显示着中世文书主义的渗透，社会整体对于文书的需求和认知度在不断提高，当然这也与社会整体的“literacy”（读写能力）息息相关。公权力和法秩序的渗透需要一种规范化、均质化的媒介。有趣的是这些“地下文书”里不乏伪文书，特别是将个人家族、职业的起

---

① 新田一郎：『日本中世の社会と法』. 東京：東京大学出版会、1995 年。

② 佐藤進一：『古文書学入門』. 東京：法政大学出版局、1997 年；春田直紀　編：『中世地下文書の世界』. 東京：勉誠出版、2017 年。

源追溯到古代某位天皇或者初代幕府将军源赖朝的伪文书。很难简单解释这种现象的起源，但恐怕与南北朝时期的内乱，特别是天皇家的分裂密不可分。后醍醐所开创的南朝虽然在正平一统之后就逐渐走向波谷，但是长达数十年的天皇家的分裂给日本社会的历史刻上了深深的烙印。王权不再是处于禁里之中的极为“幽玄”的存在，而是切实地通过纶旨、院宣保证个人权利的“公权力”。后醍醐在倒幕时不分对象积极授予纶旨，甚至亲笔书写纶旨的做法是一个重要的里程碑。朝廷自身也极有可能参与了伪文书的制作。新的“物语”或者说“传统”在文书里不断被发明、传承。这些“物语”又通过朝廷的地下官人、供御人散播到地方，禁庭的白砂可以使家族繁荣昌盛，不知何时人们开始相信这样的传说。[①] 文书、白砂等“物”里都染上了天皇权威的色彩。日本的中世国家所掌握的权能及社会领域都极为有限，国家规模也与律令国家或者是幕藩制国家不可同日而语，但相对国家、王权与民众个人的距离却无限缩进，后醍醐生前所构想却又未能达成的秩序于是以一种更为柔和的、但又确实存在的潜移默化的方式渗透进列岛的地方社会。时至今日，《太平记》和王权的“物语”在不断地被阅读和续写。

① 瀬田勝哉：『増補　洛中洛外の群像』．東京：平凡社、2009 年。

独辟蹊径论三雄

——评"讲谈社·日本的历史"之《织丰政权与江户幕府》

常晓宏*

在日本出版的诸多历史丛书中，"讲谈社·日本的历史"系列独具特色。无论在学术界，还是在普通读者中，都占有举足轻重的地位。2000年，该丛书作为"讲谈社学术文库"在日本出版，共26卷，充分展现了日本历史学界最新的学术研究成果，具有极强的权威性、创新性和前沿性。如今，新经典文化在把握日本历史发展主要脉络的基础上，考虑到我国读者的兴趣点和阅读习惯，选取了其中的10卷，隆重推出。这10卷历史书，既重点突出，又多姿多彩，体现了日本学者独特的研究视点，使读者能够对日本历史有全景式的了解和展望。

这套丛书中，第7卷《织丰政权与江户幕府：战国时代》（以下简称"该书"）更是具有浓墨重彩的一笔。该书书名中虽有战国时代，但其并不简单等同于日本历史上通常所说的战国时代。一般而言，日本历史上的战国时代，始于1467年爆发的"应仁之乱"，止于1590年丰臣秀吉统一日本，大约有120年时间。而该书主要以织田信长、丰臣秀吉、德川家康3人的事迹为中心，全面且详尽地叙述了他们富有个人特色、波澜壮阔的一生。同时，该书也深入剖析了他们成功和失败的具体原因，对战国时代后期和江户时代开端的社会变化做了比较全面的描绘。

作者池上裕子教授生于1947年，本硕读的是经济专业，博士读了两个，都是和历史相关。一个是池上裕子在一桥大学攻读经济史方向，师从日本著名历史学家永原庆二教授，永原庆二的研究成果主要集中在日本社

* 常晓宏，天津外国语大学高级翻译学院副教授，研究领域为中日词汇交流史、日语翻译理论与实践。

会封建论和中世社会思想领域；另一个是，2001年，池上裕子获得日本中央大学史学博士学位，博士论文为《战国时代社会构造的研究》，该论文曾获得第22届角川源义奖。池上裕子专攻日本中世史，取得了丰硕的成果。而且，她在研究内容、视角、方法、结论等方面，可以说是不落窠臼，独辟蹊径，达到了一个新的高度。

一　不能丢失的被统治者的视角

日本战国三雄指的是织田信长、丰臣秀吉和德川家康，他们的人生目标非常明确，就是为了实现“天下统一”。从日本江户时代起就流传着一首狂歌，也就是打油诗，生动刻画了他们三人在战国时代所发挥的历史作用。“织田捣年糕，羽柴团年糕，德川坐着吃年糕。”也就是说，在日本名将辈出的战国时代，织田信长最早扛起了统一日本的大旗，在“天下布武”的总体方针下，掌握了一大半日本国土。丰臣秀吉则在本能寺之变后，继承了织田信长的遗志，及时转变天下布武的路线，迅速消灭了阻碍统一的各种势力，统一了全日本。德川家康则在丰臣秀吉创造的基本统治制度的基础上，在关原合战和大坂冬之阵、夏之阵战役后消灭了丰臣家族，建立起江户幕府这个全国统一政权。

那么，从被统治者的视角来看，日本的战国时代又是一个什么样的历史时期呢？天下统一之后，从表面上来看，一片祥和，似乎迎来了太平盛世。但是，天下布武、统一天下的过程却充满了暴力、血腥和杀戮。其中，既有战国群雄之间发生的无数次日本国内战争，也有丰臣秀吉发动的对外侵略朝鲜的战争。所谓“一将功成万骨枯”，几十万人甚至上百万人都成了战争的牺牲品。

该书站在被统治者的立场上，对他们进行了深入刻画。这些被统治者，既包括奋起抵抗但以失败告终的武装起义民众，也有血染沙场的众多士兵，更有被日本侵略者屠杀的大量朝鲜普通百姓。1574年，日本越前地区发生了“一向一揆”事件，推翻了织田信长在当地的统治，越前成为“一揆所持”之国。一向宗门徒和各地村民之所以发动武装起义，其真正目的是抵制苛捐杂税，依靠自己的力量争取广泛自治，反抗领主的残酷统治。虽然起义遭到了织田信长疯狂的镇压和屠杀，但被统治者这种敢于反抗强权的思想和传统，并不局限于越前地区和战国时代，还对江户时代中后期的农民起义产生了深远影响，具有政治意义。

值得一提的是，该书还特意批判了丰臣秀吉侵略朝鲜时日军在朝鲜的残虐行为。对于日军在朝鲜的残暴行径，2020 年出版的岩波日本史第 5 卷《战国时期》中虽有具体描述，但字数很少。该书在用了 2 页多篇幅详加叙述外，作者还鲜明指出："我们的祖先在朝鲜犯下的残忍罪行，与近代的类似行为一起，至今仍被朝鲜人记忆、讲述。"①

二　无法忽视的流通和都市问题

该书的另一特色在于，作者从流通和都市层面分析了织田信长和丰臣秀吉的统治政策。作者提出了这样一个观点，即"天下布武从一开始就是一个以控制都市和流通为中心的构想"②。在推进统一的进程中，以往的学者虽然也曾指出并高度评价过掌握流通和都市的巨大作用，但他们往往囿于"检地"（丈量土地）和"石高制"等词语，却没有重视流通问题并展开深入研究。

正是由于作者池上裕子具有经济方面的学科背景，才能把经济学研究和历史学研究有机结合起来，把战国时代流通的重要性上升到一个前所未有的高度，使我们能够重新认识织田信长和丰臣秀吉所取得的历史成就。作者认为，从织田信长到丰臣秀吉，再到德川家康，他们三人都"采取了促进流通和贸易、扩大商人活动范围的政策"③。这样的政策既可以强化自己的财政基础和军事力量，也是一种足以和石高制相提并论的国家政策。这种观点令人耳目一新，不禁拍案叫绝。

织田信长的都市和流通政策首先体现在他修建安土城和控制伊势湾、濑户内海的水运以及主要港口上。安土城是织田信长政权构想的核心之

① 〔日〕今谷明　著，吴限　译：《战国时期》，北京：新星出版社，2020 年：第 327 页。

② 〔日〕池上裕子　著，何晓毅　译：《织丰政权与江户幕府》，上海：文汇出版社，2021 年：第 74 页。

③ 〔日〕池上裕子　著，何晓毅　译：《织丰政权与江户幕府》，上海：文汇出版社，2021 年：第ⅲ页。

城，之所以修建在近江，除了政治和军事需要外，更为重要的是为了掌握物流的大动脉。因为日本最大的湖泊琵琶湖就位于近江，该湖的水运路线十分重要，安土城也能成为湖上的水运中心。伊势湾水运则纵横联结尾张和伊势湾沿岸、东海、关东等地区，“是广域物流的枢纽，控制这里在经济上和军事上都具有不可估量的意义”①。织田信长还控制了濑户内海东部的流通中心——堺，可以说，他进入京都以来一直与“三好三人众”交战，就是为了控制濑户内海东部的海运。此外，织田信长还废除了关卡，颁布了乐市乐座令。1568 年，织田信长废除了其分国内的关卡，后来该政策又被推广到越后、越前、甲斐、信浓等地。废除关卡，修建道路，能够促进各地流通，有利于商贸发展。乐市乐座令则是一项振兴与繁荣城下町的策略，后来还发展成为织丰政权时期在城下町发布的都市法的基准法令。

丰臣秀吉继承了织田信长的流通和贸易政策，积极促进流通和贸易，还提出了以日本为中心的朝贡贸易构想计划。丰臣秀吉模仿当时中国的朝贡贸易体制，想把日本变为东亚的贸易中心之心，要求马尼拉、果阿等地向日本朝贡。“这些构想，最终发展成征服大名、出兵朝鲜的妄想。”② 为了创造新的都市空间，丰臣秀吉首先修筑了大坂城。大坂地理位置十分突出，有望成为全国的水路交通和物流中心。而且，大坂更加靠近海洋，便于开展海外贸易和外交活动。事实证明，大坂后来成为“天下的厨房”和现今日本最大的商业大都市。此外，丰臣秀吉还大力推进各地大名的城下町建设。这些大名模仿丰臣秀吉的城郭建筑模式和都市政策、流通政策，并以这种方式实现了对邻国的统治，强化了各自的权力。

德川家康则在关原合战后的论功行赏中，突破了原来从伊豆到关东的领国界限，控制了全国一半以上的物流要道。室町幕府灭亡后，新兴武士取而代之，形成了新的统治阶层，他们从乡村迁往都市，居住在城郭周边的指定地区。作者认为，统一政权和各大名领地都以城郭作为统治中心的都市理念，决定了日本各地都市的基本形态。而这种理念，诞生于织田信

① 〔日〕池上裕子　著，何晓毅　译：《织丰政权与江户幕府》，上海：文汇出版社，2021 年：第 74 页。

② 〔日〕池上裕子　著，何晓毅　译：《织丰政权与江户幕府》，上海：文汇出版社，2021 年：第 262 页。

长时期，成型于丰臣秀吉时期，完成于德川家康时期。流通促进了都市的发展，都市作为武士、商人和工匠的居住空间，与村落有了明显区分。通过将拥有不同身份的人限制在各自的活动场所中，德川幕府士、农、工、商的身份制度得到了初步确立。

三　历史背后的真相

《名侦探柯南》中有一句经典名言，“真相永远只有一个”。那么，在我们熟悉或不熟悉的日本历史事件中，表象的背后会隐藏有真相吗？如果有，那真相到底又是什么呢？确实，“真相永远只有一个”。然而，对于某些历史事件，也许我们永远都不会知道背后的真相到底是什么。

比如，该书第 5 章“检地与刀狩”，重点论述了丰臣秀吉政权统治全国的基本政策。作者池上裕子采用文献调查和比较法，重新研究了太阁检地，以探明该项政策的真正意义。

既往研究认为，丰臣秀吉的太阁检地和在石高制基础上形成的知行制，后来被江户幕府继承。也就是说，近世的统治机制以石高制作为支柱，以太阁检地为基础。因此，太阁检地才被称作划时代的举措，得到极高的评价。

其实，经作者考证，丰臣秀吉的太阁检地和知行制是继承了越前检地的做法，并非划时代的独创。而且，当时关东北条氏的检地和知行制构想也与织田信长、丰臣秀吉的做法基本相同。北条氏早在 1506 年就开始丈量土地，虽然他们没有采用石高制，而是采用了贯高制，但这只是地域间的差异而已，并不能说石高制就比贯高制先进。另外，太阁检地也并没有使丰臣秀吉掌握稻米的收获量，达到最大限度榨取年贡的目的。

总而言之，太阁检地并非丰臣秀吉的独创，他推行包括该项政策在内的一系列法令，就是为了体现其与织田信长政权的不同，即作为关白的丰臣秀吉拥有对全国土地和民众唯一统治权的政治思想。太阁检地的政治意义要远远高于它的实际意义。

纵观全书，《织丰政权与江户幕府》也并非尽善尽美。比如第 3 章第 2 节专门讲述了“本能寺之变”，交代了本能寺之变发生的历史背景，但是并未就明智光秀举兵叛乱的原因展开深入挖掘和论述。众所周知，织田信长统一天下的宏愿因本能寺之变而腰斩，一代枭雄，梦断本能寺，令人不禁扼腕叹息。那么，明智光秀为什么要发动这次兵变呢？本能寺之变是否存在幕后黑手？

一般认为，由于明智光秀一直对织田信长怀恨在心，所以才起兵造反。然而，从实际情况来看，明智光秀 1568 年才归附织田信长，但他却得到了织田信长的重用，升迁速度远远快于更早加入织田信长麾下的丰臣秀吉。此外，“丹波八上城事件”中明智光秀让自己母亲充当人质的事情在正史中并无记载，织田信长动辄打骂明智光秀的说法也是出于后人想象。从江户时代开始，不管是歌舞伎、人形净琉璃，还是现代的电视剧、网络媒体，都对本能寺之变进行了各种演绎。虽然有许多人相信以上传闻，但这并不符合历史事实。可见，要想搞清楚某些历史事件背后的真相，何其难也。

不管怎么说，作为中国读者，我们需要什么样的日本史？显然，“讲谈社·日本的历史”系列，给了我们一个更好的答案。所谓“兼听则明，偏听则暗”，相信广大读者的眼光，孰优孰劣，高下之别，读后便知。

“何以江户”与“何以日本”

——评“讲谈社·日本的历史”之《天下泰平》

刘　晨*

我以为，阅读邻国日本的历史，除了单纯的史学志趣外，也多少包含着一定的现实意义，即理解我们如今所面对着的日本。这让我想起，与《天下泰平》（以下简称“该书”）一书作者同为京都大学日本史学科出身的藤井让治先生曾在一次近世史学者对谈中提及，相比内藤湖南以“应仁之乱”（1467—1477年）为“直接能接触到的”日本史之转折点，江户时代或许才是当代日本人能够感知到关联性的日本史之上限。

事实也的确如此，如今几乎所有被视作日本传统的代表内容，大多产生或成型于江户：新兴的歌舞伎、净琉璃、城郭建筑等自不必提，旧有的和歌、能乐、茶道、花道等也都是在江户时代实现了重塑或更新。政治和经济方面亦是如此，近代天皇制、财阀等重要存在都与江户时代的影响密不可分，作为当今日本政治、经济、文化中心的东京，更是直接由江户城发展而成，以至于老东京人在彰显地域身份时仍要自称“江户之子”。可以说，认识和理解江户时代，是解读“何以日本”不可或缺的重要环节。

然而，我们对江户时代的认知却并不充分，至少远比不上奈良、室町等中日交流频繁的其他时代。诚然，随着近年来相关书籍与影视作品的传播，以及学界对近世东亚儒学研究的关注，包括武士道、日本儒学等思想文化，物语、怪谈等文学作品，以及幕末开国、新选组等来源多样的江户时代要素时常会进入公众视野。但是，对大多数人而言，作为整体的江户时代依旧如“熟悉的陌生人”一般，无从窥知其真实面貌。显然，在回答

* 刘晨，山东大学儒学高等研究院副研究员，研究领域为日本史。

“何以日本”之前，首先需要面对“何以江户”。该书所触及的正是关于江户时代如何开启、怎样演进的内容，也是认知“何以江户”的关键。

该书除序章和附录外分为七章，分别叙述了：（1）乱世的终焉，大坂之战以后德川幕府统治的制度与机构确立过程；（2）锁国，虚伪的华夷秩序，以宗教与对外关系为中心的统治政策的演变；（3）宽永饥馑，大规模饥荒的政治与社会影响及其应对策略；（4）村落社会与知识，农村的社会结构、支配关系与知识活动；（5）都市社会的建立，统治中心江户的兴起过程、全国城市与交通构造、近世町人（市民）社会构造与文化样貌；（6）文治政治的荫翳，武士政权统治意识形态与社会治理方式的变迁；（7）逐渐开拓的书籍世界，江户时代藏书、出版与阅读、书籍与求知、知识人的社会与历史认识等内容。该书上承丛书第七卷所讲述的结束中世战乱、重建全国统一，下接吉田伸之《成熟的江户》一书所讲述的享保改革与江户中后期的社会变迁，勾勒出了进入“天下泰平”时代后，江户幕府治下日本政治、外交、社会、思想、文化知识的发展和演变。

作为讲谈社这部有些另类的日本通史中的一本，该书的历史叙述表现出了鲜明的独特性，而这不仅缘于该套丛书主编网野善彦先生注重农村、城市、社会、人口和流通的“网野史学”立场，也和该书作者横田冬彦先生个人的史学志趣密不可分。

横田先生于 20 世纪 70 年代进入京都大学，师从朝尾直弘先生研究近世日本史。当时，朝尾先生的研究以织丰政权和江户前期政治史为中心，并广泛触及锁国、身份制、都市论等近世社会的诸方面，极大地推动了日本近世史研究的学科独立与范式革新。在其影响下，京都大学在这一时期先后涌现出了藤井让治、笠谷和比古、水本邦彦等多位优秀的近世史学者，研究领域也遍及江户时代的政治、经济、社会等诸多方面。横田先生正是其中一员，而且在关注政治史研究的同时，重视对都市、身份制、对外交涉及知识活动的考察，特别擅长透过政策制度或社会生活细节见微知著。他的研究也会触及“上层建筑”，但会将目光更多地集中于下级武士、城乡庶民、普通知识人群体，乃至游走于身份制夹缝中的儒医、托钵僧、出卖技艺的渡世集团等现世众生身上。如此对社会和思想文化的多样性考察，加之对具体史料的详细梳理和实证分析，以及对相应政治环境的兼顾，让横田先生的研究在一定程度上实现了有效融合政治演进与社会变迁的整体考察，从而以“平凡”视角切入江户时代历史的全景图像。由这样一位学者写成的通史著作，对江户时代前期的历史自然也有着独特的叙述。

事实上，相较于其他关于江户时代前期的通史著作，横田先生所著该书有着鲜明的叙述特性，主要体现在以下三个方面。

其一，时代划分。无论是传统日本历史“四分法”下的近世，还是以统治中心所在地为依据断代下的江户时代，日本史学界大多以德川家康在丰臣秀吉死后（1598 年）凭借关原之战（1600 年）的胜利夺取天下、三年后（1603 年）就任征夷大将军等事件作为起点。如此划分，无疑侧重于历史进程特别是政权发展的连续性，毕竟“江户开幕”一举奠定了德川政权 260 余年的统治基础。

当然，本部通史将家康夺取天下的时期与此前初步实现统一的织丰政权时期划归前卷、以“元和偃武”作为叙述起点的分期方法，同样有其合理性：由信长开启、秀吉初步实现、家康最终确立的全国统一政权重建，彻底终结了应仁之乱后百余年间的战乱割据。而从大坂之战落幕的元和元年（1615 年）起，至 19 世纪下半叶幕末开国为止，日本再无大规模的战乱或统治失控，现实情势与相应的政治、社会生活也的确发生了重大转变，书名“天下泰平”正是对这一时代特征的完美诠释。

更重要的是，如此“另类”的时代划分事实上引发了对江户时代历史叙述重心的转移。始于江户开幕的江户时代史自然不能忽视政权开创者家康的巨大影响，延伸向下的历史叙述便会不可避免地侧重于统治秩序和制度建设的确立过程。相比之下，如果分期始于迎来长久和平之后，那么叙述重心则会自然而然地转向政治活动如何持续、社会生活怎样发展，乃至武家仪式、公武关系、锁国禁教、宣扬儒学背后的统治意识形态。由此，在叙述政治演进的同时，剥茧抽丝般地解读江户时代的世俗人文也才能够实现。

其二，叙事手法。该书从未试图以教科书式的严肃语气陈述历史，反而从序章起便通过《大坂物语》等江户时代出版物的记述及其成书考证，直观地切入当时的语境之中，并由此引出对幕府制度建设、社会管理、民间诉讼以及兵农分离、身份制等统治秩序和社会生产生活条件变迁的具体介绍。关于政治史，作者则在概述统治机构和制度确立过程之后，着重解读江户城中武家仪式、日光东照宫信仰、南蛮起请文与禁教等相关话题。这些独特且生动的内容，反映出该书不同于以政治史为轴心，分类叙述思想、文化、艺术等内容的典型通史著作之特点。

事实上，该书的叙述主线非但不拘泥于政治史，甚至并未严格按时间顺序展开。前三章虽各有侧重，却仍依照重大事件发生时间逐一介绍。自第四章起，叙述重心便因各有侧重（村落社会、都市社会、文治思想、书籍知识）而自成序列。相比于重大事件或关键人物，组织、行业、知识、思想等存在于当时社会中的具体要素更受重视。而且，这些叙事也并非主题并列式陈述，共通的政治环境和相互关联未被忽略。这让该书内容更接近于融合了政治、社会、思想文化的横向历史叙述，或许视其为某种意义上的布洛赫“总体史”式著作也未尝不可。

其三，学术视野。正如国内多位学者已经指出的那样，讲谈社这部日本通史自问世以来就以极高的学术价值闻名，在目前引进国内的日本史著作中亦为学术佳作，该书更是清晰地反映了这一特征。除前述历史分期、研究范式和研究视野的独特性之外，该书不仅充分挖掘、广泛引用多样性史料为佐证，而且对所触及的相关历史问题，也都以成书时得到学界普遍认可的最新结论加以解释。博士期间师从横田先生的经历，让我更深刻地意识到他对一手史料特别是古文书的巨大热忱和卓越的整理、解读、分析能力，及其对研究前沿的持续关注。

这些治学性格，无疑塑造了该书内容的学术视野：对村落社会的叙述从农民执笔文书的解读切入，并在一定程度上打破了历史分期的局限——近代日本民俗学开创者柳田国男的家庭史也被写入其中；对以江户为首的“三都”社会生活，横田先生广泛利用包括屏风画、地图、城市治理法令（町触）、商人贸易记录等多样性史料或记录进行说明，带领读者尽可能地逼近江户时代都市生活的真实面貌；关于村落、都市文书记录以及第七章对书籍和知识流传脉络的考察，正是先生的主要研究领域之一，为我们提供了从政治史、社会史立场辨明江户时代思想文化，以及通过知识流传视角理解江户时代特征的有效途径。

此外，书中对传统学术观点也多有批判或扩展。比如，日本学界长期以来都将"锁国"之后幕府与朝鲜、荷兰等少数周边政治体之间的关系描述为所谓的"日本型华夷秩序"，即以日本为中心的外交关系。横田先生则通过第二章的叙述，毫不留情地指出该所谓"秩序"不过是停留于幕府想象中的虚伪本质。作为和平时期的武家政权，江户幕府的统治基础从"武威"逐步转变为仁政与"文治"。围绕这一至关重要的时代特征，先生则充分利用了该书时代划分的优势，通过将三代将军时期镇压"岛原天草之乱"前后的武威衰退，"宽永饥馑"引发的庶民救济，与四、五代将军时期执行文治政治、生类怜悯令、服忌令背后的儒家统治思想相结合，完整地勾勒出江户时代执政策略与统治意识形态的转变过程。

可以说，该书以独特的时代划分、叙事手法和学术视野，呈现出了一幅细节丰富、画面广阔且非同一般的江户时代前期全景图像。当然，如此叙述难免会造成时间顺序模糊、历史人物的形象不够鲜明以及政治史演进过程割裂等情况，但是对完整叙述这些方面内容的通史著作——比如藤井让治先生所著《江户开幕》而言，该书无疑是不可或缺的重要补充。综合这些关于江户前期历史的著述，我们将有可能最大限度地逼近"何以江户"的回答，也就能对"何以日本"进行更加详细的解读了吧。

最后，有必要对该书的译者和编辑表达敬意。由于江户时代的史料和学术用语都和现代汉语乃至现代日语有较大差异，相关翻译也尚未形成统一标准，加之该书大量引用原始史料，导致翻译难度极大。不过，该书译者瞿亮先生不仅在保证准确性的同时，做到了汉语译文的流畅与学术性，而且在史料和学术用语的翻译、保留、注释如何选择等问题上，对学术性与可读性进行了有效的平衡处理。比如，对现代汉语难以覆盖意义的"町触""老中"等加以保留并附注说明，对"藏米""俄而让位"等拗口却可译之词便转译为"粮仓""顷刻让位"等现代汉语，基本实现了既不破坏原义，又充分照顾汉语阅读习惯和通史读物的理解问题。可见，该书实属难得的优质学术译作，读者尽可放心阅读。

评“讲谈社·日本的历史”之《维新的构想与开展》

贺申杰*

对于各国近代史学者来说，什么是“近代”，似乎是一个长久以来备受争论的话题。日本史领域亦不例外，传统上1853年的黑船来航事件一直被视为近世和近代的分界点。然而如今对于这个历史分期方式的争议越来越大。不少学者们依照自己对于“近代”概念的理解，提出了各种不同的近世、近代分期法。关于日本何时实现“近代化”，早至幕末，晚至明治宪法制定，各种理论皆有。近年国内翻译引进的日本历史书籍当中，政治史大家三谷太一郎的《日本的“近代”是什么：问题史的考察》一书也针对这一问题进行了探讨。三谷将政党政治、资本主义经济体制、殖民式帝国主义和近代天皇制作为构筑日本“近代”的四大要素。如果按照三谷的定义，日本的“近代”应该是自明治维新时起，经历了很长的一个过渡阶段之后，最终于19世纪末期才真正确立。

在本次国内引进出版的“讲谈社·日本的历史”系列中，铃木淳的《维新的构想与开展》（以下简称“该书”）是最后一本。该书的时代范围大致涵盖了从明治元年（1868年）至明治二十二年（1889年）明治宪法颁布的20余年时间。按照三谷的见解，这段时期正是日本的“近代”的构筑过程。而在日本常见的通史系列著作当中，写作这一时期的作者们对明治维新期间日本近代化过程的叙述方式不尽相同。甚至同一位作者，针对同一历史时期前后所写的两部通史著作的视角和叙事风格也会有不小的差异。这种差异源自许多方面的原因，例如著者本身专攻方向的转变，通史书籍本身的定位和受众群体的不同，以及历史学界研究的进步等等。而该

* 贺申杰，东京大学日本史博士，日本国立历史民俗博物馆研究员，研究领域为日本近代史。

书的作者铃木淳在写作本书之前，也参与过另外一套通史著作的编写。本文计划通过这两本前后编写的著作的对比，结合铃木淳的专业背景，希望能为读者带来一个阅读的新视角。

对于大众读者来说，阅读通史著作或许更像是看历史故事。而对于早已知晓这一时期的通史知识的专业从业者来说，阅读通史著作有时候更多看的是著者及其叙述视角。如果对于著者本身的研究领域，行文习惯乃至性格有一定的了解，在阅读其撰写的通史著作时，往往会会心一笑，产生一种“不愧是某某写的，非常有他的风格了”之类的感受。而对于大众读者而言，如果对于通史作者的情况有一定了解，相信也会对阅读理解有所裨益。

该书最初出版于2002年。在讲谈社这套通史的几十位作者当中，该书的作者铃木淳是最年轻的一位，也是如今仍活跃在教学一线的为数不多的一位学者。在该书出版的三年前，铃木淳还曾经参与撰写过中央公论社16卷本的日本近代通史。这套中央公论社的通史读物的著者可谓是大家云集，伊藤隆、御厨贵、北冈伸一、五百旗头真等近代史大家都参与了编写。而铃木淳所负责的是其中的第15卷《新技术的社会志》。此书是一部着重讲述日本近代科学技术的导入和发展过程，以及科技发展对于社会产生的影响的技术史、社会史著作。从内容上来看，可以说此书和《维新的构想与开展》有着非常大的差异。产生这种差异的原因，主要是由于两套通史的定位以及涵盖的时间跨度不同。“讲谈社·日本的历史”系列由于涵盖自古代至近现代的全部通史过程，难免会形成以政治史为主线的叙述方式，而中央公论社的16卷本，则只针对近现代通史，除了一些大家所撰写的以时间线为线索的政治史通史卷次之外，还专门为经济史、军事史、科技史、都市史等专题史开辟了专卷。而铃木淳则正是负责其中技术史、社会史专卷的，这也正是铃木淳的专攻方向。

铃木淳于1995年取得了东京大学的博士学位，其博士论文的题目为《明治的机械工业》。从其博士论文的题目也可以看出，铃木淳的专攻方向主要是经济史和技术产业史。如今东京大学日本史研究室中，近现代的两位学者——加藤阳子和铃木淳当中，加藤阳子主要负责政治外交史的课程，而铃木淳则主要负责经济社会史相关的课程，在前些年经济学部的武田晴人退休后，铃木淳甚至开始教授本应由经济学部开设的近代经济史课程。可以看出，政治史本不是铃木淳的核心专攻方向。之前在 SNS 上阅览读者对于该书的评价时，发现有读者评论说，该书前半部分关于维新政治过程的讲述非常吸引人，但后半部分，特别是第五章关于经济产业史的部分则显得有些突兀和多余。对此笔者有些许不同看法。其实，关于经济产业发展的第五章才正是铃木淳自己的专攻方向所在，如果阅读过铃木淳的博士论文，便会发现本章当中的不少内容正是取自其博士论文的相关章节。鉴于该书出版与铃木淳博士论文出版之间的间隔仅有五年左右的时间，可以说该书出版时，第五章关于经济产业史部分无疑有着很高的专业性和前沿性。此外，众所周知，维新当时明治政府树立了“文明开化”“殖产兴业”“富国强兵”三大国策。其中“殖产兴业”与“富国强兵”均与经济产业史有着密不可分的联系。可以说，想要理解日本“近代”的构筑史，除了解明治维新的政治过程之外，对于维新在经济产业方面的发展过程的了解也是必不可少的。这套“讲谈社 · 日本的历史”系列本就以政治史为时间线上的核心线索进行叙事，加之这套书引进国内时，政治史比例较低的几卷也没能翻译出版。从这个角度看，该书当中政治史以外的经济产业相关章节，可以说显得更加重要且宝贵。

此外，在政治史的叙述当中，除了传统上从上至下以中央政府为核心的叙事方式外，该书还将视角放在了社会的基础单元层面，从町村户长的角度出发，自下而上地阐述了中央政策在各个地方落实的细节，从微观的角度描绘出了日本地方社会单元的近代化轨迹。习惯了以自上而下的中央政治史视角阅读外国史通史著作的读者，在阅读该书时，或许对这部分叙述会有比较深刻的印象。此种微观的叙事视角，或许能够为读者带来较强的代入感，从而有助于深入理解明治维新这一巨大的近代化变革过程对于基层社会的影响。但对以外国史角度来阅读该书的国内读者来说，这种视角或许会带来一定的障碍。对于书中所提及的一些地区的地理位置，以及这些地区在江户时代末期的大致社会经济状况了解不多的读者，或许在阅读过程中大致了解一些以上信息会对阅读带来一定的帮助。不过好在本套通史在国内出版时，中文版的前一卷，也就是井上胜生的《开国与幕末变革》得以入选。通过阅读这一卷，或许能够帮助读者建立起对于江户时代末期日本地方社会状况的大致印象，进而在此基础上更好地理解该书的内容。

尽管这套“讲谈社·日本的历史”系列和前文所提及的由中央公论社出版的近代通史在篇幅和定位上有着很大差别，但如果能够将1999年出版的，同为铃木淳所撰写的中央公论社版和2002年出版的该书做一个对比阅读的话，相信读者会对该书的定位以及内容产生更深的理解。前者可以说是铃木淳在拿到博士学位不久后，利用其在博士阶段积累下的深厚的经济产业、技术史知识所撰写的较为接近自身专攻方向的、有着更高专业性的书籍。而后者则可以视为铃木淳跳出自身专攻方向，以政治史为主轴，从更为宏观的视角来描绘明治维新时期日本近代化变革的一个尝试。正如前文所述，讲谈社版通史的几十位著者当中，铃木淳是最年轻的一位。而执笔中央公论社版时，铃木淳才刚刚拿到博士学位不久。如果按照国内的标准，那时的铃木淳还是一位“青年学者”。即便如此，当时铃木淳还是获得了与诸多日本史学界大家共同撰写通史著作的机会，即便是在今天的日本史学界，这也是非常难得的机会与成就。从这一点也可以看出，当时日本史学界对于铃木淳研究水平的肯定。在中央公论社版中充分展现自己在专攻领域的研究深度之后，该书的写作对铃木淳而言或许更像是一个超越和挑战，甚至可以说是一种冒险。由于青年学者大多专注于自身的研究领域，在写作政治通史之时，能否在宏观把握政治史通史脉络的基础上，再以平易的方式将其讲述出来，对于专攻政治史的青年学者来说这尚且是一道难题，对于专攻其他领域的学者来说无疑难度只会更高。稍有不慎，便难免会出现过于内容、过于偏重自身专攻领域，或者专业性过强缺乏可读性的问题。考虑到本套通史的卷次安排和受众定位，可以说铃木淳在面对这一难题时交出的这份答卷还是较为优秀的。不过从整个明治史的角度来看，无论是时间范围还是叙事视角，讲谈社的这套通史著作当中，该书其实和其后佐佐木隆所撰写的《明治人的力量》一卷是互补且相辅相成的。遗憾的是，该书在国内翻译出版时，《明治人的力量》这一卷还未能在国内翻译出版。这套通史以伊藤博文、山县有朋、大隈重信等大家耳熟能详的政治家的活动为线索，勾勒出了明治中后期政治史的主线脉络，两卷合看之后相信读者们才能够更好地把握整个明治时代日本的发展历程。希望将来有机会这一卷也能够在国内出版。

在本文最后，笔者希望简单谈谈自己心目中对一本优秀通史的标准。笔者认为，一本优秀的通史书籍，首先要有一条明晰的、融入作者思想的逻辑主线；其次，一本优秀的通史的作者，要做到能够将其专攻领域的专业内容以浅显易懂的语言阐述出来，力争做到让没有专业背景的读者也对深奥的专业知识有一个大致的理解；最后，还要在非专攻的领域展现自己广博的知识量。按照这个标准来看，至今为止阅读过的近现代通史书籍当中，笔者最为推崇的是已故的中村隆英的《明治大正史》和《昭和史》。和铃木淳一样，中村的专攻方向亦不是政治史。中村毕业于东京大学的经济专业，是一位经济史和经济学学者。对于笔者这样在日本学习日本近代史的人来说，理解近代经济史一直是一个难题。各种关于货币、金融、银行的内容，因为牵扯到许多近现代经济学的概念与知识，对于史学科学生来说理解起来有不小的难度，然而中村的这部通史（特别是《明治大正史》）最为可贵的地方便是能用非常浅显的语言，将自身专攻当中涉及经济学的知识原理解释出来。读之便可理解何谓厚积薄发。而在非自身专攻的领域，政治史自不必说，甚至在大众文化与社会思潮的领域，中村也可以将各种文学戏剧著作信手拈来，再结合自身年轻时候的所见所感，为大家绘声绘色地描画出一幅历史图卷，让人不得不钦佩中村的修养与阅读量。将这样一部大家暮年所创作的通史书籍，与铃木淳在青年学者阶段所撰写的书籍做对比，大约也可体会到通史写作可谓是“老有老的优势，少有少的看点”。希望有朝一日中村的著作也有出版社能够引进国内。

《国际日本研究》征稿启事

《国际日本研究》是由北京第二外国语学院日语学院、国际日本研究中心主办，社会科学文献出版社出版发行的学术集刊。

《国际日本研究》主要开设栏目有日语语言、文学、文化、翻译、漫画的跨学科研究，汉学钩沉、历史观察等，内容涵盖日语语言、文学、政治、经济、历史、哲学、翻译、漫画等；此外，《国际日本研究》不仅刊载其他与日本研究相关的外文（英语、德语、法语、阿拉伯语等）译稿，还将定期推出前沿日本研究的书评·书讯。《国际日本研究》一年两期，长期接收来稿。

投稿信箱：guojiribenyanjiu@ bisu. edu. cn

联系电话：010-65778263

请学界同仁惠赐佳作。

《国际日本研究》编辑部

《国际日本研究》体例规范

一、论文结构

论文基本内容应包括：题名、作者、摘要、关键词、正文、注释、作者简介。论文属于基金项目者标明项目名称、项目号［本文系……基金“……”项目（项目号:）阶段性成果］，作者简介在脚注中（姓名、工作单位、职称、研究领域）注明。

1. 标题一般不超过两行，字数在30字以内。

2. 中文摘要一般不超过200字，应能概述全文内容，关键词为3—5个，关键词之间空一格。

3. 题目为黑体三号，加粗，单位、二级学院、姓名为楷体小四号，居中，摘要、关键词为黑体，加粗，摘要、关键词的内容为楷体五号。

二、正文

1. 中文采用宋体，日文采用MS Mincho字体，英文采用Times New Roman字体。

2. 正文中的各级标题序号采用“一”“二”“三”……，“1.”“2.”“3.”……。一级标题单独一行，为宋体四号，居中（原则上到二级标题）。

3. 正文中出现大段引文时，另起一段，不加引号，段首缩进四个字符，字体改为楷体五号，日文引文需要翻译。

4. 插图、表格等按其在正文中出现的先后顺序，用阿拉伯数字统一编号，如图1、表1。

三、注释

1. 请用页下脚注①②③……，编号方式采用每页重新编号。

2. 注释内容：字体为宋体小五号（日语为 MS Mincho，数字与角标为 Times New Roman），两端对齐。

3. 注释格式：

①专著

作者：《著作名》，出版地：出版者，出版时间：页码（第＊页）。

②编著

作者（空一个字符）主编：《著作名》，出版地：出版者，出版时间：页码（第＊页）。

③译著

作者（空一个字符）著，译者 1、译者 2（空一个字符）译：《著作名》，出版地：出版者，出版时间：页码（第＊页）。

④期刊文献

作者：《论文名》，《杂志名》20＊＊年第＊期：页码（第＊页）。

⑤析出文献

作者：《析出文献名》，原文献作者：《原文献名》，出版地：出版者，出版时间：页码（第＊页）。

图书在版编目（CIP）数据

国际日本研究. 第2辑 / 杨玲主编. -- 北京：社会科学文献出版社，2023.12
ISBN 978-7-5228-2898-5

Ⅰ. ①国… Ⅱ. ①杨… Ⅲ. ①日本-研究 Ⅳ. ①K313.07

中国国家版本馆 CIP 数据核字（2023）第238003号

国际日本研究（第2辑）

主　　编 / 杨　玲

出 版 人 / 冀祥德
组稿编辑 / 张晓莉
责任编辑 / 俞孟令　胡晓利　常玉迪
责任印制 / 王京美

出　　版 / 社会科学文献出版社·国别区域分社（010）59367078
地址：北京市北三环中路甲29号院华龙大厦　邮编：100029
网址：www.ssap.com.cn
发　　行 / 社会科学文献出版社（010）59367028
印　　装 / 天津千鹤文化传播有限公司

规　　格 / 开　本：787mm×1092mm　1/16
印　张：16.25　字　数：249千字
版　　次 / 2023年12月第1版　2023年12月第1次印刷
书　　号 / ISBN 978-7-5228-2898-5
定　　价 / 128.00元

读者服务电话：4008918866